啟動內在智慧的鑰匙

濟群法師《六祖壇經》講記

溈仰宗第十代傳人
濟群法師／著

目錄

【懺悔品第六】148

【機緣品第七】174

前言

禪宗建立的基礎

《六祖壇經》是禪宗最為重要的經典之一，也是漢傳佛教中唯一被尊為「經」的祖師著述。全稱《六祖大師法寶壇經》（以下簡稱《壇經》），是禪宗六祖惠能大師於韶州大梵寺等地所說之法，由門人記錄、匯總並流傳於世。

禪宗是漢傳佛教的八大宗派之一，曾盛極一時並流傳至今。太虛大師說過：中國佛教的特質在禪。可見其特殊地位。由此延伸的禪意、禪心、禪茶一味等詞，也廣為教內外人士所熟知。或許人們未必能說出這些詞的真正內涵，但都知道它是代表了一種意境，一種精神高度。

從修行意義上說，《壇經》開顯的方法，能使我們以最快速度開啟內在智慧，親見本來面目。換言之，這是一條修行捷徑，故稱頓教，是「直指人心，見性成佛」的法門。

那麼，頓教何以能化繁為簡？又該如何認識頓教法門的特殊性？比如開悟、成佛，究竟向何處開啟，又靠什麼成就？這就需要知道，佛法修行的重點不在別處，而是在我們的心。開悟固然不離自心，成佛也要靠心體證。因為成佛不是成就外在的什麼，不是職稱，不是地位，不是功夫，而是對諸法實相的究竟通達，對一切眾生的平等慈悲。所以，禪宗自古以來就被稱為心地法門，是從內心入手，完成生命的覺醒和解脫。

學佛，首先要認清這樣一個重心，明確這樣一個目的。從本質來說，佛法是簡單而非複雜的，是直接而非迂迴的。只是由於眾生的根機千差萬別，佛陀才會應病與藥，開示種種法門，演說諸般經教。但他所做的這一切，不是為了建立一套龐大的哲學體系，而是從不同的契入點，引導我們將目光轉向內心，轉向這個和我們生死相隨但又始終面目模糊的心，進而看見心的本來。

佛法認為，心分為兩個層面，一是妄心，一是真心。所謂妄心，即充滿顛倒妄想的心，是迷失本心後由無明演變的種種妄識。所謂真心，即心的真相，心的本質。

在佛教典籍中，阿含、唯識等經論側重從妄心闡述，以此構建修行法門。其中，阿含經典主要講到前六識，即眼識、耳識、鼻識、舌識、身識、意識，屬於我們能意識到的部分。而唯識學進一步講到第七末那識和第八阿賴耶識，這是屬於潛意識的部分。

我們之所以成為凡夫，正是因為這種潛在自我意識的作用。末那識的特點是執阿賴耶識的見分為我，由此形成對自我的錯誤認定。我們現在的人格就是建立在這種誤解之上，進而發展出貪嗔癡等種種煩惱。一旦改變染污的末那識，即可轉染成淨，轉識成智。

唯識還告訴我們，在妄識系統中，除心王外，還有各種心理活動，即心所。每個心所的形成，都有各自的特徵、規律和條件。唯有瞭解凡夫心的運作規律，才能從根本上動搖它，解決它。心理學處理問題的方式，也是從妄心入手。可以說，這是一條常規路線，是立足於現有心行採取的對治手段。

此外，佛教還有一部分經典立足於真心的修行。所謂真心，又稱佛性、如來藏等，是每個眾生本自具足的覺悟本性，禪宗稱之為「本來面目」。這正是佛陀在菩提樹下悟到的——一切眾生皆有如來智慧德相，只因無明妄想不能證得。《涅槃經》、《如來藏經》、《勝鬘經》等經典，就是圍繞這一思想展開。

不論立足於妄心還是真心，目的都是說明，我們看清自己的心——瞭解妄心的目的，是為了解除妄心；瞭解真心的目的，是為了體認真心。

從妄心入手的漸修

兩種不同的立足點，造就了頓漸兩大修行體系。所謂漸，是從妄心入手，認清由此展現的虛妄世界。凡夫為無明所迷，不見真相，所以會以苦為樂，認假為真，把無常當做恆常，把現象當做本質。這就需要重新認識世界。所以，漸教的修行會側重說無常無我，幫助我們認清，現在這個迷惑系統的本質是苦、無常、無我的。

在凡夫的觀念中，很容易對妄心及妄心構建的世界有太多期待。雖然我們看得見生老病死、世事變幻，看得見四季更替、斗轉星移，但真的能接受無常嗎？事實上，一旦涉及「我」的時候，我們會本能地拒絕無常。

這個「我」是什麼？在緣起的現象中，什麼是不依賴條件而獨立存在的？身體中找得到嗎？念頭中找得到嗎？家庭、事業、財富中找得到嗎？在妄心的世界中，每個心念都是不能自主的。所以佛法告訴我們：你現在認為的「我」，其實不是「我」。如果把它當做是「我」，就是禪宗所說的「認賊為子」，就要上當受騙，為其所害了。所以，「無我」不是說沒有現前這些身心現象，而是對這個迷惑系統的否定，從而掃除障礙，認清心的本來面目。這個本來不在別處，就在迷惑系統的背後，那才是真實的本來。事實上，它一直都在，不染不淨，不增不滅，不生不滅。

在漸教系統中，基本是採用一種否定的方式。講苦，是否定對快樂的執著，因為這些快樂的本質是痛苦的；講無常，是否定對恆常的執著，因為世間沒有什麼是固定不變的；講無我，是否定對自我的執著，因為這個「我」只是對身心現象的一個錯誤設定。如此，在逐步解除妄心的過程中，使智慧得以開顯。

《三主要道頌》講到，生命「常被四瀑流所沖」。四瀑流，即無明、見、欲、有。瀑流的特點，一是力量強大，勢不可擋；二是連續不斷，不曾少息，使人身不由己。如何才能有效對治？就要依戒定慧三學。其中，戒是規範言行，止息不良串習的延續；定是讓心安住，不再四處攀緣；慧是開啟內在覺性，徹底斷除煩惱相續。所謂由戒生定，由定發慧，這也是佛法修行的常規道路。

由真心建立的頓悟

頓教的修行則是從真心入手，直指人心，見性成佛。為什麼能做到這一點？因為在迷惑系統之外，每個眾生都具有覺悟的潛質，具有成佛的力量。修行所要做的，不是成就什麼，而是直接體認這個覺悟本體。

這一見地為大眾修行提供了信心。我們都知道，學佛是為了成佛，但怎麼才能成佛？很多時候，我們覺得這個目標遙遠得彷佛是個神話，又渺茫得讓人失去信心。每天在苦苦修行，不知怎樣才能把這個「佛」給修出來，結果越修越沒信心。但禪宗告訴我們，這個目標不在別處，就在我們心中。我們要做的，不是踏破鐵鞋，而是回到當下，反觀自照。這是多麼令人振奮的消息！

同時，這一見地也縮短了凡聖的距離。學佛的人，常常覺得自己是愚下凡夫，業障深重。在這種罪惡感中，成佛簡直是無法想像的。有些宗派刻意渲染凡夫的業障，使人妄自菲薄，覺得自己根本沒能力成佛，只有等待佛菩薩接引。即使準備依靠自力者，想到三大阿僧祇劫的遙遙無期，也會心生怯弱，失去修行動力。而《壇經》告訴我們：「前念迷即是眾生，後念悟即是佛」，「前念著境即煩惱，後念離境即菩提」，何其痛快！佛和眾生之間，並不存在無法跨越的鴻溝，差別只是在迷悟之間，在明與無明之間。

所謂迷，即迷失覺悟本體。如果不能體認覺性，就是凡夫眾生。而在體認的當下，從某種程度上說，就與佛無二無別了。為什麼著境？因為我們處在無明、迷惑的系統，而這個系統最大的特點之一就是有黏性，必然會對境界產生黏著。因為黏著，就會彼此糾纏，彼此阻礙，煩惱由此而生。而覺悟本體具有無住的功能，在無所得中，超然物外。

所以，禪宗修行是直接建立在覺悟本體之上。比如禪宗所說的三寶，並非通常認為的佛像、經典和僧伽，而是我們自身本具的覺、正、淨，是為自性三寶。我們具有覺悟本體，就是佛；具有念念無邪見的能力，就是法；具有清淨無染的特點，就是僧。

而禪宗所說的戒定慧，也有別於教下的持戒、修定、發慧，所謂「心地無非自性戒，心地無癡自性慧，心地無亂自性定」。當心安住於覺悟本體，便不會胡作非為，當下具足戒；也不會隨境而轉，當下具足定；更不被無明所覆，當下具足慧。

可見，頓教是立足於真心，所有見地和修法都是建立在這一基礎上。教下往往採取否定的態度，以此解除無明，解除迷惑。而頓教則採取肯定的手法，直接幫助我們體認佛性，體認覺悟本體。從漢傳佛教的傳統來看，與頓教一脈淵源極深。其重要依據典籍，如《涅槃經》、《楞伽經》、《金剛經》等，千百年來廣為流傳，影響至今不衰。

《涅槃經》中，提出了「一切眾生皆有佛性」的思想。關於此，還有一段為人樂道的典故。《涅槃經》的翻譯，除已經佚失的《梵般泥洹經》（後漢支婁迦讖譯）、《大般涅槃經》（曹魏安法賢譯）、《大般泥洹經》（吳支謙譯），現存最早的是法顯所譯的六卷本《大般泥洹經》，其中有「一切眾生皆有佛性在於身中，無量煩惱悉除滅已，佛便明顯，除一闡提」之說。當時有位義學高僧道生大師，乃羅什門下四聖之一，他仔細分析經文後，認為此經翻譯尚不完整，主張一闡提人皆可成佛。這個觀點在當時引起軒然大波，被群起而攻之，認為他離經叛道。道生大師在長安無法立足，來到蘇州虎丘。據傳，他曾聚石為徒，論及闡提亦有佛性時，群石頻頻點頭。這就有了「生公說法，頑石點頭」的美談。

此後不久，大本《涅槃經》傳入，印證了生公的觀點，大眾無不服膺。生公即於廬山開講「涅槃」，窮理盡妙。直到生公去世，仍有許多弟子紹承師說，專弘涅槃，使涅槃學從此盛行。

梁武帝時，達摩祖師東來，開宗傳禪，以四卷《楞伽》印心，並以此經授慧可：「我觀漢地，唯有此經，仁者依行，自得度世。」此外，還有《圓覺經》、《楞嚴經》等如來藏系經典的弘揚，為禪宗在中國的發展奠定了良好基礎。

禪宗的起源及發展

關於禪宗的起源，也有一個廣為人知的典故，那就是「拈花微笑」。

《大梵天王問佛決疑經》記載，娑婆世界主大梵王方廣以三千大千世界成就之根、妙法蓮金光明大婆羅華供佛，佛陀「受此蓮華，無說無言，但拈蓮華入大會中，八萬四千人天，時大眾皆止默然。於時，長老摩訶迦葉見佛拈華示眾佛事，即今廓然，破顏微笑。佛即告言：是也，我有正法眼藏，涅槃妙心，實相無相微妙法門，不立文字，教外別傳，總持任持，凡夫成佛第一義諦，今方付囑摩訶迦葉」。

在這段充滿詩意的記載中，標明了禪宗「不立文字，教外別傳」的教化風格，和「直指人心，見性成佛」的修行方式。這是在經教之外開闢的一條修學捷徑，不同於教下「從聞思修入三摩地」的常規次第。在禪宗教育中，著名的「德山棒、臨濟喝、雲門餅、趙州茶」，看似匪夷所思，背後卻大有深意。其目的，就是說明學人直接體認覺性，體認心的本來面目。

前面說過，禪宗修行是立足於真心，但我們現有的生命則處於迷惑系統。所以，我們的世界是二元對立的，有「能」有「所」。用哲學的話說，就是有主觀和客觀。我們為什麼會陷入能所對立的狀態？就是因為對能所的執著和認定。我們執著這個能為「我」，執著這個所為「法」。在能上生起「我執」，在所上生起「法執」。

我們會有很多念頭，生起一個念頭，就是能。而每個念頭都伴隨著相關影像，就是所。比如貪著，貪的本身是能，貪的不同物件為所，如事業、地位、感情等。再如「我慢」，我慢本身是能，而你的能力、身分是讓你生起我慢的所。我們的整個世界，都被這些念頭和影像所主宰。想想看，在我們心頭徘徊不去的，哪一樣不是念頭、不是影像呢？

為什麼這些念頭和影像會對我們產生作用？會左右我們？雖然和念頭本身有關，但關鍵在於，我們把這些念頭當做是「我」。這個設定就像陷阱，讓心落入其中，不能自拔。一旦撤除這些設定，念頭就只是念頭，影像也只是影像。

禪修培養的觀照力，就是幫助我們看清這些念頭和影像，進而獲得不被念頭和影像左右的能力。在此之前，凡夫始終執著於念頭，執著於與之相關的影像。當心陷入能所時，覺性就會被遮蔽。所以祖師用機鋒棒喝的淩厲手法，在出其不意的當下，直接將學人的能所打掉，使覺性豁然顯現。但對於能所固若金湯的人，祖師也是奈何不了的，這正是禪宗只接引上根利智的原因。所謂上根利智，即學人的心垢很薄，能所執著的串習很弱，再輔以特殊情境和特定手法，就可能在一個臨界點上直接開悟，徹見本性。

當然，這個「向上一著」不是人人可以遇見的。作為學人，必須根性極利；作為老師，必須有高明的引導手段，準確把握火候，給予關鍵一擊。具備這兩個條件，才能「直指人心，見性成佛」。否則，是指不到也見不著的。

禪宗從達摩到六祖，接引的手法都很直接。二祖慧可拜見初祖達摩時，言：「我心未安，乞師與安。」祖師說：「將心來，與汝安。」直接讓你回觀返照：這個不安的心是什麼，在哪裡？凡夫心是躁動的，每個念頭都在尋找它所需要的食物，要權力，要地位，要感情。這不僅是二祖的問題，也是所有人的問題。祖師採用的解決方法是借力打力——把心拿來。這個東西找得到嗎？

修行所做的，三藏十二部典籍所說的，都是在幫助我們尋找自己的心，認識自己的心。不同只是在於，禪宗是以最直接的手段，讓我們在一念反觀之際，發現心其實是無形無相、了不可得的，從而看到心的本質。初祖對二祖的教育，就這麼簡單。但這個簡單又是不簡單的，否則就不可能在這電光石火的一瞬心心相印。

二祖對三祖也是同樣。當時三祖還是一個居士，重病纏身，感到自己業障深重，去找二祖懺悔。二祖言：「將罪來，與汝懺。」手法和達摩如出一轍。我們經常被情緒、煩惱、妄想所折磨，可妄想是什麼？卻很少有人關注過。三祖沉吟良久，同樣發現：覓罪了不可得。因為罪的基礎就是心，而心的本質是空，所以罪也是因緣假相，其本質並沒有離開空性。不僅如此，它的原始能量正是來自覺悟本體。

事實上，所有煩惱的原始能量都是空性，都是覺悟本體。在一路追尋的過程中，這種覺悟本體一旦產生作用，罪的影像就找不到了，所以說覓罪了不可得。二祖說：「我已經給你懺罪了。你現在是一個居士，以後應該出家，依三寶而住。」三祖就問：「我現在看到和尚，已經知道僧是怎麼回事，那佛是什麼？法是什麼？」二祖道：「是心是佛，是心是法，法佛無二，僧寶亦然。」你現在體認到的無所得的心，當下就是佛，當下就是法，當下就是僧。後來，三祖有《信心銘》傳世，也是學習禪宗的重要內容。

禪宗的發揚光大，是到六祖惠能之後開始的。六祖有十大弟子，其中，南嶽懷讓一系後來分化出為仰宗、臨濟宗，青原行思一系分化出曹洞宗、雲門宗、法眼宗，宋代臨濟一系分化出楊岐和黃龍，稱為「五家七宗」。其中的每一派，都代表接引門人的不同宗風。《景德傳燈錄》中，有一千多個公案記載著祖師們開悟、得道的因緣，可謂精采紛呈。

比如曹洞後期提倡的是默照，是「攝心靜坐，潛神內觀以悟道」的觀行方法。而臨濟後期參究的是話頭，循著話頭一路追索下去，直接體認念頭沒有生起時的狀態。後來，這些方法因為沒有善知識指導，就漸漸沒落，徒有其表了。默照呢，在那裡照得渾渾沌沌，一片漆黑。參話頭呢，乾脆就變成念話頭，念來念去，就是念不出個究竟。怎麼辦？

一方面，要創造得遇善知識的因緣；一方面，要奠定修學基礎。禪宗要求學人有上根利智，否則就搆不著。現在不少人，看了些公案，也學著說「禪話」，其實都是在打妄想，是在迷惑系統說些「開悟」的話。這樣的說，除了能使凡夫心得到滿足，對修行沒有絲毫作用。因為你的心行不到，就像祖師說的，是「蚊子叮鐵牛」，叮得進去嗎？

禪宗之所以能在唐朝盛極一時，固然因為當時有很多明眼宗師，同時也因為學人有良好的教理基礎和心行狀態，所以才會碰撞出如此痛快淋漓的「向上一著」。當我們距見道不是一步之遙，而是百步、千步乃至萬步時，如果不老老實實地次第前行，是永遠也搆不著的。大家雖然也在講公案，講話頭，講禪修，但沒有足夠的見地和根機，也沒有明眼師長的指導，整個修行自然流於空洞，最後只剩下一些說法而已。

所以說，禪宗修行離不開三個方面，一是見地，二是基礎，三是明師，三者缺一不可。我們想要修習禪宗，同樣要從這三點入手。

如何看待《壇經》的版本

在《壇經》流傳過程中，因為輾轉抄錄，數人編訂，多次刻印，出現了不少版本，主要可分為四種，簡要介紹如下。最初是由門人法海記錄傳世，稱法海本，已失傳。近代於敦煌寫本中發現五種《壇經》的寫本或殘片，應源自法海本。其中，倫敦博物館所藏寫本題作「南宗頓教最上大乘摩訶般若波羅蜜經六祖惠能大師於韶州大梵寺施法壇經，兼受無相戒弘法弟子法海集記」，又稱敦煌本。

其後是北宋乾德五年（九六七年）僧人惠昕的改編本，二卷，題作《六祖壇經》。南宋紹興二十三年（一一五三年）於蘄州刻印，後流傳日本，由興聖寺再刻印行，亦稱興聖寺本。此外還有內容基本一致的不同刻本。

第三是由北宋僧人契嵩編訂，稱契嵩本。後由元代僧人德異於至元二十七年（一二九〇年）刊印，亦稱德異本。

第四是元代僧人宗寶編訂，內容與德異本相仿，是至今最為流行的本子。不論是單刻本，還是明以後的藏經，多採用此本。

因為這樣一段「發展」過程，所以一直都有關於《壇經》的真偽之辯，尤其是近代學術考辯之風興起以來，各種聲音更是甚囂塵上。關於這個問題，我覺得，還是要回到法義上來認識。只要沒有偏離法義，在表達形式上的發展不存在真偽問題。

宗寶在《六祖壇經跋》中說到：「續見三本不同，互有得失，其板亦已漫漶，因取其本校讎，訛者正之，略者詳之，復增入弟子請益機緣，庶幾學者得盡曹溪之旨。」對編訂《壇經》的初衷和做法都做了交代，並未標榜此為一字不易的原本。此本之所以能廣泛流傳，備受推崇，除了行文流暢，更勝在「得壇經之大全」。那麼，作為後學的我們如何才能肯定這一點？肯定它沒有偏離六祖的原意？

如果從學術考據的方法來談，是不可能得出結論的，因為根本方向就錯了。或者說，是以凡夫心來揣度聖意，何異於盲人摸象？佛法真義是超越思惟，也超越語言的。既然超越思惟，如何能用考據的方式考出來？既然超越語言，所以，《壇經》只是我們認識心地的一把鑰匙。鑰匙是用來打開寶藏的，但寶藏並不是在鑰匙中。

從這個意義上說，學習《壇經》，其實是在學習如何使用這把鑰匙。但關鍵是運用鑰匙，用它來開啟寶藏。所以，我們不僅要從文字上去理解，更要從內心去對照，去體證，去見到那個本來清淨的菩提自性。否則，即使把《壇經》倒背如流，也不過像六祖所說，「成個知解宗徒」。結果就是拿著鑰匙，看著使用說明，卻從來不去試一試，從來都不知道，鑰匙能打開一個怎樣的世界。

我們本次學習的是宗寶本，共十品，分別為行由品、般若品、疑問品、定慧品、坐禪品、懺悔品、機緣品、頓漸品、宣詔品、付囑品。每一品中，我又根據內容增加了若干細目，這樣就更清楚其中講述了哪些問題。

注：本書所使用的《壇經》，為《大正藏》第48冊No.2008《六祖大師法寶壇經》

【行由品第一】

〈行由品〉主要是六祖自述身世及黃梅求法、開悟得道的過程。從這段經歷中，我們能得到什麼樣的啟發？

> 時，大師至寶林，韶州韋刺史（名璩）與官僚入山請師，出於城中大梵寺講堂，為眾開緣說法。師升座，次刺史官僚三十餘人，儒宗學士三十餘人，僧尼道俗一千餘人，同時作禮，願聞法要。
>
> 大師告眾曰：「善知識！菩提自性，本來清淨，但用此心，直了成佛。善知識！且聽惠能行由得法事意。」

這段文字相當於佛經開頭的序分，介紹了說法的時間、地點、聽眾、主講人等。

時，大師至寶林。

韶州韋刺史（名璩）與官僚入山請師，出於城中大梵寺講堂，為眾開緣說法。

師升座，次刺史官僚三十餘人，儒宗學士三十餘人，僧尼道俗一千餘人，同時作禮，願聞法要。

時，即那個時候，類似佛經所說的一時、爾時。依後人推斷，應是唐高宗儀鳳二年（六七七年）。大師，本是佛之尊號，後代學人為尊重本宗祖師，也敬之為大師。當時，六祖大師在寶林寺，即現在的韶關南華寺。

明萬曆《曹溪通志》記載：南朝梁武帝天監元年（五〇二年），印度高僧智藥三藏見此地「山水回合，峰巒奇秀，歎如西天寶林山」，建議地方官奏請武帝建寺。落成後，梁武帝賜額「寶林寺」，先後有廣果寺、中興寺、法泉寺、華果寺等名。六祖到寶林寺住錫後，在此說法三十七載，使南宗禪法大播於天下。此寺亦成為禪宗祖庭。

韶州，轄境相當今韶關市及曲江、樂昌、仁化、南雄、翁源、英德等地，因州北有韶石得名。刺史，古代官名，原為朝廷所派督察地方之官，後沿為地方官職名稱。大梵寺，韶州曲江縣河西，又名開元寺、天寧寺、報恩光孝寺等。

六祖駐錫寶林寺時，聲譽已隆，所以，韶州有位姓韋名璩的地方長官就率領一眾官員和幕僚到位於山中的寶林寺恭請六祖，迎至城內大梵寺講堂，為大眾廣開佛緣，講說妙法。

升座，上高座說法。六祖登上法座，聞法的聽眾有刺史及官員、幕僚三十多人，對儒學有高深造詣的學者三十多人，出家、在家的男女眾共一千多人。大眾同時禮敬，祈請六祖開演頓悟法門的精要。

我們可以想像一下，在那個交通和資訊均極閉塞的年代，千餘人共聚聞法，該是多麼盛大莊嚴的場面。這既說明六祖在當時影響之巨，也說明人們有著普遍的聞法熱情。這種熱情，正是禪宗能在唐朝盛極一時、高僧輩出的群眾基礎。有高素質的信眾，才會有高素質的僧才，才會從中湧現出類拔萃的佼佼者。

大師告眾曰：善知識！菩提自性，本來清淨，但用此心，直了成佛。

善知識，教導眾生遠離惡法和修行善法者，此處是六祖對大眾的稱呼，體現對聞法者的平等和尊重。菩提，即覺悟。自性，即本體。

六祖告誡大眾說：善知識！每個生命都具有覺悟本體，它是本來清淨，不增不減的。在現前的凡夫狀態，菩提自性並未受到染污，成佛之後也未變得清淨。同時，它是具足萬法的，一旦開啟菩提自性，當下就與諸佛無二無別了。我們知道，禪宗的特點在於「直指人心，見性成佛」。所謂直指，就是讓我們直接開啟並體認菩提自性。

善知識！且聽惠能行由得法事意。

善知識！先聽聽我求法、悟道的經歷吧。為什麼要從自身經歷說起？原因在於，這段經歷正是禪宗修行的最佳詮釋，也是頓悟法門的成功案例。

《壇經》開篇的這句話直示宗要，可謂《壇經》之眼，直接、簡明而又痛快，可以作為修習禪宗的口訣。雖然只有短短十六個字，卻概括了《壇經》的見地和修行。我們對佛法任何一宗的瞭解，都要從見地和禪修兩方面契入。禪宗也是同樣，不僅提供了至高的見地，讓學人認識內心本具的菩提自性，同時還開顯了直截了當的用功方法。

一　求道因緣

1．聞《金剛經》，心即開悟

惠能嚴父，本貫范陽，左降流於嶺南，作新州百姓。此身不幸，父又早亡，老母孤遺，移來南海。艱辛貧乏，於市賣柴。

時有一客買柴，使令送至客店。客收去，惠能得錢，卻出門外，見一客誦經。惠能一聞經語，心即開悟。遂問：「客誦何經？」客曰：「《金剛經》。」

復問：「從何所來，持此經典？」客云：「我從蘄州黃梅縣東禪寺來，其寺是五祖忍大師在彼主化，門人一千有餘。我到彼中禮拜，聽受此經。大師常勸僧俗，但持《金剛經》，即自見性，直了成佛。」

惠能聞說，宿昔有緣。乃蒙一客取銀十兩與惠能，令充老母衣糧，教便往黃梅參禮五祖。

這一段，惠能介紹了他的身世和最初接觸佛法的因緣。

惠能嚴父，本貫范陽，左降流於嶺南，作新州百姓。

左降，指降職、貶為閒職，或至邊遠地區任職，兼有流放性質。范陽，亦名範陽鎮、幽州，所轄區域多有變動，約在今北京和河北保定北部。嶺南，五嶺之南，相當於現在的廣東、廣西全境及湖南、江西等省部分地區。新州，今廣東新興縣。

惠能的父親，祖籍是河北範陽。後遭貶官，被流放於嶺南，成為新州百姓。

此身不幸，父又早亡，老母孤遺，移來南海。艱辛貧乏，於市賣柴。

時有一客買柴，使令送至客店。客收去，惠能得錢，卻出門外，見一客誦經。

惠能一聞經語，心即開悟。

遂問：客誦何經？客曰：《金剛經》。

復問：從何所來，持此經典？

客云：我從蘄州黃梅縣東禪寺來，其寺是五祖忍大

惠能這一生的境遇很是不幸，父親早亡，老母帶著他這個孤兒移居南海，生活艱難，只得到市場賣柴為生，聊以度日。

某日，有位客人買柴，令惠能送到客店。客人收下柴薪後，惠能得錢，正要退出門外時，看到一位客人在誦經。

惠能一聽這些經文，就開悟了。為什麼他會有這些反應？正是根機使然。其實，不僅學佛需要根機，乃至學習各種專業，都存在這個問題，也就是通常所說的天賦、慧根。惠能一聞經語就能開悟，說明他慧根深厚，且遮蔽心性的障礙很薄，是以一觸即發，靈光乍現。如果塵垢太厚，不必說一聞經語，恐怕用石頭去砸都無濟於事。但慧根並不是天生的，也是往昔修行的積累。因為有積累，所以今生的起點就高於常人。如果我們根機比較鈍，現在努力修行，即便一時看不到多少效果，將來必定會有所改觀。

惠能於是問道：這位客官誦的是什麼經文？客人回答說：是《金剛經》。

接著又問：您從哪裡來，怎麼得到這個經典？

蘄州，今湖北蘄春南部。客人說：我從蘄州黃梅縣東禪寺來。東禪寺現由禪宗五祖弘忍大師在那裡住持，在他門下學禪者達一千多人。我到那裡禮佛參拜的時候，

師在彼主化，門人一千有餘。我到彼中禮拜，聽受此經。

聽聞並受持了這部經。

大師常勸僧俗，但持《金剛經》，即自見性，直了成佛。

五祖大師常常勸誡僧俗弟子，只要受持《金剛經》，就能明心見性，直接成就佛果。禪宗傳入中國之初，是以《楞伽經》印心。自四祖起，提倡依《金剛經》修行，繼而由五祖力弘此經。《金剛經》屬於般若系經典，但禪宗在受持《金剛經》時，所依見地不同於中觀學者。中觀學者是立足於「空」來解說般若，通過對無自性的認識，證得空性，開啟智慧。但禪宗不僅重視「空」的一面，還重視「有」的一面，是直接從心行上體認般若。

《金剛經》全稱為《金剛般若波羅蜜經》，其核心就是開啟般若智慧。禪宗祖師受持《金剛經》時，重點也在於此，所以《壇經》第二品即為〈般若品〉。

惠能聞說，宿昔有緣，乃蒙一客取銀十兩與惠能，令充老母衣糧，教使往黃梅參禮五祖。

惠能聽說後，心嚮往之，希望前去聞法修學。也是他往昔善緣所感，這個願望得到一位客人的資助，贈與惠能十兩銀子，讓他作為安頓老母衣食的費用。這樣，他就能沒有後顧之憂地前往黃梅，參見五祖。

2・初見五祖

惠能安置母畢，即便辭違。不經三十餘日，便至黃梅，禮拜五祖。

祖問曰：「汝何方人，欲求何物？」

惠能對曰：「弟子是嶺南新州百姓。遠來禮師，唯求作佛，不求餘物。」

祖言：「汝是嶺南人，又是獦獠，若為堪作佛？」

惠能曰：「人雖有南北，佛性本無南北。獦獠身與和尚不同，佛性有何差別？」

五祖更欲與語，且見徒眾總在左右，乃令隨眾作務。

惠能曰：「惠能啟和尚，弟子自心常生智慧，不離自性，即是福田。未審和尚教作何務？」

祖云：「這獦獠根性大利，汝更勿言，著槽廠去。」

這一段是惠能初見五祖的情形，真是丈夫氣魄，不同尋常。

惠能安置母畢，即便辭違。不經三十餘日，便至黃梅，禮拜五祖。

祖問曰：汝何方人，欲求何物？

惠能對曰：弟子是嶺南新州百姓。遠來禮師，唯求作佛，不求餘物。

祖言：汝是嶺南人，又是獦獠，若為堪作佛？

惠能將老母安置妥當後，就向親友辭別。因為求法心切，晝夜兼程，走了不過三十多天，就來到黃梅東禪寺，禮拜五祖。

五祖問他說：你從哪裡來，想求什麼？

惠能回答說：弟子是嶺南新州地區的百姓，千里迢迢趕來禮拜祖師，唯一的希望就是能成佛，其他一切都無所求。這段應答擲地有聲，體現了六祖的根機和高遠志向。

獦獠，古代對南方少數民族的稱呼，也泛指南方人。五祖說：你是嶺南人，乃蠻夷之邦的未開化者，憑什麼能夠作佛？

惠能曰：人雖有南北，佛性本無南北。獦獠身與和尚不同，佛性有何差別？

五祖更欲與語，且見徒眾總在左右，乃令隨眾作務。

惠能曰：惠能啟和尚，弟子自心常生智慧，不離自性，即是福田。未審和尚教作何務？

祖云：這獦獠根性大利，汝更勿言，著槽廠去。

惠能回答說：人雖然有南北之分，佛性卻沒有南北之分。我這個蠻夷之人雖然身分與和尚不同，但生命內在的菩提自性又有什麼分別呢？

五祖聞言，不禁刮目相看，本想再和他對答考察一番，看到身邊總有徒眾圍繞左右，不便多說，就讓惠能隨眾參加勞作。

和尚，即親教師，弟子對師父的尊稱。作務，在寺院參加勞動，培植福田。但這只是有形有相的福田，惠能卻識得無形無相的福田。所以對五祖的這一安排，惠能回答說：惠能稟告和尚，弟子內心時時生起智慧，不離覺悟本體，就是最大的福田。不知和尚要我做些什麼？

槽廠，本指養馬的小屋，此處為做雜役處。五祖說：這個蠻夷之人根性實在太利，你再別說什麼了，到槽廠去吧。

五祖教化多年，有心物色接班人，這番對答已使他對惠能另眼相看。但當時道場有一千多人，如果談得太多，唯恐惠能因鋒芒太盛而引人注目，帶來不必要的麻煩，反而不利於在此修行。所以，讓他先去槽廠磨煉一番。

二　得法經過

得法，就是得到五祖的傳承，與祖師心心相印。弟子遇到一位良師固然不易，但良師等待一個法器同樣不易。禪宗傳入中國後，達摩在少林寺面壁九年才等到二祖，其後的三祖、四祖都是一脈單傳。那麼，弟子眾多的五祖又將如何傳下這個法脈呢？

1．徵選傳人

惠能退至後院，有一行者，差惠能破柴踏碓，經八月餘。

祖一日忽見惠能，曰：「吾思汝之見可用，恐有惡人害汝，遂不與汝言，汝知之否？」

惠能曰：「弟子亦知師意，不敢行至堂前，令人不覺。」

祖一日喚諸門人總來：「吾向汝說，世人生死事大。汝等終日只求福田，不求出離生死苦海。自性若迷，福何可救？汝等各去自看智慧，取自本心般若之性，各作一偈，來呈吾看。若悟大意，付汝衣法，為第六代祖。火急速去，不得遲滯。思量即不中用，見性之人，言下須見。若如此者，輪刀上陣，亦得見之（喻利根者）。」

惠能退至後院，有一行者，差惠能破柴踏碓，經八月餘。

祖一日忽見惠能，曰：吾思汝之見可用，恐有惡人害汝，遂不與汝言，汝知之否？

惠能曰：弟子亦知師意，不敢行至堂前，令人不覺。

祖一日喚諸門人總來：吾向汝說，世人生死事大。汝等終日只求福田，不求出離生死苦海。自性若迷，福何可救？

汝等各去自看智慧，取自本心般若之性，各作一

行者，居住佛寺但未剃度的修行人，惠能也是以行者身分在東禪寺修行。踏碓，就是舂米，運用槓桿原理，通過身體起落，讓另一端的石頭上下捶打，除去稻穀外殼。

惠能見過五祖後，就退到後院。那裡有位行者，安排惠能做些砍柴、舂米之類的粗活。這樣過了八個多月。

有一天，五祖忽然去看惠能，對他說：我看你的見地不錯，是個很好的法器，擔心有人因為嫉妒而加害你，所以才沒和你多說。你明白我的用心嗎？

惠能回答說：弟子也知道師父的心意，所以不敢去問候，以免引起大家注意。

一天，五祖把弟子召集到一起，對大家說：世間的頭等大事是了生脫死。你們每天忙來忙去，只知道培植福田，不求出離生死苦海。如果迷失覺性的話，福報又怎麼救得了你們？這種情況，在不少學佛者乃至出家人中都很普遍，他們覺得成佛簡直不可思議，還是培點福報、種點善根比較可行。五祖批評說，這是沒出息的想法。因為世間福報是有漏的，哪怕攢得再多，在輪迴中還是不能自主。禪宗的修行，是直接體認生命內在的覺性，這才是在輪迴中自主、自救、自我解脫的能力。

衣，即達摩傳下的袈裟，以表師承真實無虛。法，傳法以印證宗門心要。五祖接著宣布：你們各自回去看看自己的內心，從對般若自性的通達，各作一偈，拿給我

偈，來呈吾看。若悟大意，付汝衣法，為第六代祖。

火急速去，不得遲滯。思量即不中用，見性之人，言下須見。若如此者，輪刀上陣，亦得見之。

看。如果誰能體悟祖師西來意，我就把衣法傳給誰，使他成為禪宗第六代祖師。

你們趕緊回去準備，不要拖延時間。但也不要思來想去，因為那是意識層面的分別，是妄想的產物，不是你的自家寶藏。見性的人，見了就是見了，沒見就是沒見，不是靠絞盡腦汁想出來的，而是內心自然顯現的，想都不用想，當下現證。能夠做到這樣，即便在戰場上衝鋒陷陣，心一樣歷歷分明地安住於覺性。反之，如果是從迷惑系統中想出來的，不管說得多麼漂亮，都不是真貨，所謂「從門入者，不是家珍」。

2．神秀作偈

眾得處分，退而遞相謂曰：「我等眾人不須澄心用意作偈將呈和尚，有何所益？神秀上座現為教授師，必是他得。我輩謾作偈頌，枉用心力。」餘人聞語，總皆息心，咸言：「我等已後依止秀師，何煩作偈。」

神秀思惟：「諸人不呈偈者，為我與他為教授師。我須作偈，將呈和尚。若不呈偈，和尚如何知我心中見解深淺？我呈偈意，求法即善，覓祖即惡，卻同凡心，奪其聖位奚別？若不呈偈，終不得法，大難大難。」

五祖堂前有步廊三間，擬請供奉盧珍畫《楞伽經》變相及五祖血脈圖，流傳供養。

神秀作偈成已，數度欲呈，行至堂前，心中恍惚，遍身汗流，擬呈不得。前後經四日，一十三度呈偈不得。

秀乃思惟：「不如向廊下書著，從他和尚看見，忽若道好，即出禮拜，云是秀作；若道不堪，枉向山中數年，受人禮拜，更修何道。」是夜三更，不使人知，自執燈，書偈於南廊壁間，呈心所見。

偈曰：「身是菩提樹，心如明鏡台，時時勤拂拭，勿使惹塵埃。」

秀書偈了，便卻歸房，人總不知。秀復思惟：「五祖明日見偈歡喜，即我與法有緣。若言不堪，自是我迷，宿業障重，不合得法，聖意難測。」房中思想，坐臥不安，直至五更。

祖已知神秀入門未得，不見自性。天明，祖喚盧供奉來，向南廊壁間繪畫圖相，忽見其偈。報言：「供奉卻不用畫，勞爾遠來。經云：『凡所有相，皆是虛妄。』但留此偈，與人誦持。依此偈修，免墮惡道。依此偈修，有大利益。」令門人炷香禮敬，盡誦此偈，即得見性。門人誦偈，皆歎善哉。

祖三更喚秀入堂，問曰：「偈是汝作否？」

秀言：「實是秀作，不敢妄求祖位。望和尚慈悲，看弟子有少智慧否？」

祖曰：「汝作此偈，未見本性，只到門外，未入門內。如此見解，覓無上菩提，了不可得。無上菩提，須得言下識自本心，見自本性不生不滅。於一切時中，念念自見。萬法無滯，一真一切真，萬境自如如。如如之心，即是真實。若如是見，即是無上菩提之自性也。汝且去，一兩日思惟，更作一偈，將來吾看。汝偈若入得門，付汝衣法。」

神秀作禮而出。又經數日，作偈不成，心中恍惚，神思不安，猶如夢中，行坐不樂。

這一部分說明神秀作偈的過程。神秀是東禪寺的首座和教授師，所謂教授師，即禪宗叢林輔助方丈教化大眾的人，在寺中地位極高，僅次於五祖。五祖公開徵選傳人，他是眾望所歸的接法者，一切似乎都已水到渠成。

眾得處分，退而遞相謂曰：我等眾人不須澄心用意作偈將呈和尚，有何所益？神秀上座現為教授師，必是他得。我輩謾作偈頌，枉用心力。

餘人聞語，總皆息心，咸言：我等已後依止秀師，何煩作偈。

神秀思惟：諸人不呈偈者，為我與他為教授師，我須作偈，將呈和尚。若不呈偈，和尚如何知我心中見解深淺。

我呈偈意，求法即善，覓祖即惡，卻同凡心奪其聖位奚別？若不呈偈，終不得法，大難大難。

大眾得知五祖的決定，退下後互相議論說：我們這些人無須煞費苦心地作什麼偈呈給和尚了，有什麼用呢？神秀上座現在是教授師，深得五祖器重，大眾景仰，必定是他得法。我們就不要作什麼偈頌了，枉費心機而已。

在五祖的弟子中，神秀學修俱佳，又在指導大眾修行，本該是繼承衣鉢的不二人選。在大家心目中，也公認他為法定繼承人，沒有與之爭鋒的想法。

大眾聽了這番話之後，覺得有理，都把作偈的念頭放下了，表示說：我們以後依止神秀上座修行即可，何必多此一舉，費心作偈。

眾人如此，神秀也覺得壓力頗大，想著：大眾都不呈偈給和尚的原因，在於我是他們的教授師，不願與我相爭。這樣的情形下，我就必須作偈呈給和尚。如果不呈偈，和尚怎麼知道我對佛法理解的深淺程度？再者，五祖已經發話，終不能無人應答。作為上座的神秀，此時的確是責無旁貸，否則對五祖和大眾都難以交代。

轉念又想：我呈偈的目的，是為了得到和尚的點撥印證，這固然沒錯。可和尚有話在先，作偈似有爭奪祖位之嫌，如此看來就頗為卑下，和以凡夫心爭奪祖位有什麼差別？但是，如果我自詡清高而不作偈呈給和尚，終究不能得到和尚印證及傳法。這件事實在讓人左右為難，不知如何進退。

這一段猶豫的過程，也可看出神秀確實沒有見性。沒有見性，是以不敢承擔；不敢承擔，是以患得患失。這種考慮問題的方式，也是凡夫心在作祟。

五祖堂前有步廊三間，擬請供奉盧珍畫《楞伽經》變相及五祖血脈圖，流傳供養。

神秀作偈成已，數度欲呈。

行至堂前，心中恍惚，遍身汗流，擬呈不得。前後經四日，一十三度呈偈不得。

秀乃思惟：不如向廊下書著，從他和尚看見，忽若道好，即出禮拜，云是秀作；若道不堪，枉向山中

三間，間為舊式房屋的寬度單位，相當於一根檩的長度。供奉，指以某種技藝侍奉帝王的人。變相，以繪畫體現經文內容。血脈，祖師所傳心要或法脈傳人，世世相承，如人體血脈相連。

在五祖堂前有三開間長的走廊，本來準備請一位名叫盧珍的供奉來畫壁畫，內容是佛陀宣說《楞伽經》時的情形，以及禪宗由初祖至五祖的傳承圖，流傳後世，讓大眾禮拜供養。在古代，壁畫是大眾喜聞樂見的弘法方式，變相就是其中經常出現的一類題材，敦煌石窟就有百餘幅變相圖。

神秀作偈表明自己的修學體悟後，幾次想要呈給五祖。作為追隨五祖學修多年的東禪寺上座，神秀對佛法不是沒有自己的領會，只是不知道這種領會是否達到得法資格，既想讓五祖考評一番，又擔心不能過關。

神秀來到五祖堂前，總覺得不夠踏實，心神不寧，緊張到遍身流汗，終究不敢將偈呈給五祖。

就這樣，前後經過四天，徘徊十三次，還是沒向五祖交上答卷。因為他尚未真正見性，所說只是自己對佛法修行的理解，是以缺乏自信。只要具備一定的佛學基礎和文化素養，寫偈不是難事，但寫得到位不到位，就另當別論了。如果是親證的，那就本來如此，坦坦蕩蕩，不必如此優柔寡斷。

神秀不敢面見和尚，就想：不如把偈寫在廊壁上，和尚看見後，若能表示贊許，就出來頂禮，說明是自己所作。如果和尚並不認可，那我就白白在山中修行多年，接受大眾禮拜，今後還能怎麼修呢？

數年，受人禮拜，更修何道。

是夜三更，不使人知，自執燈書偈於南廊壁間，呈心所見。

偈曰：身是菩提樹，心如明鏡台，時時勤拂拭，勿使惹塵埃。

秀書偈了，便卻歸房，人總不知。

秀復思惟：五祖明日見偈歡喜，即我與法有緣。若言不堪，自是我迷，宿業障重，不合得法，聖意難測。

當夜三更時分，神秀沒讓任何人知曉，自己掌燈，將偈寫在南廊牆壁上，闡明對佛法修行的認識。

菩提樹，原名畢缽羅樹，因釋尊在此樹下成道，故名菩提樹，早期以此樹象徵佛陀，後延伸為修道、道場等意。

偈頌為：我們的身體就是菩提道場，內心則如明鏡一般，必須時時勤加拂拭，不使它們沾染塵埃。這是佛弟子非常熟悉的一首偈頌。每個人內心都有一塊明鏡，是為大圓鏡智，只因無明所染，使之蒙塵已久，不能顯現原有的照物功能。這就需要通過修行，逐步擦除鏡子上的塵垢。神秀所說的，就是這樣一番修行經驗。這固然重要，但五祖要的不是修行的過程和方法，而是見地，是對鏡子本質的理解，不是怎麼擦去塵埃的過程。且這種理解必須是親證的，所謂「思量即不中用」。但神秀之偈卻是反覆思量而來，雖然也是修行的常規路線，但不準，不是五祖要的。

神秀將偈頌寫在牆上之後，立刻退回房中，沒有任何人知道。

神秀又想：如果五祖明天看到這首偈頌表示歡喜，就是我與禪宗法門有緣。如果不被認可，自然是我自己愚癡，業障深重，沒有資格得到五祖的法脈。總之，五祖究竟會是什麼樣的看法，實在難以預料。

房中思想，坐臥不安，直至五更。

神秀在屋中思前想後，坐臥不安，直到五更。

從作偈的心理過程來看，見性和未見性的表現是截然不同的。如果尚未見性，就沒有十分把握，需要得到認可，自然會患得患失，在意別人看法。而一個真正見性的人，說的就是本地風光，和盤托出即可，哪有什麼值得顧慮的呢？

祖已知神秀入門未得，不見自性。

五祖已經知道神秀尚未契入，也沒有徹見心性的本來面目。這裡所說的入門未得，是沒有契入最高的心地法門，不是通常所說的初機入門。

天明，祖喚盧供奉來，向南廊壁間繪畫圖相，忽見其偈。報言：供奉卻不用畫，勞爾遠來。

天亮之後，五祖讓畫師盧供奉前來，準備在南廊牆上作畫，忽然見到這首偈頌，就對盧供奉說：供奉不用畫了，有勞你遠道而來。

經云：「凡所有相，皆是虛妄。」但留此偈，與人誦持。依此偈修，免墮惡道。依此偈修，有大利益。

《金剛經》說：所有顯現的相，都是虛妄不實的。所以不必畫了，就留著這首偈，讓大家讀誦受持。按照此偈所說的方法修行，可以避免墮落惡道，還能獲得極大利益。

其實對多數人來說，神秀的修行方法會更適用。也就是說，將身心作為菩提道場，通過戒定慧逐步消除塵垢，使自性光明顯現出來。這是一套常規的、更容易理解和操作的修法。惠能的見地雖然徹底，但不是上根利智的話，根本就無從入手。所以，五祖對神秀的偈給予高度評價。

令門人炷香禮敬，盡誦此偈，即得見性。

不僅如此，五祖還讓弟子們焚香禮敬，一起誦讀此偈。告誡大眾：倘能依此修行，最終也能見性。

門人誦偈，皆歎善哉。

祖三更喚秀入堂，問曰：偈是汝作否？

秀言：實是秀作，不敢妄求祖位。望和尚慈悲，看弟子有少智慧否？

祖曰：汝作此偈，未見本性，只到門外，未入門內。

如此見解，覓無上菩提，了不可得。

大家讀了這首偈頌後，都表示讚歎。所以，神秀這首偈雖然沒有最終入選，但我們還是要看到其中的價值，尤其是對普通人修行的價值。如果輕易否定，很可能高不成、低不就，最後一條路都修不起來。

三更時分，五祖召喚神秀入室，問他：這首偈頌是你作的嗎？

神秀回答說：確實是我作的。我作此偈，並不是妄想得到祖師的位置。懇請和尚慈悲，看看弟子是否有少許智慧？我的理解是否見到一點心性？

五祖告訴他：你作這首偈，尚未見到本性，也就是《壇經》開篇提出的菩提自性。這種認識還在門外，尚未入門。那麼，門外門內差別在哪裡？就在於是否見到本性。只有見到本性，才是跨入門內。否則，即使能在迷惑系統中說一些嚮往覺悟，甚至貌似覺悟的話，其實並沒有真正契入，依舊在門外徘徊。

所以五祖的結論是：像這樣的見解，想要直接契入無上菩提，是不可能的。因為沒有見性，等於在菩提道上尚未真正入門。當然，也沒有資格作為祖師心印的傳承者。

或許有人會感到奇怪，之前還對大家說「盡誦此偈，即得見性」，為什麼此刻又對神秀說「覓無上菩提，了不可得」？這不是自相矛盾嗎？須知，「即得見性」是說可以作為見性的基礎，但本身沒有見性。既然沒有見性，就是在迷惑而非覺悟的系統，咫尺天涯，是為「了不可得」。

無上菩提，須得言下識自本心，見自本性不生不滅，於一切時中，念念自見。

萬法無滯，一真一切真，萬境自如如。

如如之心，即是真實。若如是見，即是無上菩提之自性也。

汝且去，一兩日思惟，更作一偈，將來吾看。汝偈若入得門，付汝衣法。

此處還包含另一層意思，五祖在提示神秀，無上菩提是了不可得的，正如《金剛經》所說：「實無有法如來得阿耨多羅三藐三菩提。若有法如來得阿耨多羅三藐三菩提者，燃燈佛則不與我授記：汝於來世當得作佛，號釋迦牟尼。以實無有法得阿耨多羅三藐三菩提，是故然燈佛與我授記。」現在神秀以有所得的心覓無上菩提，自然相去甚遠。

接著，五祖又對神秀作了一番精闢的開示：無上菩提，必須在當下徹見心的本質，徹見本自具足的覺性。我們現在的心念是有生有滅的，而覺悟本體是不生不滅的。當你見道後，每時每刻，在一切起心動念中都能見到。

一真，即菩提自性、覺悟本體，為最高的真實。如如，平等不二、不起顛倒分別的境界。當心安住於覺悟本體，我們對世間萬法都不會生起染著，不會產生滯礙。因為它像鏡子一樣，物來影現，物去影滅，不留任何痕跡。證得這一最高真實，我們所看到的，才是事物的本來面目。而在迷惑系統中，所見一切都是被無明改造過的，被觀念和情緒投射過的，是扭曲而虛假的。

這個如如不動的覺性，才是究竟的真實。如果你能這樣見，就意味著你已體認無上菩提的本體。

為神秀開示佛法精髓後，五祖接著囑咐說：你現在回去用功一兩天，再作一首偈給我看看。如果你的偈能見到本性，我就把衣和法傳給你。這裡所說的思惟，並不是反覆思量，而是探尋現象背後的本體，直接看到塵埃後的鏡子，不再把塵埃和鏡子混為一談。

神秀作禮而出。又經數日，作偈不成，心中恍惚，神思不安，猶如夢中，行坐不樂。

神秀作禮而退。又經過幾天，還是作不出偈來。心中恍恍惚惚，坐立不安，猶如在夢中一般。

神秀之所以會有這些反應，也來自身分給他帶來的壓力。因為大家都指望他，他要不作，覺得責任在身，不得不作；如果要作，又不知如何才能得到五祖印可，不得要領。因為他現在尚未見性，和五祖始終隔了一層。儘管五祖已經給了他直接的開示，結果還像猜謎語一樣，繞來繞去，就是繞不到那個點。

3．惠能作偈

復兩日，有一童子於碓坊過，唱誦其偈。惠能一聞，便知此偈未見本性，雖未蒙教授，早識大意。遂問童子曰：「誦者何偈？」

童子曰：「爾這獦獠不知。大師言，世人生死事大。欲得傳付衣法，令門人作偈來看。若悟大意，即付衣法，為第六祖。神秀上座於南廊壁上書無相偈，大師令人皆誦。依此偈修，免墮惡道；依此偈修，有大利益。」

惠能曰：「我亦要誦此，結來生緣。上人，我此踏碓八個餘月，未曾行到堂前，望上人引至偈前禮拜。」

童子引至偈前禮拜。惠能曰：「惠能不識字，請上人為讀。」

時有江州別駕，姓張名日用，便高聲讀。惠能聞已，遂言：「亦有一偈，望別駕為書。」

別駕言：「汝亦作偈，其事稀有！」

惠能向別駕言：「欲學無上菩提，不得輕於初學。下下人有上上智，上上人有沒意智。若輕人，即有無量無邊罪。」

別駕言：「汝但誦偈，吾為汝書。汝若得法，先須度吾，勿忘此言。」

惠能偈曰：「菩提本無樹，明鏡亦非台，本來無一物，何處惹塵埃。」

書此偈已，徒眾總驚，無不嗟訝，各相謂言：「奇哉！不得以貌取人，何得多時使他肉身菩薩。」祖見眾人驚怪，恐人損害，遂將鞋擦了偈，曰：「亦未見性。」眾以為然。

那麼，八個月來在碓坊裡頭舂米的惠能，又是怎麼向五祖呈上一偈的呢？

復兩日，有一童子於碓坊過，唱誦其偈。

惠能一聞，便知此偈未見本性，雖未蒙教授，早識大意。遂問童子曰：誦者何偈？

童子曰：爾這獦獠不知。大師言，世人生死事大。欲得傳付衣法，令門人作偈來看。若悟大意，即付衣法，為第六祖。

再過了兩天，有個童子在碓坊前經過，高聲唱誦著神秀的偈語。

惠能一聽之下，就知道此偈尚未徹見本性。雖然當時他還沒有機會得到五祖的具體指導，但因為宿世善根，早已了知佛法心要，了知頓教法門的核心所在。於是問童子說：你誦的是什麼偈？

童子回答說：你這獦獠每天在這裡幹活，不知寺院最近發生了大事。五祖說：世間的頭等大事就是了生脫死。他準備把法脈和袈裟傳給弟子，所以讓門人都作一首偈給他看。如果有誰見地高超，了悟佛法真義，就將法脈和袈裟傳給他，作為禪宗第六代祖師。

神秀上座於南廊壁上書無相偈，大師令人皆誦。依此偈修，免墮惡道；依此偈修，有大利益。

惠能曰：我亦要誦此，結來生緣。上人，我此踏碓八個餘月，未曾行到堂前，望上人引至偈前禮拜。

童子引至偈前禮拜。惠能曰：惠能不識字，請上人為讀。

時有江州別駕，姓張名日用，便高聲讀。

惠能聞已，遂言：亦有一偈，望別駕為書。

別駕言：汝亦作偈，其事稀有！

神秀上座在寺院南廊的牆上寫了這首無相偈，五祖讓我們都要認真誦讀，說根據這首偈修行可以免墮惡道，還可以得到極大的利益。

上人，對師長或長老大德的尊稱，惠能稱童子為上人，正如稱聽眾為善知識，可見他內心平等，對任何人都恭敬有加。

惠能聞言對童子說：我也要誦一誦這首偈，結下來生的善緣。上人，我在這裡踏碓已經八個多月，還沒有到過堂前，希望您帶我到這首偈頌前禮拜。惠能雖知此偈並未見性，仍要前去禮拜，並不是作秀之舉，而是表示他對法的尊重。

童子將惠能領到南廊的偈頌前禮拜。惠能說：惠能不識字，請哪位上人為我讀誦一遍。

江州，唐宋時期行政區域之一，今江西九江。別駕，全稱別駕從事史，為州刺史的佐吏。當時有一位江州別駕，名叫張日用，聞言就高聲為惠能朗讀。

惠能聽了之後對他說：我也有一首偈，希望別駕您為我寫在壁上。

別駕張日用驚道：你也要作偈，這事太稀奇了。大家知道惠能不識字，神秀的偈尚且要別人讀給他聽，怎麼還會寫偈呢？確實出人意料。

惠能向別駕言：欲學無上菩提，不得輕於初學。下下人有上上智，上上人有沒意智。若輕人，即有無量無邊罪。

別駕言：汝但誦偈，吾為汝書。汝若得法，先須度吾，勿忘此言。

惠能偈曰：菩提本無樹，明鏡亦非台，本來無一物，何處惹塵埃。

沒意智，埋沒心智。惠能對別駕說：想要修學無上菩提，不可輕視任何一位初學。因為身分低下者可能是上根利智，而身分高貴者也可能全無智慧。如果隨意輕視他人，往往會在不經意間造下無量罪過。因為根性利鈍不是以身分、學歷等世俗標準決定的。有些人雖然接受教育多年，文化水準很高，但這些知識對學佛未必有什麼幫助，反而容易成為我慢的資本。其結果，就是我慢高山，法水不入。所以，知識份子學佛有時比一般人更難契入。當然這也不是絕對的，文化高低可謂各有利弊，不能一概而論，關鍵在於慧根是否深厚。

不管怎麼說，我們對任何人都要尊重。《法華經》中的常不輕菩薩，看到每個人都頂禮，告訴對方：因為你是佛，所以我不敢輕視你。他用這樣一種方式提醒對方，讓對方尊重自己，尊重自身蘊含的寶藏。

別駕聞言覺得大有深意，就對惠能說：那請您誦偈，我為您寫上。如果您能得到祖師心印，請先來度化我，不要忘了這個約定。

此偈有三個關鍵字與神秀之偈相同，那就是菩提、明鏡和塵埃。但惠能是直抒胸臆，告訴我們：菩提自性是了無一物、本來清淨的，既不是有，也不是空；既不是常，也不是斷。所以菩提本來就不是樹，明鏡也不是台。既然它超越對待，不以任何一種形式存在，哪有什麼塵埃可以沾染其上？只要還有一點塵埃，就有一個相在那裡，就不是本來清淨的菩提自性。而神秀之偈是以身心為菩提道場，以時時勤拂拭來修行。一個講的是見地，一個講的是行持，起點截然不同。

書此偈已，徒眾總驚，無不嗟訝，各相謂言：奇哉！不得以貌取人，何得多時使他肉身菩薩。祖見眾人驚怪，恐人損害，遂將鞋擦了偈。曰：亦未見性。眾以為然。

嗟訝，驚歎。肉身菩薩，即此肉身已是菩薩。這首偈一寫出來，五祖的弟子們大為驚訝，紛紛議論道：太稀奇了！真是不能以貌取人，難道此人竟是肉身菩薩不成？因為惠能連字都不識，居然有膽氣和神秀上座ＰＫ，只怕是有些來頭。

五祖看到大家如此驚訝，擔心有人出於嫉妒而加害惠能，就脫鞋將牆上的偈擦了，說：這首偈頌也沒有見性。大家都認可五祖的說法。

因為大家心目中的得法人是神秀，如果這件水到渠成的事橫生變故，總得有讓眾人信服的理由。而惠能此時還是一個在碓坊幹著粗活雜役的淨人，出身低微，大字不識。雖然見地高超，但除了五祖這樣的明眼人，旁人未必識得。真要讓他得了衣缽，在這樣一個千人叢林，必然會引起軒然大波。五祖深知其中利害，為保護惠能，非但沒有當眾認可，反而將偈擦了，使大家不再把注意力集中到惠能身上。

那麼，惠能和神秀兩偈的根本差別在哪裡？神秀之偈主要是從世俗諦的層面而言。在俗諦上，有身心，有世界，有煩惱，有菩提，包括以「時時勤拂拭」清除塵垢的過程，都是可以通過思惟來理解的。而惠能之偈是直接立足於空性，所以沒有身心，沒有世界，沒有煩惱，也沒有菩提。它是超越所有的二元對立，但這種空不是斷滅，不是頑空，在什麼都沒有的當下又了了分明。因為六祖已體證空性，故能直陳所見，開顯心的本來面目。而神秀尚在門外，只能從世俗層面講述修行體會。在五祖眼中，自然高下立判。

4．五祖傳法

次日，祖潛至碓坊，見能腰石舂米，語曰：「求道之人，為法忘軀，當如是乎！」乃問曰：「米熟也未？」

惠能曰：「米熟久矣，猶欠篩在。」

祖以杖擊碓三下而去。惠能即會祖意，三鼓入室。

祖以袈裟遮圍，不令人見。為說《金剛經》，至「應無所住而生其心」，惠能言下大悟，一切萬法，不離自性。遂啟祖言：「何期自性，本自清淨！何期自性，本不生滅！何期自性，本自具足！何期自性，本無動搖！何期自性，能生萬法！」

祖知悟本性，謂惠能曰：「不識本心，學法無益。若識自本心，見自本性，即名丈夫、天人師、佛。」

三更受法，人盡不知，便傳頓教及衣缽。云：「汝為第六代祖，善自護念，廣度有情，流布將來，無令斷絕。聽吾偈曰：有情來下種，因地果還生。無情既無種，無性亦無生。」

祖復曰：「昔達摩大師初來此土，人未之信。故傳此衣，以為信體，代代相承。法則以心傳心，皆令自悟自解。自古佛佛唯傳本體，師師密付本心。衣為爭端，止汝勿傳。若傳此衣，命如懸絲。汝須速去，恐人害汝。」

惠能啟曰：「向甚處去？」

祖云：「逢懷則止，遇會則藏。」

惠能三更領得衣缽，云：「能本是南中人，素不知此山路，如何出得江口？」

五祖言：「汝不須憂，吾自送汝。」

祖相送直至九江驛。祖令上船，五祖把櫓自搖，惠能言：「請和尚坐，弟子合搖櫓。」

祖云：「合是吾渡汝。」

惠能云：「迷時師度，悟了自度。度名雖一，用處不同。惠能生在邊方，語音不正，蒙師傳法，今已得悟，只合自性自度。」

祖云：「如是如是。以後佛法，由汝大行。汝去三年，吾方逝世。汝今好去，努力向南，不宜速說，佛法難起。」

因為準備傳法於惠能的事大爆冷門，出乎所有人意料，即便以五祖這樣眾所歸仰的身分，也要慎之又慎，不便公開認定，以免給惠能帶來違緣。所以，五祖選擇了十分隱蔽的方式。

次日，祖潛至碓坊，見能腰石舂米，語曰：求道之人，為法忘軀，當如是乎！

腰石，因為舂米需要用自身體重壓下一端為石錘的槓桿，惠能身體瘦弱，只能腰間綁著石頭以增加自重，使兩邊重量均衡。

第二天，五祖悄悄來到碓坊，看到惠能腰間綁著石頭在舂米，贊許道：求道的人，為法忘軀，就應該像這樣啊。這既是五祖對惠能的肯定，也是對後世佛弟子的提醒。

現代人學法條件實在太優越了，但這種優越往往使我們缺乏虔誠的求法之心。須知，心和法相應的程度，就取決於我們對法的渴求程度。而凡夫的習慣是，越容易得到的越不在乎。不在乎的結果，就使我們得到的利益隨之減少。所以，我們要經常思惟祖師大德捨身忘我的求法精神，激發好樂向道之心。

乃問曰：米熟也未？

惠能曰：米熟久矣，猶欠篩在。

祖以杖擊碓三下而去。惠能即會祖意，三鼓入室。

祖以袈裟遮圍，不令人見。

為說《金剛經》，至「應無所住而生其心」，惠能言下大悟，一切萬法，不離自性。

遂啟祖言：何期自性，本自清淨！何期自性，本不

五祖問惠能道：米舂夠了嗎？這是一句雙關語，意思是：你的功夫成熟了嗎？

惠能回答說：米早已舂夠，只差最後篩一下。也就是說：我已體認覺性，只是沒有得到印證而已。

五祖就以拐杖在惠能舂米的地方敲了三下。惠能明白五祖的暗示，於三更時分來到方丈室內。這句短短的描述，體現了惠能和五祖的心心相印，師資道契。

五祖以袈裟遮擋，避免被人看見。此處沒有明說是遮圍惠能還是遮圍窗戶，總之是密傳。

五祖為惠能講說《金剛經》，到「應無所住而生其心」時，惠能當下徹悟，悟到宇宙間一切萬法都沒有離開菩提自性。

此處的大悟，跟之前所悟有何不同？當惠能呈偈時，其實已經悟了。但從偈的內容看，當時的悟還是偏於體。在空性的層面，沒有能也沒有所，沒有身心也沒有世界，沒有煩惱也沒有菩提。但在緣起的層面，它是有能有所，有身心有世界，有煩惱有菩提。空性雖然空無所有，但同時又從空出有，能生萬法。

所以，僅僅證得空是不完整的，至空有不二，才是有體有用，是真正的圓滿。惠能現在的言下大悟，不僅悟到了體，同時也悟到了用。就像《心經》所說的那樣：「色不異空，空不異色；色即是空，空即是色。」既悟到空性的體，又悟到緣起的有，才是完整的證悟。

何期，想不到，這是惠能的感慨之聲，也是一種不期而遇的驚喜。

惠能言下大悟，稟告五祖說：想不到這個自性是本來清淨的，不會因為我們是凡

生滅！何期自性，本自具足！何期自性，本無動搖！何期自性，能生萬法！

祖知悟本性，謂惠能曰：不識本心，學法無益。若識自本心，見自本性，即名丈夫、天人師、佛。

三更受法，人盡不知，便傳頓教及衣缽。

夫就受到染污，過去如此，現在如此，未來也是如此。想不到這個自性是沒有生滅的，不會像妄念那樣剎那生滅，念念無常。想不到這個自性是具足一切的，不會像執著那樣需要外在支撐，需要條件和合。想不到這個自性是從不動搖的，不隨外境左右，而是像虛空那樣，不論發生什麼都如如不動。更想不到這個自性還能出生萬法，所謂一即一切，妙用無方。

前面四句是說菩提自性的體，最後一句則是菩提自性的用，空無所有而能顯現一切。惠能此刻所悟，是體用兼備，空有圓融。

五祖聽到惠能這番心聲，知道他已證悟，叮囑道：如果不瞭解內在的覺悟本體，不能明心見性，即使把三藏十二部典籍倒背如流，也是沒有實際力用的，只會增加我慢和妄想而已。一旦體認內在的覺悟本體，就是大丈夫、人天導師、佛陀。在某個層面來說，也和三世諸佛無二無別了。因為你已體認諸佛證得的境界，在所證上是沒有區別的。所以從禪宗的見地來說，成佛並不是遙不可及的夢想，也未必要三大阿僧祇劫的漫長旅程，關鍵是有這樣的認識，真正見到並敢於承擔。

傳法到此就結束了，看起來，不過是石火電光的剎那，就已得到千萬人矚目的衣法。這固然是惠能宿根深厚，也是五祖慧眼獨具，才會捨追隨多年的上座神秀，而選擇初來乍到的淨人惠能。

衣缽，衣是袈裟，此處特指達摩祖師以來代代相傳的袈裟；缽是用來盛放施主所供食物的應器，是出家人重要的生活用具，可作師承信物，代表心心相印。

此番三更受法，在寺院其他人尚未知曉的情形下，五祖便將頓教的法脈和衣缽傳給惠能。所謂頓教，是直接從真心入手，體認內在覺性，有別於從妄心入手而漸次修行的漸教。惠能自身的悟道、得法經歷，正是頓教修行的生動寫照。

云：汝為第六代祖，善自護念。

廣度有情，流布將來，無令斷絕。

聽吾偈曰：有情來下種，因地果還生。無情既無種，無性亦無生。

祖復曰：昔達摩大師初來此土，人未之信，故傳此衣，以為信體，代代相承。

傳法之後，五祖告誡惠能說：你現在是禪宗第六代祖師，雖已見性，但不是說修行已經完成，還需要進一步悟後起修。

古德云：「大事未明，如喪考妣。」大事未明，就是沒有見到覺悟本體，只能隨業流轉，有如父母雙亡般令人悲痛。但接著還有一句：「大事已明，亦如喪考妣。」為什麼？難道明瞭還不行嗎？既然還是如喪考妣，明白這個大事有什麼用呢？這是因為，見性只是真正修行的開始，接著還要面對無始以來的串習，所以見道後還要修道，還要經過種種歷練。六祖雖然得到印證，但現在的所悟就像嬰兒一般，需要精心呵護，長養聖胎。在任何境界中，都要時時提起正念，是為「善自護念」。

作為禪宗六祖，五祖對惠能的期許不僅是善自護念，還有進一步的囑託，那就是在未來廣度有情，將這一脈教法流傳下去，不要使之斷絕。其後，惠能果然沒有辜負五祖所托，令禪宗發揚光大，盛極一時。

在他之前，禪宗基本是一脈單傳，總體影響不大。繼六祖惠能後，才大行於世，人才輩出，形成五家七宗的繁榮景象。正是惠能的「一花開五葉」，才有了影響整個漢傳佛教的禪宗時代。

傳法通常要說一首偈，這個習慣保留至今。五祖的偈頌說：有情的身心就像一片田地，因為播下成佛的種子，才能結出無上菩提的果實。如果沒有這個因緣，沒有田地也無人播種，最終是不會有什麼結果的。這首偈說明，成佛也離不開因緣因果。

說偈之後，五祖又告訴惠能：昔日達摩大師剛到中土時，大家對他缺乏瞭解和信任，所以傳下這件袈裟，作為表信之物，代代相承。這是說明衣的來源及作用。

法則以心傳心，皆令自悟自解。

事實上，傳法是以心傳心，更重要的，是接法者自己的體認。因為我們要證得的菩提自性，人人皆有，個個不無，關鍵在於你能否見到，這是無人可以替代的，更不是得到衣鉢就能解決的。

自古佛佛唯傳本體，師師密付本心。

自古以來，佛與佛只是互相印可內在證境，而不是傳一個有相的什麼。一旦體認，「汝既如是，吾亦如是」。在師徒之間，這種傳承也是比較個體化的，故有「私通車馬」一說，是為密付。

所謂密，是相對大眾化的教法而言。頓悟法門之所以那麼直接迅速，見地固然重要，明眼人的點撥也很重要。必須對火候拿捏得非常精準，只要一出手，就將學人的能所打開，使內在覺性呈現出來。這是一種可遇不可求的因緣，也是難以複製的，離開此時、此地、此人，同樣的流程就不會出現同樣的結果。否則的話，我們就可以照著公案，每天上演開悟的劇碼了。

衣為爭端，止汝勿傳。若傳此衣，命如懸絲。汝須速去，恐人害汝。

五祖雖然將衣傳給惠能，卻叮囑他說：這件袈裟是引發爭端的源頭，到你手中之後，就此為止，不必再傳。如果再傳此衣，將有生命危險。現在你趕緊離開此地，否則的話，恐怕有人會加害於你。因為衣是一個有形的信物，而任何有形之物都容易出現問題，所以五祖讓他不必再傳，這就更加乾淨俐落。

惠能啟曰：向甚處去？祖云：逢懷則止，遇會則藏。

惠能問五祖說：我應該往哪裡去？五祖告訴他：遇到地名中有「懷」字的，即止步。遇到地名中有「會」字的，就藏身於此。瞭解六祖生平就可以知道，五祖所說的「懷」，是廣東西北部的懷集，「會」則是廣東中部偏西的四會。

惠能三更領得衣缽，云：能本是南中人，素不知此山路，如何出得江口？

五祖言：汝不須憂，吾自送汝。

祖相送直至九江驛。祖令上船，五祖把櫓自搖，惠能言：請和尚坐，弟子合搖櫓。

祖云：合是吾渡汝。

惠能云：迷時師度，悟了自度。度名雖一，用處不同。

惠能生在邊方，語音不正。蒙師傳法，今已得悟，只合自性自度。

惠能三更得到衣缽，又得到五祖讓他立刻離開的指示，問說：惠能本是南方人，向來不知道這裡的山路，怎樣才能出山前往江邊？

五祖說：你不必擔心，我親自送你出山。

五祖將惠能送到九江驛，讓惠能上船後，五祖拿著船櫓搖了起來。惠能說：請和尚坐下，應該由弟子搖櫓。

五祖說：應該是我來度你。此處語帶雙關，指出了修學佛法的一個重要問題：究竟是自度還是他度？惠能是如何作答的呢？

惠能回答說：迷惑時要靠師長來度，證悟後就要靠自己來度。雖然都是名為「度」，但兩者的用處不同，內涵不同。師度只是一個增上緣，真正的度是自度。即使是佛菩薩，也無法將眾生度到哪裡。最終的解脫都是靠自己，靠內在的覺悟潛質。所以從究竟意義上說，還是要自度。

惠能接著說：我生在邊遠地區，語音都與此處不同。承蒙師父慈悲，將無上心法傳付給我。既然我已經悟道，就應該自性自度。這也是禪宗修行的特點所在，直下承擔，自救自度。

祖云：如是如是，以後佛法由汝大行。汝去三年，吾方逝世。汝今好去，努力向南，不宜速說，佛法難起。

五祖對惠能的見地表示認可，並授記說：以後，禪宗法脈將由你廣為弘揚，大行於世。你離開三年後，我才去世。你現在一路好走，只管向南而去。不要太早出來說法，否則會遇到違緣，令禪宗難以光大。

以上，是五祖向六祖傳法的經過。這種傳是以心傳心，而不是我們通常理解的，傳一本祕笈或口訣，更不是傳一個職務或地位。那麼，心可以傳嗎？祖師西來意可以傳嗎？有道是：「向上一著，千聖不傳，學者勞形，如猿捉影。」可見，傳法不是傳一個有形的什麼，也不是傳一個現成的什麼，祖師所做的只是開啟和印證而已。就像我吃過蘋果，你現在也吃到了，向我彙報蘋果的味道，由我確認，你吃到的究竟是不是蘋果，就這麼一個道理。

真正的法沒辦法傳，也沒什麼好傳，可以傳的都是方便。不僅傳法如此，世間任何一種能力和境界都是如此。別人的境界無法成為你的境界，別人的能力無法成為你的能力。別人固然可以教你，但必須經過自己的努力，才能具備這種能力，達到這種境界，否則永遠隔了一層。禪宗提供的，正是這樣一種自悟自解之道。沒有誰是救世主，每個人只能獨立自主，自力更生。即使到西方極樂世界，最後還是得自己花開見佛，才能悟無生。

三 接引惠明

惠能辭違祖已，發足南行。兩月中間，至大庾嶺。（五祖歸，數日不上堂。眾疑，詣問曰：「和尚少病少惱否？」曰：「病即無，衣法已南矣。」問：「誰人傳授？」曰：「能者得之。」眾乃知焉。）逐後數百人來，欲奪衣鉢。

一僧俗姓陳，名惠明。先是四品將軍，性行粗糙，極意參尋，為眾人先，趁及惠能。惠能擲下衣鉢於石上，云：「此衣表信，可力爭耶。」能隱草莽中，惠明至，提掇不動。乃喚云：「行者！行者！我為法來，不為衣來。」

惠能遂出，坐磐石上。惠明作禮云：「望行者為我說法。」

惠能云：「汝既為法而來，可屏息諸緣，勿生一念，吾為汝說。」明良久。惠能云：「不思善，不思惡，正與麼時，那個是明上座本來面目。」

惠明言下大悟。復問云：「上來密語密意外，還更有密意否？」惠能云：「與汝說者，即非密也。汝若返照，密在汝邊。」

明曰：「惠明雖在黃梅，實未省自己面目。今蒙指示，如人飲水，冷暖自知。今行者即惠明師也。」惠能曰：「汝若如是，吾與汝同師黃梅。善自護持。」

明又問：「惠明今後向甚處去？」惠能曰：「逢袁則止，遇蒙則居。」明禮辭。（明回至嶺下，謂趁眾曰：向陟崔嵬，竟無蹤跡，當別道尋之。趁眾咸以為然。惠明後改道明，避師上字。）

惠能帶著衣鉢南下不久，即有數百人隨後追來。當惠明率先追上六祖，準備奪回衣鉢時，事情卻出現戲劇性的轉機。他不僅成了惠能悟道後度化的第一人，還為他引開了尾隨而至的眾人，使惠能安全脫身。那麼，他是如何發生轉變，轉變的契機又是什麼？

惠能辭違祖已，發足南行。兩月中間，至大庾嶺。

五祖歸，數日不上堂。眾疑，詣問曰：和尚少病少惱否？曰：病即無，衣法已南矣。問：誰人傳授？曰：能者得之。眾知焉。

逐後數百人來，欲奪衣缽。

一僧俗姓陳，名惠明。先是四品將軍，性行粗糙，極意參尋，為眾人先，趁及惠能。

惠能擲下衣缽於石上，云：此衣表信，可力爭耶。

惠能辭別五祖後，啟程向南，急奔而去。兩個月間，就來到了大庾嶺，即現在江西大庾嶺縣的南部，與廣東南雄交界。

詣，特指到尊長那裡。五祖將衣法傳給惠能並親自送其出山，歸來後，接連多日沒有上堂說法。

大家感到疑惑，前去向五祖請安道：和尚身體還健康嗎？五祖回答說：我沒有病，只是衣法已往南方去了。大家接著再問：到底是誰得了衣法？五祖說：能者得之。大家就明白是怎麼回事了。此處的「能者」也是語帶雙關，既指惠能的「能」，也指有能力見性的「能」。

得到這個消息後，就有數百人一路追趕而來，想要奪回衣缽。

趁，追趕。有個出家人，俗家姓陳，名惠明。在家時是四品將軍，性情和行為都比較莽撞，而且一心想要追上惠能，所以跑在眾人之前，居然就趕上惠能了。

惠能眼看被人追上，就把衣缽放在石頭上說：衣缽是用來傳法的信物，難道憑蠻力就可以搶得到嗎？

能隱草莽中，惠明至，提掇不動。

乃喚云：行者！行者！我為法來，不為衣來。

惠能遂出，坐磐石上。

惠明作禮云：望行者為我說法。

惠能云：汝既為法而來，可屏息諸緣，勿生一念，吾為汝說。

明良久。惠能云：不思善，不思惡，正與麼時，那個是明上座本來面目。

惠能把衣鉢放下後，就隱身於草叢中。惠明趕到，祖師衣鉢已是唾手可得，但他怎麼也無法提起。

關於「提掇不動」，有兩種說法。其一，祖師衣鉢自有護法守護，不是誰想拿就可以拿去的。其二，惠明雖然對衣鉢南去非常著急，一路追趕，此時卻想到：衣鉢畢竟是五祖親自交付的，奪回只怕不妥。所以，這個「提掇不動」是不敢也不好意思去拿。

所以惠明就呼喚道：行者！我是為求法而來，不是為爭搶衣鉢而來。

惠能聽到他的態度和發心已經改變，就從隱身處出來，盤腿坐在石上。

惠明作禮道：希望行者為我開示，你從五祖那裡究竟得了什麼心法？按照戒律，惠明是出家人而惠能是在家人，是不必行禮的。但惠能現在已是衣鉢傳人，是法的持有者，所以惠明是為了敬法而作禮。

惠能說：既然你是為求法而來，那麼現在就把所有想法統統放下，什麼念頭也不要有，我將為你說法。

惠明沉默良久。惠能說道：善的也不要想，惡的也不要想，此時此刻回觀返照，那個一念不生、沒有分別對待的心，正是明上座的本來面目。這就是禪宗的引導方式，單刀直入，直接契入心的本質。

惠明言下大悟。復問云：上來密語密意外，還更有密意否？

惠能云：與汝說者，即非密也。汝若返照，密在汝邊。

明曰：惠明雖在黃梅，實未省自己面目。今蒙指示，如人飲水，冷暖自知。今行者即惠明師也。

凡夫為無明所惑，執著於二元對立的能所假相，所以就會有善惡、美醜、好壞、是非、空有之分。事實上，這些本身是緣起法，並不會遮蔽空性。真正對見性構成障礙的，是我們對緣起現象的執著。惠能的開示，就是引導惠明排除干擾，超越對待，直接看到本來面目，看到塵埃後的鏡子。

此處，也有版本為「哪個是明上座的本來面目」，這也是一種引導方式，是讓對方起疑情，由此一路探尋並最終見性，不如「那個」來得直接。

在這番引導下，惠明當下體悟內在覺性，但還是缺乏自信，又問惠能道：除了以上你給我指示的密語密意之外，是否還有什麼其他更深的內涵？

因為我們總是把祖師西來意想得非常複雜，把覺性想得深奧玄妙，甚至以為見性後就神通廣大，無所不能。其實，剛見性時是沒有多少力量的，如果抓不住，甚至會一閃而過，一見之後永不再見。所以惠明有點不敢相信：還有嗎？就是這樣嗎？

惠能說：可以和你說的，都不是真正的密。如果你能回觀返照，真正的密其實就在你自己身上，從未遠離，從未失去。這個密，就是內在的覺悟本體，這是生命最大的祕密。你不認識的時候，它就是密；當你認識到了，它就不再是密。所以密與不密也是相對的，關鍵是看得到還是看不到。

惠明說：我雖然在黃梅五祖那裡修行多年，確實還沒見到自己的本來面目。現在經過您的點撥，終於見到這個覺悟本體。就像親自喝了水那樣，是冷是暖，個中況味只有自己知道。所以，行者您從現在起就是我的師長。

惠能曰：汝若如是，吾與汝同師黃梅，善自護持。

明又問：惠明今後向甚處去？

惠能曰：逢袁則止，遇蒙則居。

明禮辭。（明回至嶺下，謂趁眾曰：向陟崔嵬，竟無蹤跡，當別道尋之。趁眾咸以為然。惠明後改道明，避師上字。）

惠能說：既然你也體認到了，那麼我就和你一起師從五祖，你今後還要善自護持。又是一句「善自護持」，之前五祖也是這樣吩咐惠能的。所以說，見道不等於一切，之後還要繼續護念，不令迷失，禪宗稱為「保任」。所謂保任，就是體認後不斷地熟悉它，保護它，不令丟失。

惠明又問：我今後應該到什麼地方繼續修行？

惠能說：遇到地名有「袁」字的地方就止步，遇到地名有「蒙」字的地方就住下。袁，指江西袁州。蒙，為袁州蒙山。

陟，登高。崔嵬，高聳。惠明得到指示後，作禮告退。他回到嶺下，告訴追趕的眾人說：向上攀登的山路非常陡峭，一點惠能的蹤跡都沒有，應該到其他道路去尋找。追趕的眾人都相信了，不再往前。

惠明後來更名為道明，以避惠能的「惠」字。因為他已尊惠能為師，所以不再用平輩師兄弟的名字。

以上，介紹了又一個頓悟的案例。為什麼在「不思善，不思惡」的一念返照之際，就能明心見性？關鍵在於，那一刻能徹底放下，沒有能思，沒有所思，而又明明了了，那就是心的本來面目。直接看到它，就是了。而我們的麻煩在於，或是抱著一個「我要不思善，不思惡」的念頭，或是把「那個不思善，不思惡的」當做我，總歸要抓住點什麼，結果就一葉蔽目，看不見了。所以，有時修行難的不是做些什麼，而是不做什麼。

四 剃度出山

惠能後至曹溪，又被惡人尋逐。乃於四會避難獵人隊中，凡經一十五載，時與獵人隨宜說法。獵人常令守網，每見生命盡放之。每至飯時，以菜寄煮肉鍋。或問，則對曰：「但吃肉邊菜。」

一日思惟，時當弘法，不可終遁，遂出至廣州法性寺。值印宗法師講《涅槃經》，時有風吹幡動。一僧曰風動，一僧曰幡動，議論不已。

惠能進曰：「不是風動，不是幡動，仁者心動。」一眾駭然。

印宗延至上席，徵詰奧義。見惠能言簡理當，不由文字。宗云：「行者定非常人，久聞黃梅衣法南來，莫是行者否？」惠能曰：「不敢。」

宗於是作禮，告請傳來衣缽，出示大眾。宗復問曰：「黃梅付囑，如何指授？」惠能曰：「指授即無，惟論見性，不論禪定解脫。」

宗曰：「何不論禪定解脫？」能曰：「為是二法，不是佛法。佛法是不二之法。」

宗又問：「如何是佛法不二之法？」惠能曰：「法師講《涅槃經》，明佛性是佛法不二之法。如高貴德王菩薩白佛言：犯四重禁、作五逆罪及一闡提等，當斷善根佛性否？佛言：善根有二，一者常，二者無常。佛性非常非無常，是故不斷，名為不二。一者善，二者不善，佛性非善非不善，是名不二。蘊之與界，凡夫見二，智者了達其性無二。無二之性，即是佛性。」

印宗聞說，歡喜合掌言：「某甲講經猶如瓦礫，仁者論義猶如真金。」於是為惠能剃髮，願事為師。惠能遂於菩提樹下，開東山法門。

這一段和上一段之間，已相隔十五年。期間經歷，僅以四十餘字帶過。然後，重點講述了惠能出山弘法的緣起。

惠能後至曹溪，又被惡人尋逐。乃於四會避難獵人隊中，凡經一十五載，時與獵人隨宜說法。

惠能後來到了曹溪，又被那些想要奪回五祖所傳袈裟的人追逐。於是，在四會避難到獵隊中，隱身達十五年之久。在此期間，時常隨緣為獵人們說些佛法，應機教化。

獵人常令守網，每見生命盡放之。每至飯時，以菜寄煮肉鍋。或問，則對曰：但吃肉邊菜。

獵人們經常讓他看守捕捉動物的羅網，惠能只要看到動物還活著，就網開一面，將之放走。每到吃飯的時候，就以野菜放在肉鍋中一起煮。如果有人詢問，就回答說：我吃肉邊菜即可。

一日思惟，時當弘法，不可終遁，遂出至廣州法性寺。

一天，惠能想到自己還承擔著續佛慧命、光大禪宗的重任，終究不能長期隱遁下去，所以就出山來到廣州法性寺，即現在的光孝寺。

值印宗法師講《涅槃經》，時有風吹幡動，一僧曰風動，一僧曰幡動，議論不已。

印宗法師，精通《涅槃經》，曾至五祖處參學。《涅槃經》，釋迦牟尼佛般涅槃前所說的最後一部經典。幡，直掛的長條形旗子。其時，正值印宗法師在寺中開講《涅槃經》。惠能到來時，恰好有風吹動經幡。兩位僧人因此爭論起來，一位說是風在動，另一位說是幡在動，各執己見，爭論不休。

惠能進曰：不是風動，不是幡動，仁者心動。

惠能見狀就上前說道：不是風動，也不是幡動，而是仁者你們的心動了。

曾有教科書把這個典故作為佛教是唯心主義的典型例子：明明是風在動，明明是一眾駭然。

印宗延至上席，徵詰奧義。見惠能言簡理當，不由文字。

宗云：行者定非常人，久聞黃梅衣法南來，莫是行者否？

惠能曰：不敢。

宗於是作禮，告請傳來衣缽，出示大眾。

宗復問曰：黃梅付囑，如何指授？

幡在動，怎麼會是心動呢？從緣起法來說，這只是因緣和合的現象，不能單純說是風動或是幡動。沒有風，幡能動嗎？沒有幡，又怎麼知道風在動呢？如果認為一定是風動，或一定就是幡動，都是心念的偏執，所以六祖立刻指出問題所在，那就是「心在動」。

眾人聽到這個說法，大吃一驚。這是惠能隱居十五年後的一次閃亮登場，出語驚人，非同凡響。

上席，座中第一位。徵詰，驗證、追問。奧義，文字蘊含的深奧義理。印宗法師見一位居士出言不凡，就請至上座，詳細詢問佛法深意。晤談之下，覺得惠能言簡意賅，所說無不契於佛理，但都是自性流露，而非照搬經典文字。

印宗法師說：行者必定不是普通學佛者。早就聽說黃梅五祖的衣缽傳人已經來到南方，莫非就是行者嗎？

不敢是謙詞，認可了印宗的猜測。

印宗法師見惠能果然就是禪宗六祖，就對他作禮，並希望他將衣缽拿來給大眾瞻仰一下。此處的作禮，和之前惠明的作禮同樣，是出於對法的恭敬。

付囑，交付，叮囑。指授，指導，傳授。衣缽僅僅是表信之物，作為修行人，更關心的自然是法而不是衣。所以印宗接著就問：黃梅傳法給您，究竟傳了些什麼？其教法的核心是什麼？

惠能曰：指授即無，惟論見性，不論禪定解脫。

宗曰：何不論禪定解脫？

能曰：為是二法，不是佛法。佛法是不二之法。

宗又問：如何是佛法不二之法？

惠能回答說：如果要說傳授什麼，其實是沒有的。頓教的修行重點在於明心見性，是直接體認心的本質，而不是通過修習戒定慧獲得解脫的常規路線。禪宗是無法之法，沒有一定之規，也不希望學人拘泥於某個方法。

說指授即無，並不是要否定五祖對他的印證和開示，而是不讓學人執著於修法的形式。事實上，佛教所有法門都是方便施設的手段，目的是解黏去縛。可究竟是誰綁住你呢？四祖向三祖求法時說：我向和尚請求解脫之道。三祖就問：誰綁住你？其實，綁住我們的不是別人，恰恰是我們自己。從另一方面來說，這個捆綁的繩索也是妄想變現的，了不可得。一旦體認到這點，當下就是解脫。

印宗法師就問：為什麼不論禪定解脫？這也是大部分人的疑問，如果不論禪定解脫，還是佛法嗎？還修什麼呢？

惠能回答說：禪定解脫是有對待的，是二法，而佛法是不二之法。這裡所說的佛法，是第一義諦，是覺悟本體，是超越一切對待的。如果執著於二元對立之法，即便再努力地學，再精進地修，已然偏離正道，不復佛法本味了。

《辨中邊論》說，我們對每個法的理解，可能在「遍計所執」的層面，可能在「依他起」的層面，也可能在「圓成實」的層面。帶著執著理解的佛法，是在遍計所執的層面，沒有離開迷惑的認知。在依他起的層面，是緣起顯現的一切現象。到了圓成實的層面，才是佛法最為究竟、最為根本的所在。現在惠能所說的，正是超越遍計所執和依他起的無上真理。

印宗法師又問：什麼才是佛法的不二之法呢？

「惠能曰：法師講《涅槃經》，明佛性是佛法不二之法。」

如高貴德王菩薩白佛言：犯四重禁、作五逆罪及一闡提等，當斷善根佛性否？

佛言：善根有二，一者常，二者無常。佛性非常非無常，是故不斷，名為不二。

一者善，二者不善，佛性非善非不善，是名不二。

蘊之與界，凡夫見二，智者了達其性無二。無二之性，即是佛性。

惠能回答說：就像法師所說的《涅槃經》中，闡明佛性就是不二之法。因為對佛性的體認要超越二元對待，非常非斷，非有非無，非好非壞。所有這些對待都是迷惑系統的概念，雖然佛菩薩也說這些，但只是為了方便施設而說，是「由假說我法」。

四重禁，殺、盜、淫、妄四根本戒。五逆罪，殺父、殺母、殺阿羅漢、破和合僧、出佛身血。一闡提，無成佛之因。《涅槃經》中，高貴德王菩薩問佛陀說：如果一個人犯了四種根本重戒，或五無間罪，或本身就屬於一闡提等，他們已經徹底斷絕善根，沒有佛性了嗎？

佛陀回答說：善根有兩種，一種是常，一種是無常的。但佛性超越常與無常，所以不會斷滅，這就稱為不二法門。

世間法中，一種是善的，一種是不善的。但佛性既不能說善，也不能說不善，因為善惡都是相對的，而佛性是離言絕待的，這就稱為不二法門。

蘊，色受想行識五蘊。界，十八界，分別為六根、六塵、六識。在凡夫的認識上，五蘊、十八界是有差別對待的，並會執著這種差別。但真正開悟的智者，就能看到五蘊、十八界的本質都是空性。這個無差別的本質，就是佛性。

此外，眾多佛典都說到不二的問題。《心經》說：「是諸法空相，不生不滅，不垢不淨，不增不減。」諸法實相即是空相，是沒有生滅、垢淨、增減差別的。

印宗聞說，歡喜合掌言：某甲講經猶如瓦礫，仁者論義猶如真金。

於是為惠能剃髮，願事為師。

惠能遂於菩提樹下，開東山法門。

《瑜伽師地論》說：「不二者，即是顯真實義也。」唯有超越對二元的執著，才能認識究竟真實。

《中論》說：「不生亦不滅，不常亦不斷，不一亦不異，不來亦不去。能說是因緣，善滅諸戲論，我稽首禮佛，諸說中第一。」不生不滅、不常不斷、不一不異、不來不去為「八不」，是對八種自性見的否定。因為凡夫有生的自性見，滅的自性見；有常的自性見，斷的自性見；有一的自性見，異的自性見；有來的自性見，去的自性見。這些都是戲論而已，唯有否定這些自性見，才能體會到最高真理。

而在《維摩經》中，則是從三個層次來表述空性。第一個層次，是眾多菩薩所說的不二，比如善和惡、常和無常、煩惱和菩提都是不二的，使心不再陷入二元對待。第二個層次，是文殊菩薩所說的不二，是超越語言，無法表述的。第三個層次，是維摩詰所說的不二，乾脆連說都不說，只是默然。

印宗法師聽了六祖的開示後，法喜充滿，合掌讚歎：我所講述的經義就像瓦礫一樣，而仁者講述的佛法就如真正的黃金那麼純淨，彌足珍貴。

於是，印宗法師就為惠能剃度，並希望將他奉為師長，隨其修學。所以，印宗法師雖然成就六祖出家，但並不是收了一個徒弟，而是拜了一位師父，這在佛教史上也是非常罕見的。

東山，指五祖傳下的頓教法門，因五祖居於蘄州黃梅縣黃梅山，其山位於縣東，故名東山。

惠能剃度後，就在菩提樹下弘揚傳自五祖弘忍的頓教法門。據史料記載，早在劉宋永初元年（四〇二年），印度高僧求那跋陀羅來到廣州，在此寺創建戒壇時曾預言：後當有肉身菩薩於斯受戒。梁武帝天監元年（五〇二年），印度智藥三藏不遠萬里，從印度帶來菩提樹種在戒壇前，並預言：吾過後一百七十年，有肉身菩薩於此樹下開演上乘，度無量眾。兩位古德的授記不謀而合，可見，惠能在此樹下開東山法門，實在有著不可思議的因緣。

惠能於東山得法，辛苦受盡，命似懸絲。今日得與使君、官僚、僧尼道俗同此一會，莫非累劫之緣，亦是過去生中供養諸佛，同種善根，方始得聞如上頓教得法之因。教是先聖所傳，不是惠能自智。願聞先聖教者，各令淨心。聞了各自除疑，如先代聖人無別。

一眾聞法，歡喜作禮而退。

以上，六祖講述了自己從得法到開始弘法的經歷。之所以說這些，不是為了拉家常，更不是為了自我標榜，而是向大家介紹這一法脈的由來及得法的艱難，由此生起重法、敬法之心。接著，是對大眾的一番勸勉。

惠能於東山得法，辛苦受盡，命似懸絲。

今日得與使君、官僚、僧尼道俗同此一會，莫非累

惠能說：我在五祖弘忍那裡得法之後，歷盡艱辛，經常被人追逐，時時都有生命危險。所以，這一法脈得以傳承，殊為難得。

現在可以和使君、官員、僧俗弟子聚會於此，宣講頓教法門，應該是多生累劫的善緣，也是過去生因為供養諸佛而共同種下的善根，所以才有因緣聽聞這樣至高無

劫之緣，亦是過去生中供養諸佛，同種善根，方始得聞如上頓教得法之因。教是先聖所傳，不是惠能自智。願聞先聖教者，各令淨心。聞了各自除疑，如先代聖人無別。一眾聞法，歡喜作禮而退。

上的頓教心法。

我們今天有機會一起學習《六祖壇經》，同樣是往昔結下的法緣使然，希望大家都能用心珍惜，「莫將容易得，便作等閒看」。

我現在給你們講說的無上法門，是諸佛菩薩和歷代祖師傳承而來，不是我自己隨便想出來的。想要聽聞聖賢教誨的同修們，請各自端正聞法心態，讓心保持清淨。如果大家能在聽聞後體證覺性，解除疑惑，就和祖師大德乃至諸佛菩薩沒什麼區別了。這個無區別是就所證而言，並不是說，一經悟入就能具備佛菩薩的所有功德。

大家聽了六祖所說的頓教法門的由來後，非常歡喜，覺得稀有難得，聞所未聞，行禮之後就告退了。

〈行由品〉主要介紹了惠能從初聞佛法至得道弘法的經歷，包括求道因緣、得法經過、剃度出山等，其中的每一部分，都顯示出惠能不同尋常的深厚善根。或許有人會因此氣餒，覺得自己障深慧淺，難以企及。但我們要知道，慧根不是天上掉下來的，而是來自多生累劫的努力，所謂積土成山，積水成淵。不論我們現在的根機如何，只要開始修學，永遠都不算晚。

【般若品第二】

〈般若品〉主要講述頓教的見地及這一見地的殊勝。見地是一個宗派的核心內容，也是體現此宗思想高度的尺規。禪宗之所以是至高無上的法門，之所以能「一超直入如來地」，原因就在於見地高超，直截了當。正是在這樣的見地下，才能有快捷的成就之道。其後的〈疑問品〉、〈定慧品〉、〈坐禪品〉等，主要介紹了頓教的修行。如果說見地是修行的指導，那麼修行就是對見地的體證，最終還要落實到心行上。所以，這一品可謂重中之重。

頓教的見地究竟是什麼？就是告訴我們，每個眾生本具菩提自性，在生命某個層面，和三世諸佛無二無別。從現狀來看，眾生和佛有著天壤之別；而從根本來說，他們的分歧點就在於迷悟一念之間。迷失覺悟本體，所以成為眾生；體認覺悟本體，當下就是覺者。

〈般若品〉主要解釋「摩訶般若波羅蜜」。般若系的經典，有《放光般若》、《文殊般若》、《金剛般若》、《大般若經》等，統稱「摩訶般若波羅蜜」。對於「摩訶般若波羅蜜」，中觀學者和禪宗祖師的解釋不太一樣。《般若經》的核心思想為緣起性空，龍樹菩薩的「因緣所生法，我說即是空，亦名為假名，亦名中道義」，就是對這一思想的精闢總結。中觀的修行理路，是通過對緣起無自性空的認識建立正見，依此修習觀照般若、實相般若，從而抵達彼岸，即「波羅蜜」。而禪宗的修行，則是引導我們直接體認般若，體認覺性。

次日，韋使君請益。師升座，告大眾曰：「總淨心念摩訶般若波羅蜜多。」

復云：「善知識！菩提般若之智世人本自有之，只緣心迷，不能自悟，須假大善知識示導見性。當知愚人智人，佛性本無差別。只緣迷悟不同，所以有愚有智。吾今為說摩訶般若波羅蜜法，使汝等各得智慧。志心諦聽，吾為汝說。」

次日，韋使君請益。

師升座，告大眾曰：總淨心念摩訶般若波羅蜜多。

復云：善知識！菩提般若之智世人本自有之，只緣心迷，不能自悟，須假大善知識示導見性。

第二天，韋使君繼續向六祖請法，希望得到更深入的指導。法通常都是應請而說，這既是為了表示對法的尊重，也是因為，只有當學人生起聞法意樂時，法才會進入他的心相續中，對他產生作用。

六祖登上法座，告誡大眾說：你們要時時以清淨心憶念「摩訶般若波羅蜜多」。早在四祖起，就常勸門人念「般若波羅蜜多」。六祖所提倡的念，不僅是念誦的念，而是把「摩訶般若波羅蜜多」變成自身正念，念念不忘，是這個意義上的念。

大善知識，不是普通的善知識，而是能引導我們見性的明師。六祖接著說：各位善知識，菩提般若的智慧是世人本自具足的。只是因為內心被無明所惑，才沒有能力認識，沒有能力完成自悟自覺的修行。如果人們根本不知道自己有佛性，怎麼會想到自己還可以成佛呢？這就必須有明眼的大善知識，引導我們去見性，去體認覺悟本體。

這段文字是對「菩提自性，本來清淨，但用此心，直了成佛」的深化。在「本來清淨」和「但用此心」之間，有一個不可或缺的重要條件，那就是「大善知識示導見性」，否則也是悟不了的。即使像六祖這樣的根機，也需要五祖加以印證。

當知愚人智人，佛性本無差別。只緣迷悟不同，所以有愚有智。

吾今為說摩訶般若波羅蜜法，使汝等各得智慧。志心諦聽，吾為汝說。

我們要知道，不論愚者還是智者，乃至聖賢、凡夫、動物，在佛性上都是一味平等、了無差別的。只是因為迷和悟的差別，所以才有愚癡和智慧的不同顯現。當你體證生命內在的佛性，就是智者，就是聖賢。當你迷失生命內在的佛性，就是愚者，就是凡夫。換言之，正是迷悟的一念之差，造就了眾生和佛菩薩的天淵之別。當然，迷也有深淺不同，從而導致有情根機的利鈍、素質的高下。佛教之所以有八萬四千法門，正是佛陀順應不同根機而施設的種種教法。

現在，我就為你們開顯有關「摩訶般若波羅蜜」的修行法門，你們要專心聆聽，我來說明讓大家認識，內在的般若智慧究竟有哪些特徵。

一 釋摩訶般若——開顯覺悟本體的特徵

善知識！世人終日口念般若，不識自性般若，猶如說食不飽。口但說空，萬劫不得見性，終無有益。

善知識！摩訶般若波羅蜜是梵語，此言大智慧，到彼岸。此須心行，不在口念。口念心不行，如幻如化，如露如電。口念心行，則心口相應。本性是佛，離性無別佛。

何名摩訶？摩訶是大。心量廣大，猶如虛空，無有邊畔，亦無方圓大小，亦非青黃赤白，亦無上下長短，亦無嗔無喜，無是無非，無善無惡，無有頭尾。諸佛剎土，盡同虛空。世人妙性本空，無有一法可得。自性真空，亦復如是。

善知識！莫聞吾說空便即著空。第一莫著空，若空心靜坐，即著無記空。

善知識！世界虛空，能含萬物色像。日月星宿、山河大地、泉源溪澗、草木叢林、惡人善人、惡法善法、天堂地獄、一切大海、須彌諸山，總在空中。世人性空，亦復如是。

善知識！自性能含萬法是大，萬法在諸人性中。若見一切人惡之與善，盡皆不取不捨，亦不染著，心如虛空，名之為大，故曰摩訶。

善知識！迷人口說，智者心行。又有迷人，空心靜坐，百無所思，自稱為大。此一輩人不可與語，為邪見故。

善知識！心量廣大，遍周法界。用即了了分明，應用便知一切。一切即一，一即一切，去來自由，心體無滯，即是般若。

善知識！一切般若智皆從自性而生，不從外入。莫錯用意，名為真性自用，一真一切真。心量大事，不行小道。口莫終日說空，心中不修此行。恰似凡人自稱國王，終不可得，非吾弟子。

善知識！何名般若？般若者，唐言智慧也。一切處所，一切時中，念念不愚，常行智慧，即是般若行。一念愚即般若絕，一念智即般若生。世人愚迷，不見般若。口說般若，心中常愚。常自言我修般若，念念說空，不識真空。般若無形相，智慧心即是。若作如是解，即名般若智。

在這一部分，六祖首先對摩訶般若進行解說，為大眾開顯覺悟本體的特徵。

善知識！世人終日口念般若，不識自性般若，猶如說食不飽。

善知識，世人雖然從早到晚在念著般若，念《般若經》，念《金剛經》，念《心經》，卻有口無心，根本不瞭解般若到底是什麼，不知道每個生命內在本來就具足般若智慧。就像在談論各種美食，卻一口也不真正吃下去，終歸是不能解除饑餓的。

口但說空，萬劫不得見性，終無有益。

如果僅僅把「空」掛在嘴邊，而不是去修行、去體證，即使說上千萬劫，也不可能因此見性，是沒有任何真實利益的。因為我們說的只是「般若」的概念，甚至只是「般若」這兩個字的音聲。般若的內涵是什麼？需要用什麼方法去體認？一無所知。甚至於，從來沒有想過去瞭解。這樣的說「空」，其實就是說「空話」罷了。

善知識！摩訶般若波羅蜜是梵語，此言大智慧，到彼岸。

梵語，印度的雅語，印度人認為這種語言秉承梵天所說，故稱梵語。「摩訶般若波羅蜜」是梵語音譯，翻譯成漢語，「摩訶般若」為大智慧，即《壇經》反覆提及的「菩提自性」。「波羅蜜」為到彼岸，是相對於生死此岸的涅槃彼岸。這種大智慧代表覺悟的力量，而到彼岸則是覺悟所產生的作用。凡夫的生命充滿迷惑煩惱，為此岸；一旦開啟內在的摩訶般若，就具備破除無明的能力，當下就是彼岸。

此須心行，不在口念。口念心不行，如幻如化，如露如電。

口念心行，則心口相應。

本性是佛，離性無別佛。

何名摩訶？摩訶是大。

心量廣大，猶如虛空，無有邊畔。

到彼岸的關鍵，是體認生命內在的菩提自性，這就需要落實到心行，而不只是會念，會發出「摩訶般若」這幾個音節。如果只是嘴上念念而已，不能進一步落實到心行，這種念就像幻影、化城、露珠和閃電一般，稍縱即逝，了無痕跡。

如果在念誦的同時，將之轉化為內在心行，開啟般若智慧，解除迷惑煩惱，才是心口一致，念念相應。

禪宗祖師經常批判教下學人為說食數寶、入海算沙，有人因此把修禪和學教對立起來。其實祖師所批評的，只是那種心口不相應的學習方式。那樣的話，忙來忙去，終究還是書本上的，是經典中的，是祖師大德的，自己卻一點都用不起來。所以，我們不僅要這麼說，更要這麼做。

我們的本性是什麼？就是生命內在本自具足、圓滿無缺的佛性。離開這個覺悟本體，再也沒有其他的佛了，因為十方三世一切諸佛都是由開啟覺性而成佛。所以說，成佛的正因就在我們內心，無須到他方世界上下求索，尋尋覓覓。

下面開始詳細解釋摩訶般若。什麼叫做摩訶？摩訶為梵語，意為廣大、眾多、殊勝，此處形容心量的廣大。

六祖以虛空為喻，說明我們認識心具有的特徵。心是極其廣大的，就像虛空那樣，無邊無際。我們知道，地球只是宇宙中一顆微不足道的星球。

我們可以觀想自己坐在地球上，上方是無盡的太空，下方是無盡的太空，前後左右還是無盡的太空。這樣觀想之後，再反觀我們的心，會發現心也像太空一樣，沒有任何邊際。所謂的邊際，都來自人為設定，我們覺得這是中國的天，那是美國的天，那是南非的天。這些並不是天空的區別，而是我們的設定。心本身是無限的，可以容納一切。

亦無方圓大小，亦非青黃赤白，亦無上下長短，亦無嗔無喜，無是無非，無善無惡，無有頭尾。

諸佛剎土，盡同虛空。

世人妙性本空，無有一法可得。自性真空，亦復如是。

善知識！莫聞吾說空便即著空。

第一莫著空，若空心靜坐，即著無記空。

除了無邊無際，心和虛空的另一個共同點是無形無相，沒有方圓，沒有大小，沒有青黃赤白等種種色彩，沒有上也沒有下，沒有長也沒有短，沒有嗔也沒有喜，沒有是非，沒有善惡，沒有頭尾。

為什麼這麼說？因為所有這些分別，只有在凡夫的妄念中才會出現，而在空性層面，是沒有任何對立與差別的。修行，就是要撤除妄心造作的界限，回復心的本來面目，那就是無邊無際、無形無相。

剎土，剎是梵語音譯，其意為土，這一翻譯為梵漢雙舉。三世諸佛所成就的佛國淨土，雖然在顯現上美輪美奐，無比莊嚴，但它在本質上也是空的，就像虛空一樣。

當我們做虛空觀，將心安住於無限的所緣時，心所展現的就是一種無限的狀態。在這個狀態下，我們再來審視自己的心，會發現它從來都是無形無相，無一法可得的。菩提自性的真空也是同樣。

說到空，我們往往以為是什麼都沒有，那是頑空，不是《壇經》所說的真空。我們講到「無一法可得」時，怎麼知道「無一法可得」？就是因為內心還有一種了了分明的力量，絕非斷滅空的空無所有。

接著，六祖特別為大眾澄清了一個問題：善知識，你們千萬不要聽到我說空，就一味地追求空，甚至執著於空。其結果，就會否定因果，成為一種斷見，對修行有極大危害。

所以六祖告誡大眾說：首先，不能執著於空。如果以一心求空的心態靜坐，就會落入無記空的誤區。

善知識！世界虛空，能含萬物色像。日月星宿、山河大地、泉源溪澗、草木叢林、惡人善人、惡法善法、天堂地獄、一切大海、須彌諸山，總在空中。

世人性空，亦復如是。

善知識！自性能含萬法是大，萬法在諸人性中。

若見一切人惡之與善，盡皆不取不捨，亦不染著，心如虛空，名之為大，故曰摩訶。

空心靜坐有兩種情況，一是追求百無所思的境界，二是追求空空如也的境界。這都屬於妄識造作的空，是和有對立的。六祖讓我們認識的，是菩提自性所具備的特點，是本來清淨而能出生萬法的空，這才是我們要證得的真空，是和緣起顯現不相衝突的。

此處，六祖還是以虛空為喻，對空作進一步的闡述：善知識，虛空雖然一無所有，但同時又能包含萬物。不論日月星辰、山河大地，還是溪流泉水、草木叢林；不論惡人、善人，還是惡法、善法；也不論天堂、地獄，還是一切的五湖四海、須彌諸山，所有這一切都含藏於虛空之中。如果虛空是有界限的，就意味著有內外，有分別，就必然有什麼被排除在外。正因為虛空沒有界限，所以才能包羅萬象，囊括一切。

我們的菩提自性也具備這個特點，雖無一法可得，同時又含藏萬物，能生萬法，並非一無所有的空。

善知識，正因為菩提自性能含藏萬法，所以稱之為大。從另一個角度來說，一切法都沒有離開菩提自性，都是菩提自性的妙用。

菩提自性雖能含藏萬物，但又不被萬物所染。就像鏡子，照到美好的境界，不會高興；照到醜惡的境界，也不會嗔恨。心在觀照外境時同樣應該如此，看到一切人或善或惡的表現，都能不貪著、不抗拒。就像虛空，既包容雲彩，也包容風雨雷電，宇宙萬有，所以稱之為大，也就是「摩訶」。

善知識！迷人口說，智者心行。

又有迷人，空心靜坐，百無所思，自稱為大。此一輩人，不可與語，為邪見故。

善知識！心量廣大，遍周法界。

用即了了分明，應用便知一切。

善知識，愚癡者只會把佛法掛在嘴上，說得再多也不去實踐。而那些有智慧的人，則會將法義落實到心行，進而通過實修，使之轉變為一種心理力量。說般若，就是要證得般若；說波羅蜜，也是要成就波羅蜜。

還有些愚癡迷妄的人，一味求空，以為什麼都不想地枯坐著就是證得空性，就是最高的修行。這些人已落入增上慢，不是說些什麼就能扭轉的，因為他們對修行生起了邪見，是很難改變的。

修空觀，不是以什麼都不想來壓制妄想，而是通過如實觀照平息並化解妄想。當觀照具有一定力量時，可以在起心動念、行住坐臥的同時心無所住，這才是正道。僅僅追求什麼都不想，什麼都不做，這是一種偏空，已然走上邪路。

善知識，心是廣大無邊的。可以說，法界有多大，虛空有多大，心量就有多大。

在這廣大無限的心中又有一種力量，能夠了了分明，就是遍知的力量。佛陀十大名號中，有一種叫做「正遍知」，也就是說，這種覺知是遍及一切，無所不知的。凡夫的認識是有指向性的，每個心念都有相應的所緣，或是想著賺錢，或是想著爭權，或是想著家庭，或是想著事業。當他對這個所緣特別執著時，就會忽略周圍的其他，這種知是狹隘的妄知。

再比如，大家現在專心聽我講課時，你們的知就會鎖定在我身上，鎖定在我的語言上，越專注，對周圍的反應就會越遲鈍，就像一幅主體清晰而背景虛化的影像。如果不鎖定某個物件，只是安住並保持覺知，一切都能平等地呈現在我們心中。可一切即一，一即一切。

去來自由，心體無滯，即是般若。

善知識！一切般若智皆從自性而生，不從外入。莫錯用意，名為真性自用，一真一切真。

心量大事，不行小道。

見，人本來具有遍知的功能。只是當心進入迷妄系統後，這個功能就被遮罩了。如果放下執著，你會發現意識背後有一種遍知的功能，對周圍的一切清清楚楚。這種清楚不是意識上的清楚，而是像鏡子那樣，照見但不黏著，映現但不停滯。

當然，這還是最粗淺的遍知。一旦體認生命內在覺性之後，才是「橫遍十方，豎窮三際」的遍知，也就是唯識宗所說的大圓鏡智，山河大地、宇宙萬有都能映現其中。這種功能是心本自具足的，只需體認即可，所以說「應用便知一切」。

宇宙中一切的一切，都沒有離開菩提自性的這個「一」，是為「一切即一」。而這個「一」同時又能出生萬法，含攝萬法，是為「一即一切」。

什麼叫去來自由？因為心體不是物質，是沒有任何滯礙的。猶如明鏡，可以朗照一切，但又沒有任何黏著，物來影現，物去影滅。這種無滯礙和不黏著，正是般若智慧所具有的特點。因為不黏，就能獨立自主，來去自由。既可以做什麼，也可以不做什麼。

善知識，一切般若智慧都是從生命內在的菩提自性而生，並不是從外而來，不是重新安裝的一個程式。你們不要搞錯，不要向外乞求，而要向內找尋，這就叫做「真性自用」。唯有證得這個覺悟本體，所看到的一切才是諸法實相。

反過來說，在我們現有的迷惑系統中，則是「一假一切假」。因為能認識的心是虛妄的，所見自然也是造作的、不實的。就像一個帶著有色眼鏡的人，目光所及，都是被有色眼鏡處理過的影像，而非世界本來面目。

開發生命內在的覺悟本體，才是人生最為迫切的頭等大事，是我們必須為之努力的。此外的一切，比如空心靜坐之類，都不過是小道而已。

口莫終日說空，心中不修此行。恰似凡人自稱國王，終不可得，非吾弟子。

千萬不要整天把「空」掛在嘴邊，卻不將之落實於心行，不按照這一法義去實踐。那樣的話，就像凡人自稱國王，終歸只是說說而已，不可能因此變成國王。那樣做的人，絕不是我認可的弟子。

這是六祖對弟子的告誡，也是對一切後學的告誡。事實上，很多學佛者都有類似的問題。每天在說一些佛菩薩的境界，自己卻不思改變。哪怕說上一輩子，還是標準的凡夫，最多是一個有著佛法包裝的標準凡夫。這是我們必須引以為戒的。

善知識！何名般若？般若者，唐言智慧也。

善知識，到底什麼叫做般若呢？所謂般若，翻譯成漢語就是智慧。接下來，正式對般若進行闡述。六祖不是從概念上解釋智慧，而是直接告訴我們智慧是怎麼回事，又該如何體認，如何成就。

一切處所，一切時中，念念不愚，常行智慧，即是般若行。

在任何處所，任何時間，我們都要念念保持清明、無造作的覺知，避免在不知不覺中陷入妄念。保持覺知，就能時時安住於內在智慧，這就是般若行。覺知有兩個層面，一是有造作的覺知，一是無造作的覺知。內觀是從有造作的覺知起修，而禪宗是讓我們直接體認無造作的覺知。

一念愚即般若絕，一念智即般若生。

當這一念陷入不知覺中，般若之光就會熄滅，處於無明愚癡的凡夫狀態。當這一念保持覺知，尤其是進入無造作的覺知，般若之光就能當下現前，當下產生作用。

世人愚迷，不見般若。口說般若，心中常愚。常自言我修般若，念念說空，不識真空。

世人因為愚癡和迷妄，無法體認般若。雖然口中說著般若，內心卻不能相應，依然處於無明之中。儘管常常自稱在修般若，也總在談空說有，談玄說妙，其實根本沒見到真正的空，不知道空究竟意味著什麼，只是在迷惑狀態說一些「覺悟」的話。

這樣的說，除了能滿足一下內心對空的嚮往，是沒有任何真實力用的。或許有人覺得，說總比不說好。但要知道，如果說得太多而沒有受用，往往會使人失去感覺，甚至以此為足，覺得自己已經懂得空是怎麼回事，反而比一般人更難與修行相契。

般若無形相，智慧心即是。若作如是解，即名般若智。

般若是無形無相的，只要保持這份覺知的心，尤其是無造作的覺知，當下即可體認。如果具備這樣的見地，就是般若智慧。

以上，六祖通過對般若的闡述，為我們開顯了覺悟本體的特徵。同時特別強調，般若需要用心體證，而不是談玄說妙的素材，不是用來掛在嘴邊的。

二 釋波羅蜜——此岸與彼岸

何名波羅蜜？此是西國語，唐言到彼岸，解義離生滅。著境生滅起，如水有波浪，即名為此岸。離境無生滅，如水常通流，即名為彼岸，故號波羅蜜。

善知識！迷人口念，當念之時，有妄有非。念念若行，是名真性。悟此法者，是般若法；修此行者，是般若行。不修即凡，一念修行，自身等佛。

善知識！凡夫即佛，煩惱即菩提。前念迷即凡夫，後念悟即佛。前念著境即煩惱，後念離境即菩提。

善知識！摩訶般若波羅蜜，最尊最上最第一，無住無往亦無來，三世諸佛從中出。當用大智慧打破五蘊煩惱塵勞，如此修行，定成佛道，變三毒為戒定慧。

善知識！我此法門，從一般若生八萬四千智慧。何以故？為世人有八萬四千塵勞。若無塵勞，智慧常現，不離自性。悟此法者，即是無念。無憶無著，不起誑妄，用自真如性，以智慧觀照，於一切法不取不捨，即是見性成佛道。

接著，說明此岸和彼岸的關係，以及怎樣由此及彼的途徑。

何名波羅蜜？此是西國語，唐言到彼岸，解義離生滅。

什麼叫波羅蜜呢？這也是梵語音譯，翻譯成漢語就是到彼岸。所謂彼岸，即超越輪迴和生滅，證得不生不滅的涅槃。

著境生滅起，如水有波浪，即名為此岸。

離境無生滅，如水常通流，即名為彼岸，故號波羅蜜。

善知識！迷人口念，當念之時，有妄有非。

念念若行，是名真性。悟此法者，是般若法；修此行者，是般若行。

不修即凡，一念修行，自身等佛。

凡夫在生死輪迴中，是有生有滅的。這個生滅是如何產生的？是因為妄心具有黏性。一旦接觸外境，就會黏上去，產生貪著和渴求，希望占為己有。在追求過程中，貪著和渴求又會進一步強化，進入下一輪追逐。所以輪迴的根源不在別處，就在於無明，在於貪著。就像水中的波浪，一浪接著一浪，不曾少息。這是凡夫所在的此岸。

一旦遠離對境界的執著，妄想和煩惱將隨之平息，製造輪迴的躁動也隨之平息，就無所謂生滅了。就像水，沒有風的吹動，沒有暗礁形成的漩渦，會進入一個平靜的狀態，緩緩流淌而波瀾不起。那就是彼岸，就是涅槃，就是解脫，就稱之為波羅蜜。

善知識，凡夫雖然也會口中稱念般若，但念的時候並沒有體認空性，不是從真心流露出來，而是由迷妄系統產生的分別，所以在表達時就會有是非和對立。

如果念念都能直接體認般若，才是真實不虛的覺性。證悟覺悟本體，就是般若法。依此修行，就是般若行。如果沒有抓住這一根本，往往是忙於修行的各種外在形式，結果卻不得要領，不得受用。

如果不依此修行，即使終日口說般若，也是不折不扣的凡夫，因為你還沒有走出妄心系統，沒有走出輪迴此岸。如果能在一念間體認般若智慧，在生命某個層面，就與三世諸佛相知相通了。

當然，這個「等佛」不是絕對意義上的相同，而是和佛菩薩有了共同的根本。就像一棵幼苗和參天大樹，雖然顯現不同，但假以時日，幼苗也會成為大樹。

善知識！凡夫即佛，煩惱即菩提。

前念迷即凡夫，後念悟即佛。

善知識，正是在這個意義上，凡夫就是佛，煩惱就是菩提。這是《壇經》非常著名的一句話。那麼，怎樣理解這兩個「即」呢？為什麼凡夫和佛，煩惱和菩提，如此截然不同的兩個極端之間可以劃上等號？

須知，凡夫同樣具有佛性，在佛性層面，眾生和佛是沒有分別的，所謂「即心即佛」。這種承擔是禪宗最為重要的見地，也是禪宗修行的基礎所在。但大家不要以為這樣就不必學、不必修了，那就永遠只是凡夫而已。這個「凡夫即佛」，是從具有成佛潛質的意義而言，並不意味著我們現在就是佛。只有解除迷妄系統之後，才能開顯佛性，進而廣行六度，福慧雙修，成為真正意義上的佛。

「煩惱即菩提」也是同樣的原理，煩惱是迷惑，菩提是覺悟，看似毫不相干，但煩惱的原始能量就來自菩提，它是菩提被無明扭曲後呈現的一種作用。就像哈哈鏡中的影像，是扭曲變形的。無明就是這面哈哈鏡，而煩惱就是菩提在哈哈鏡中的顯現。當我們念念保持覺知，保持觀照，就會知道，不論煩惱還是什麼，在背後提供能量的是同一個，就是能生萬法的自性。

在我們的觀念中，凡夫和諸佛之間的差距，無異於天淵之別。但六祖告訴我們，這個距離不過是在迷與悟的一念之間。當我們陷入迷妄不覺的狀態，看不清自己，看不清世界，那就是凡夫。一旦體認並安住於覺悟本體，當下就是佛。因為成佛不是修出一個什麼，而是生命的徹底覺醒。

我們所要證得的佛性是現成的，本來具足的，就像被污泥覆蓋的明珠，一旦去除污垢，明珠就宛然顯現，不假外求。

前念著境即煩惱，後念離境即菩提。

善知識！摩訶般若波羅蜜，最尊最上最第一。無住無往亦無來，三世諸佛從中出。

當用大智慧打破五蘊煩惱塵勞，如此修行，定成佛道，變三毒為戒定慧。

當心進入迷妄系統時，就會黏著於外境，帶來種種煩惱。很多時候，我們想讓自己放下執著，其實是做不到的。因為執著就是心靈的沼澤，有著強大的吸附力，讓深陷其中的我們無力自拔。這就需要通過聞思，減少對境界的執著，讓自己在這個沼澤中不再陷得那麼深、黏得那麼緊。但真要離境，必須依靠般若慧的力量。只有透過沼澤，直接看到背後那個如如不動的覺悟本體，才具備離境的能力。

這是讚歎般若智慧的殊勝。善知識，摩訶般若波羅蜜是世間最為尊貴、至高無上的，不會被其他任何東西所超越。正如《心經》所言：「故知摩訶般若波羅蜜多是大神咒，是大明咒，是無上咒，是無等等咒，能除一切苦，真實不虛。」

般若智慧具有無住的特點。因為無住，就沒有執著，沒有掛礙，所以無往無來，不生不滅。過去、現在、未來三世諸佛都是因為體認般若，成就般若，才能最終圓滿佛果。這就是《心經》所說的「三世諸佛依般若波羅蜜多故，得阿耨多羅三藐三菩提」。

《大智度論》也有一首稱揚般若的偈頌：「佛為眾生父，般若能生佛，是則為一切，眾生之祖母。」諸佛是眾生的慈父，這個慈父是由體認般若而成佛，所以說，般若就是諸佛之母，眾生之祖母。

所以我們一定要開啟並體認般若智慧，以此消除生命內在的煩惱塵勞。這樣修行的話，必能使我們快速成就佛道，將貪嗔癡三毒轉化為戒定慧。因為貪嗔癡的原始能量也來自覺悟本體，當我們安住於覺性，貪嗔癡的能量就會被回收。

事實上，修行也可以理解為一個能量回收的過程。通過禪修，將負面能量轉化為正念的能量，轉化為戒定慧的能量。

善知識！我此法門，從一般若生八萬四千智慧。何以故？為世人有八萬四千塵勞。

若無塵勞，智慧常現，不離自性。

悟此法者，即是無念。

無憶無著，不起誑妄。

用自真如性，以智慧觀照，於一切法不取不捨，即是見性成佛道。

六祖告訴我們：善知識，我所說的頓悟法門，是由體認覺悟本體，開發出八萬四千智慧。為什麼會有這麼多呢？因為世人有八萬四千種塵勞，有八萬四千種根機，所以佛陀就開演八萬四千法門，應機設教，廣度群迷。但不論有多少法門，有多少方便，根本都在於般若，所謂萬變不離其宗。

當內心沒有塵勞遮蔽，沒有煩惱干擾時，智慧自然時時顯現，內心也能念念安住於覺悟本體。就像虛空，當烏雲散去，就能顯現湛然澄澈的本來面目。

體認到這個覺悟本體，就是無念。當我們說到無念時，往往會理解為「沒有念頭」或「什麼都不想」，其實這是頑空，是斷見，不是《壇經》所說的無念。所謂無念，指覺悟本體以遍知而非念頭的方式出現，所以不妨礙起心動念。在無念的當下同樣可以念，也可以念而無念。

在無念的境界中，不會追憶往昔，也不會攀緣未來，自然具備不黏著的功能，不起顛倒妄想。就像明鏡那樣，映現一切而無住，朗照萬物而無滯，這才是真正的「應無所住而生其心」。無所住，即無念的狀態；而生其心，即不妨起心動念。

若能開顯覺悟本體，時時保持覺知，保持智慧觀照，對一切法不取不捨，沒有貪著也沒有排斥，沒有喜愛也沒有嗔恨，就能見性成佛。這裡所說的智慧觀照，特指無造作的覺知。當然，開始可以從有造作的覺知著手。訓練到一定程度，就有能力安住於無造作的覺知。

三 頓悟法門的攝機

善知識！若欲入甚深法界及般若三昧者，須修般若行，持誦《金剛般若經》，即得見性。當知此經功德無量無邊，經中分明讚歎，莫能具說。此法門是最上乘，為大智人說，為上根人說。小根小智人聞，心生不信。何以故？譬如大龍下雨於閻浮提，城邑聚落悉皆漂流，如漂棗葉。若雨大海，不增不減。若大乘人，若最上乘人，聞說《金剛經》，心開悟解，故知本性自有般若之智，自用智慧，常觀照故，不假文字。譬如雨水不從天有，元是龍能興致，令一切眾生，一切草木，有情無情，悉皆蒙潤，百川眾流，卻入大海，合為一體。眾生本性般若之智，亦復如是。

善知識！小根之人聞此頓教，猶如草木。根性小者，若被大雨，悉皆自倒，不能增長。小根之人亦復如是。元有般若之智，與大智人更無差別，因何聞法不自開悟？緣邪見障重，煩惱根深。猶如大雲覆蓋於日，不得風吹，日光不現。般若之智亦無大小，為一切眾生自心迷悟不同。迷心外見，修行覓佛，未悟自性，即是小根。若開悟頓教，不執外修，但於自心常起正見，煩惱塵勞常不能染，即是見性。

既然頓悟法門起點高超，方法直接，對於學人必是有要求的。那麼，這一法門攝受什麼樣的根機呢？

善知識！若欲入甚深法界及般若三昧者，須修般若行。

甚深，不是以思惟可以認識的。法界，萬法生起的源頭，代表法的最高真實，是聖賢而非凡夫的境界。六祖告誡大眾：善知識，如果想要契入甚深法界，直接體認般若智慧，通達空性，就要按般若經典闡述的法門修行。

持誦《金剛般若經》，即得見性。

當知此經功德無量無邊，經中分明讚歎，莫能具說。

此法門是最上乘，為大智人說，為上根人說。小根小智人聞，心生不信。

受持讀誦《金剛般若波羅蜜經》，就能使我們見到菩提自性，見到覺悟本體。當然，這個持誦絕不是簡單地念一念，而是對般若法門的身體力行。因為「持」就包含實踐，首先是對般若法門百分之百地信受，其次是將這種接受落實於心行。

前面說過，同樣修般若法門，中觀和禪宗有著不同的立足點。中觀法門是立足於空，通過對空的認知破除我法二執，開顯般若智慧。而禪宗是讓學人直接體認般若的特徵和妙用。正如〈般若品〉所說的那樣，摩訶般若具有空和朗照無住的特徵，同時又能含藏萬法、出生萬法。這是禪宗和教下契入般若的不同所在，從某方面來說，也的確是有高下之別。

這是六祖對《金剛經》的讚歎：要知道，這部經的功德實在是無量無邊。在《金剛經》中，佛陀曾以七次校量，反覆讚歎受持《金剛經》的功德利益，此處不再一一闡述。

因為這個法門是至高無上的教法，所以佛陀只為具有大智慧的學人而說，為上根利智者而說。那些鈍根或缺乏智慧的學人聽聞後，反而不能生信，因為這些見地已超出他們所能理解的範疇。這也是佛陀在《金剛經》所說的「如來為大乘者說，如來為最上乘者說」，對般若法門攝受的對象作了明確定位。

什麼才是上根利智？就是內心的塵垢很薄，能見度很高，才可能在善知識的直指下豁然開朗。這樣的現象不僅禪宗有之，佛經中也屢見記載。佛陀在世時，不少弟子在佛陀的開示下，當下得法眼淨，證解脫果。或許有人會因此感到沮喪，覺得自己障深慧淺，見道無望。其實不必擔心，因為根機也是緣起法，只要努力修行，精進不退，鈍根也能轉變為利根。

何以故？譬如大龍下雨於閻浮提，城邑聚落悉皆漂流，如漂棗葉。若雨大海，不增不減。

若大乘人，若最上乘人，聞說《金剛經》，心開悟解。

故知本性自有般若之智，自用智慧，常觀照故，不假文字。

譬如雨水不從天有，元是龍能興致，令一切眾生，一切草木，有情無情，悉皆蒙潤，百川眾流，卻入大海，合為一體。

眾生本性般若之智，亦復如是。

閻浮提，即我們現在所居的娑婆世界。六祖接著以一個比喻，闡明只對上根者說般若法的理由。就像天龍降暴雨到閻浮提，許多城市和村莊都被大水沖走，如同棗葉漂浮水中。而落到大海的話，即使再大的雨，海水依然不增不減。上根者就像大海，可以容受大雨，海納百川。而對劣根者來說，卻無力承受這暴雨般猛烈的無上大法。不但得不到利益，反而會被擊垮。

如果是大乘根機者，最上乘根機者，聽聞《金剛經》開顯的無上妙法後，內心立刻就能隨之打開，對覺悟本體有所體認，乃至完全證悟。就像六祖那樣，聽聞《金剛經》的當下即能悟入，及至五祖為其演說，更是徹見本心，這就是上等根機的表現。

為什麼上根者一聽之下即能悟入？由此可知，生命內在本來就具有般若智慧，只要開顯自家寶藏，時時保持觀照，就是最直接的修行，不需要按部就班地通過文字來理解法義。

龍能興致，按中國傳統觀念，龍能興雨，所以雨水來自大海又回歸大海。六祖又說了一個比喻：就像雨水雖是從天而降，但源頭並非來自天上，而是由龍王將海水化作雨水，令一切眾生、一切草木，乃至世間的有情、無情都受到滋潤。最後，由雨水積聚的百川眾流，又統統回歸大海，與海水合為一體。

眾生本自具足的般若智慧也是這樣。一切法從哪裡來？正是從般若智慧流出。通過對法的修學，又能進一步體認般若智慧。這個過程，就像雨來自大海，又回歸大海。

善知識！小根之人聞此頓教，猶如草木。根性小者，若被大雨，悉皆自倒，不能增長。小根之人亦復如是。

元有般若之智，與大智人更無差別，因何聞法不自開悟？

緣邪見障重，煩惱根深。猶如大雲覆蓋於日，不得風吹，日光不現。

般若之智亦無大小，為一切眾生自心迷悟不同。

迷心外見，修行覓佛，未悟自性，即是小根。

小根，與上根利智相對的鈍根者。他們聞法後有什麼反應呢？善知識，那些沒有能力接受大法的鈍根者，聽聞這一直指人心的頓教法門之後，就像羸弱的草木，遭受暴雨後紛紛倒下，無法繼續生長。鈍根者也是這樣，因為心胸狹窄，無法承受如此直接、迅猛的頓教法門。

其實，無論鈍根還是利根，本身的般若智慧並無差別，都具備成佛潛力，為什麼鈍根聽聞頓教法門後無法自己開悟？其實，不僅鈍根具有般若之智，一切眾生都具有般若之智，所謂「心佛眾生三無差別」。但實際情況是，很多人聞法後非但不能開悟，而且一點感覺都沒有，甚至還有人會拒絕接受，這是什麼原因呢？

這是因為在他們身上，邪見形成的障礙非常深重。就像烏雲遮蔽太陽，如果沒有風吹開雲層，陽光就無法顯現。那麼，邪見從何而來？正是源於無明。要命的是，我們還將這些錯誤觀念執以為真理，由此障礙般若智慧，產生無量煩惱，使我們深陷其中，不見天日。

雖然根機有大有小，但在本質上，生命內在的般若之智沒有大小之分。不是說鈍根者的智慧就小一些，利根者的智慧就大一點。之所以會有根機利鈍之別，只是因為眾生各自不同的迷悟所致。迷，是被無明障蔽的程度；悟，是對覺性體認的程度。或迷得深而悟得淺，或迷得淺而悟得深，從而形成千差萬別的根機。

如果迷失本心，四處向外尋覓，以為可以在心外找到成佛途徑，這是沒有悟到內在的覺悟本體，屬於鈍根。修行本應「莫向外求」，但眾生因為迷妄，總以為有什麼外在方法可以修出一尊佛來，真是心外求法，去道甚遠。

若開悟頓教，不執外修，但於自心常起正見，煩惱塵勞常不能染，即是見性。

如果悟到頓教法門的精髓，了知生命內在本具佛性，不執著外在的修行方式，內心時時保持正見，不被煩惱塵勞所染，就是見道，就能證得覺悟本體。這個正見不是通過聞思經教獲得的概念性、知識性的正見，而是心行的正見，出世的正見。

以上，六祖講述了般若法門攝受的根機。如果把法門比作交通工具的話，那麼，越是快捷的交通工具，就越需要良好的性能、高超的駕駛技術。否則的話，這種快捷就會充滿危險，而且越快越容易失控。所以，頓教法門特別為上根利智者所說，是小根者無力領受的。

四 即心是佛，自悟自救

善知識！內外不住，去來自由，能除執心，通達無礙，能修此行，與《般若經》本無差別。

善知識！一切修多羅及諸文字、大小二乘、十二部經皆因人置，因智慧性方能建立。若無世人，一切萬法本自不有。故知萬法本自人興，一切經書因人說有。緣其人中有愚有智，愚為小人，智為大人。愚者問於智人，智者與愚人說法。愚人忽然悟解心開，即與智人無別。

善知識！不悟即佛是眾生。一念悟時，眾生是佛。故知萬法盡在自心。何不從自心中，頓見真如本性？《菩薩戒經》云：「我本元自性清淨。若識自心見性，皆成佛道。」《淨名經》云：「即時豁然，還得本心。」

善知識！我於忍和尚處，一聞言下便悟，頓見真如本性。是以將此教法流行，令學道者頓悟菩提，各自觀心，自見本性。

若自不悟，須覓大善知識，解最上乘法者，直示正路。是善知識有大因緣，所謂化導令得見性。一切善法，因善知識能發起故。三世諸佛，十二部經，在人性中本自具有。不能自悟，須求善知識指示方見。

若自悟者，不假外求。若一向執謂須他善知識，望得解脫者，無有是處。何以故？自心內有知識自悟。若起邪迷，妄念顛倒，外善知識雖有教授，救不可得。若起正真般若觀照，一剎那間，妄念俱滅。若識自性，一悟即至佛地。

佛教與其他宗教的主要區別之一，在於提倡自力。這一點上，禪宗做得尤為徹底，讓學人直接體認即心是佛，體認自心與佛的了無差別。可以說，扔開了一切的拐杖和支撐，是純粹的自悟自救之道。

善知識！內外不住，去來自由。

內外，內是指五蘊身心，外是指身心以外的世界。來去，包括當下的心念和行為，也包括無始以來的生死和輪迴。善知識，修行不能住於五蘊身心，也不能住於身心以外的世界，這樣才能來去自由。

般若法門的修行，是通過對一切法無自性空的體認，獲得「應無所住而生其心」的能力。如果有住，就有執著，有牽掛，有顛倒夢想。所以《心經》也告訴我們：「無智亦無得，以無所得故，菩提薩埵依般若波羅蜜多故，遠離顛倒夢想，究竟涅槃。」

能除執心，通達無礙，能修此行，與《般若經》本無差別。

執心，包含我執和法執，即唯識宗所說的遍計所執。因為有了我法二執，就處處製造障礙，使我們一葉蔽目。唯有斷除我法二執，才能見到真相。去除我執，就能認識生命真相；去除法執，就能認識世界真相，從而對身心內外的一切了達無礙。若能如此修行，就和《般若經》闡述的境界沒什麼差別了。

善知識！一切修多羅及諸文字、大小二乘、十二部經皆因人置，因智慧性方能建立。

修多羅，泛指一切佛法典籍，或特指佛經的長行部分。十二部經，為佛經的十二種分類，包括長行、重頌、孤起、因緣、本事、本生、未曾有、譬喻、論議、無問自說、方廣、授記。

六祖告訴我們：善知識，一切經藏以及其中的文字，包括菩薩乘和聲聞乘的教法，包括三藏十二部典籍，都是為了眾生的需要而安立。因為眾生有種種煩惱，所以佛陀才開設種種法門。這些言教都是針對眾生的弊病而安立，是從佛陀的智慧海流出的。

若無世人，一切萬法本自不有，故知萬法本自人

如果沒有這些不同根機的眾生，一切法門都不會產生。所以說，萬法都是為了度化不同眾生而建立。

與。

一切經書因人說有，緣其人中有愚有智。愚為小人，智為大人。愚者問於智人，智者與愚人說法。愚人忽然悟解心開，即與智人無別。

善知識！不悟即佛是眾生。一念悟時，眾生是佛。

故知萬法盡在自心，何不從自心中頓見真如本性？《菩薩戒經》云：我本元自性清淨。若識自心見

佛陀說法不是他有話要說，完全是因為眾生的需要，是因為憐憫眾生，慈悲眾生，是大悲心的自然流露，所謂「佛說一切法，為度一切心，我無一切心，何用一切法」。

一切經教都是佛陀為眾生而演說，人有不同根機，或是愚癡，或是智慧。愚癡者即為小人，智慧者即為大人。但這種差別不是固定不變的，如果愚者願意向智者請教，智者願意為愚者說法，那麼愚者也能因此掃除迷惑，開啟智慧，就與智者等無差別了。所以，愚者和智者的差別也是在於迷悟之間。因為迷，所以就愚癡；因為悟，所以有智慧。可見，智者並不是代表某種固定身分，而是代表一種生命品質。當人們體認到生命內在的覺性，就能成為智者。

六祖告訴我們：眾生和佛具有同樣的覺悟本體。因為沒有體認覺性，這個原初的佛就成了眾生，並發展出天、人、阿修羅、地獄、餓鬼、畜生六道。一旦能夠證悟，眾生就與佛無二無別了。

此處，六祖再一次強調了佛和眾生的差別只在迷悟之間，這是《壇經》反覆提及的重點。需要注意的是，所謂「佛是眾生」，不是說成佛後還會退轉為眾生，而是說明，這個具足佛性、本來可以成就佛果的生命，只因沒有悟道，就成了流轉六道的眾生。

頓見，直下頓見，非輾轉思慮而得。由此可知，一切法的根源都沒有離開我們的心，為什麼不從自己內心頓見真如本性？

《菩薩戒經》說：我們本來就具足清淨無染的覺性，只要體認這個覺性，即能成就佛道。這正是六祖悟道時所說的「何期自性，本來清淨」。修行不是要增加些什麼，

性，皆成佛道。

《淨名經》云：即時豁然，還得本心。

善知識！我於忍和尚處，一聞言下便悟，頓見真如本性。

是以將此教法流行，令學道者頓悟菩提，各自觀心，自見本性。

若自不悟，須覓大善知識，解最上乘法者，直示正路。

是善知識有大因緣，所謂化導令得見性。

不是要修出一個什麼，而是要反觀自照，照見那個「本來無一物」的清淨心，這才是具足一切的寶藏。既無一物，又能生萬物。

《淨名經》，即《維摩經》。《維摩經》說：心打開的時候，就能掃除迷惑，當下體認心的本來面目。

成佛要到哪裡去成？還是要從自心去成，此外別無他處。如果向外追求，恰是一種迷的表現。因為迷失自己，不知有寶藏在身，才會到處尋找支撐，尋找自我的存在感。

此處，六祖以自身修行經歷說明頓教法門之快捷殊勝：善知識，當年我在五祖弘忍那裡，聽他講說《金剛經》，在聽聞當下就直接悟入，見到內在的覺悟本體。

因為我自己從中得到莫大利益，所以發願將得自五祖的頓教法門流布廣大，讓後來的修行者能以最快速度頓悟菩提，各自觀照內心，體認那個人人具足、不曾生滅也不曾增減的覺性。

如果自己沒有能力證悟，就要尋找並依止一位大善知識。這不是普通的善知識，而是要真正的明眼人，對頓悟成佛的最上乘法有親身體證和瞭解，無論在見地還是禪修上，都能為學人直接標明見性的正確道路。

這位善知識還要具足種種度化眾生的方便，能讓學人在其引導下直接見性。這種方便就是知道在什麼時機、用什麼方法能夠一擊而中，撥雲見日。

因為禪宗的引導不是採用常規路線，所以時機和方式都具有特殊性，是非常個人化的引導。同樣的方法，在不同人身上未必適用；在同一個人的不同時期，也未必適用。只有具備見地和善巧的明眼人，才能將分寸把握得恰到好處。

一切善法，因善知識能發起故。

三世諸佛，十二部經，在人性中本自具有。不能自悟，須求善知識指示方見。

若自悟者，不假外求。

若一向執謂須他善知識，望得解脫者，無有是處。何以故？自心內有知識自悟。

若起邪迷，妄念顛倒，外善知識雖有教授，救不可得。

我們通過修行開發覺性，生起種種善法，這一切都是因為善知識的引導才能成就。關於這一點，在下面的〈機緣品〉中就有很多生動的事例。

三世諸佛在哪裡成就？就在我們本自具足的覺悟本體。由開顯覺悟本體，而成就佛果。三藏十二部典籍，同樣是人性中本來具足的，是從這個覺性海洋中流出的。如果自己不能證悟，就要借助善知識的引導，借助外力的推動，方能開悟見道。

如果自己有能力悟道，就不需要向外尋求。也就是說：修行固然離不開善知識的指引，但關鍵在於自身努力。因為修行所成就的，是我們內在的覺悟本體，善知識只是開啟覺性的助緣，起到類似助產士的作用，前提是這個胎兒已經成熟。開悟也是同樣，必須心行已臻成熟，能所都非常弱，只須善知識一撥之力，即能契入本心。如果他本身的迷惑固若金湯，善知識也是無能為力的。

如果你把所有希望寄託在善知識身上，一切都指望善知識搞定，指望善知識幫你解脫，自己不做任何努力，那是不可能的。為什麼？因為修行在根本上要靠自己。我們內心有自覺、自悟的能力，所以自己才是解脫的關鍵所在。

如果我們生起邪見，迷失自悟自解的能力，陷入妄念顛倒，即使善知識給予種種指導，也是救不了我們的。

若起正真般若觀照，一剎那間，妄念俱滅。若識自性，一悟即至佛地。

一旦開啟真正的般若智慧，生起無造作的觀照力，在一剎那間，所有迷惑就會煙消雲散，進入無雲晴空的狀態。當我們體認菩提自性，由這種悟入，就能直接抵達佛地，因為這個所悟和諸佛所證在本質上是同樣的。但要成就佛果，還須圓滿福慧資糧。這裡所說的「正真般若觀照」，即實相般若，也是《心經》所說的「行深般若波羅蜜多時，照見五蘊皆空，度一切苦厄」。

生命本具自覺、自悟、自救的能力，這是解脫的根本所在。在修行過程中，固然離不開善知識指引，但更離不開自身努力。就像開車，如果說善知識的作用相當於方向盤，那麼自身努力就相當於發動機。當它不曾啟動時，善知識也是無能為力的。

五 般若法門的殊勝

善知識！智慧觀照，內外明徹，識自本心。若識本心，即本解脫。若得解脫，即是般若三昧，即是無念。何名無念？若見一切法，心不染著，是為無念。用即遍一切處，亦不著一切處。但淨本心，使六識出六門，於六塵中無染無雜，來去自由，通用無滯，即是般若三昧，自在解脫，名無念行。若百物不思，當令念絕，即是法縛，即名邊見。

善知識！悟無念法者，萬法盡通。悟無念法者，見諸佛境界。悟無念法者，至佛地位。

善知識！後代得吾法者，將此頓教法門，於同見同行發願受持，如事佛故，終身而不退者，定入聖位。然須傳授，從上以來，默傳分付，不得匿其正法。若不同見同行，在別法中不得傳付，損彼前人，究竟無益。恐愚人不解，謗此法門，百劫千生，斷佛種性。

這一部分，六祖為大眾介紹了般若法門的殊勝。

善知識！智慧觀照，內外明徹，識自本心。

善知識，內在的覺悟本體具有覺照力，朗照無住，明晰透徹。正是這種作用，使我們能看清五蘊身心和外在世界的真相，看清自己的本來面目，那就是空性，是法的真相。在通達諸法性空的同時，又能看到緣起的假相。

我們現在的禪修，通常是在觀照般若的層面，由意識造作的。而《壇經》所說的「智慧觀照」，是般若本具的覺照力。這種力量是無造作的，當它生起時，本身就有一種明的力量，有一種明晰的觀照力。

若識本心，即本解脫。

若得解脫，即是般若三昧，即是無念。

何名無念？若見一切法，心不染著，是為無念。

用即遍一切處，亦不著一切處。

但淨本心，使六識出六門，於六塵中無染無雜。來去自由，通用無滯，即

認識到心的本來面目，就具備了解脫能力。我們現在以為的這個自我，並不是我們的本來面目，而是迷失覺悟本體後發展的一個替代品。雖然這個自我是迷妄顛倒的，但它背後的覺悟本體卻具有解脫能力。我們所要做的，就是開顯它，啟動它。

獲得這種解脫能力，就證得了般若三昧。三昧為正受，是體認並安住於覺悟本體時產生的正受。般若三昧的特徵就是無念，也就是說，它不是以念頭的方式出現，而是一種超越念頭的遍知。或者說，是在念頭背後，但又不妨起心動念的那個東西，所謂念而無念。這也是《壇經》三大要領之一，即「無念為宗，無相為體，無住為本」。

什麼叫無念？如果見到一切法的時候，內心沒有任何染著，沒有愛嗔，沒有取捨。這個不染著的心，就是無念的作用。只有無念的心體，才能朗照一切而心無所住。我們反觀一下現在的念頭，都是些什麼呢？喜歡，是染著；討厭，是染著；貪愛，是染著；排斥，還是染著。總之，念念住相，念念染著。

當無念的心體產生作用時，是遍一切處而又不著一切處的。就像鏡子，可以映現一切但不染著。當心比較空，清清明明而又不專注於一點時，一切就會在我們心中歷歷分明，只有影像，沒有進一步的分別和黏著。反之，念頭越強，就越容易陷入其中，忽略除此以外的一切。如同相機在使用大光圈並對焦於某一點時，周圍的其他影像就虛化了。

六識，眼、耳、鼻、舌、身、意六識。六門，眼、耳、鼻、舌、身、意六根。六塵，色、聲、香、味、觸、法六塵。怎樣修無念行？就要安住於空性。雖然六根接觸六塵，產生六識，但不會受到六塵的染污。照樣可以起心動念，說話行動，卻不

是般若三昧。

自在解脫，名無念行。若百物不思，當令念絕，即是法縛，即名邊見。

善知識！悟無念法者，萬法盡通。

悟無念法者，見諸佛境界。悟無念法者，至佛地位。

善知識！後代得吾法者，將此頓教法門，於同見同行發願受持，如事佛故，

被妄念干擾，亦不被情緒帶動。因為它是覺悟本體產生的作用，所以來去自由，沒有任何障礙，這就是般若三昧。

般若三昧具有無住而不染著的特點，本身就能自在解脫，不會陷入迷惑煩惱，故稱之為無念的修行。講到無念，我們往往以為是什麼都不去想、什麼念頭都要斷絕，這其實是意識層面的執著。如果被這種執著束縛，就是法執，就是邊見而不是中道。真正的無念是超越意識的，是覺悟本體的作用，所以是活潑潑的，有體有用。六祖開悟時，在認識到「何期自性，本來清淨」的同時，也認識「何期自性，能生萬法」。覺悟本體是無形無相的，不在內也不在外，卻能生起萬法。雖然生起，又心無所住，不染著於萬法。

無念法究竟有多麼殊勝？六祖告訴我們：善知識，如果你真正通達無念，也就通達了一切法。因為無念是般若慧的根本，也是萬法生起的源頭。由此可以通達一切法的真相，那就是空性；同時還能通達一切法的緣起，那就是宇宙萬有的顯現。所以無念是空有不二、體用兼備的。

體悟到無念法，就能親證三世諸佛的境界。諸佛為什麼能成就佛果？他們和眾生的差別何在？其實就在於迷悟之間。迷失覺悟本體，就是眾生；體認般若智慧，就是佛。所以說，一旦悟到無念法，也就悟到諸佛的共同處，在生命某個層面已與諸佛無別，就能最終成就佛果。

六祖在本品長行部分即將結束時，對頓教法門的流傳作了特別交代：善知識，以後有得到我的心法傳承者，應該將頓教法門傳播到具備同等根機的學人中。如果能對這一法門發願受持，努力修行，就像恭敬佛陀那樣，終其一生而不退轉，最後必

終身而不退者，定入聖位。

然須傳授，從上以來，默傳分付，不得匿其正法。

若不同見同行，在別法中不得傳付，損彼前人，究竟無益。

恐愚人不解，謗此法門，百劫千生，斷佛種性。

能證聖果、入聖位。

這個法門需要傳承，需要教授，需要自上而下地一代代託付下去，不能令正法隱匿不現，就此中斷。

我們看《燈錄》中，那些祖師大德在得法之後，有責任找個弟子把法傳下去，以保證這一法脈的相續。默傳分付，是禪宗頓教一脈的傳承特色。因為頓教對老師和學人的要求極高，前者必須是明眼宗師，後者必須是上根利智，所以不可能是一種大眾化教育，更不可能批量生產。往往是在師徒間一對一地往下傳，禪宗稱為「私通車馬」，這樣才能有針對性。當然，這個一對一不是指老師只能傳一個弟子，而是在引導悟入的瞬間，通常是個體而非集體行為。

別法，指非禪宗頓教一脈。如果沒有遇到同等見地或根機的學人，對那些適合修其他法門的，就不可為之傳法。為什麼？這不是因為吝法，而是他們沒有能力修上去，沒有能力繼承這一法門的精髓，只會歪曲祖師的教法，對禪宗的法脈傳承沒有任何利益，對他們的個人修學也沒有實際幫助。

在別法中不得傳付的另一個原因，是擔心有些根機駑鈍者對頓教法門不理解，聽聞後無法相信，覺得教下修行要三大阿僧祇劫，哪有「直指人心」這麼容易的事。結果詆毀這一法門，造下謗法口業，就會斷絕成佛種性，長達百劫千生。

德山宣鑒禪師未入宗門之前，研究經教，尤其通達《金剛經》。聽說南方有個「直指人心，見性成佛」的頓教法門，覺得與經教不符，於是挑著他撰寫的《金剛經疏鈔》南來，準備對頓教狠狠批判一番，結果卻被收編了。像這樣的情況，屬於根機夠而不瞭解，只須讓他瞭解即可。至於那些缺乏根機者，就很難轉變了，所以不傳反而是祖師的慈悲，是對他們的保護。

六　無相頌

善知識！吾有一無相頌，各須誦取，在家出家，但依此修。若不自修，惟記吾言，亦無有益。聽吾頌曰：

「說通及心通，如日處虛空。唯傳見性法，出世破邪宗。
法即無頓漸，迷悟有遲疾。只此見性門，愚人不可悉。
說即雖萬般，合理還歸一。煩惱暗宅中，常須生慧日。
邪來煩惱至，正來煩惱除。邪正俱不用，清淨至無餘。
菩提本自性，起心即是妄。淨心在妄中，但正無三障。
世人若修道，一切盡不妨。常自見己過，與道即相當。
色類自有道，各不相妨惱。離道別覓道，終身不見道。
波波度一生，到頭還自懊。欲得見真道，行正即是道。
自若無道心，暗行不見道。若真修道人，不見世間過。
若見他人非，自非卻是左。他非我不非，我非自有過。
但自卻非心，打除煩惱破。憎愛不關心，長伸兩腳臥。
欲擬化他人，自須有方便。勿令彼有疑，即是自性現。
佛法在世間，不離世間覺。離世覓菩提，恰如求兔角。
正見名出世，邪見是世間。邪正盡打卻，菩提性宛然。
此頌是頓教，亦名大法船。迷聞經累劫，悟則剎那間。」

師復曰：「今於大梵寺說此頓教，普願法界眾生言下見性成佛。」

時韋使君與官僚道俗聞師所說，無不省悟。一時作禮，皆歎：「善哉！何期嶺南有佛出世！」

〈般若品〉中，六祖為我們開示頓教法門的見地及殊勝後，再以「無相頌」進行總結。這種先長行後偈頌的體裁，與不少大乘經典類似。所謂無相，即空性的特徵，覺悟本體的特徵。這首偈頌體現了頓教法門的修行特點。

善知識！吾有一無相頌，各須誦取，在家出家，但依此修。若不自修，惟記吾言，亦無有益。

六祖說：善知識，我有一個「無相頌」，你們應該時時讀誦並牢記在心。不論在家還是出家，只須按照這一偈頌修行。

如果不按偈頌所言身體力行地修習，僅僅記住我說的話，或停留在表面上的理解，是沒有多少利益的。這對今天的學人也很有教育意義。我們雖然學了很多教理，但多半是停留在書本上，未能將之落實於心行。雖然知道的不少，但在心相續上產生作用的卻不多。就像拿到藥方卻不服藥一樣，是不能從中得益的。

聽吾頌曰：說通及心通，如日處虛空。

說通，義理上的通達。心通，心行上的體證。你們且聽我的「無相頌」怎麼說：對於修學而言，義理的通達和心行的體證都很重要，不可或缺。因為通達義理是基礎，但僅僅停留於此，不能把經教轉變成自身觀念，那是畫餅充饑，說食數寶，沒有真實力用。所以還要進一步落實到心行，以此開啟菩提自性，才有能力自覺覺他，驅除無明煩惱，利益無量眾生。就像太陽處在虛空那樣，消除黑暗，照亮世間。

唯傳見性法，出世破邪宗。
法即無頓漸，迷悟有遲疾。
只此見性門，愚人不可悉。
說即雖萬般，合理還歸一。
煩惱暗宅中，常須生慧日。

頓教法門傳授的，是如何以最直接的手段明心見性。這個法門出現於世，就是為了破除凡夫現有的迷妄認識，以及外道執著的常見或斷見，這些都屬於邪知邪見。

這裡所說的「法」，不是法門，而是「法爾如是」的法，是修行所要證得的菩提自性。這個菩提自性沒有頓漸之分，但因為眾生迷悟程度不同，所以對法的體認有快有慢。迷得深，就悟得慢；迷得淺，就悟得快。因為每個法門都是佛陀應眾生根機所施設，所以就有頓和漸的差別。對利根者，畢竟直指來得痛快；對鈍根者，還是漸入更為穩當。

但是，頓教所傳的「直指人心，見性成佛」的法門，對於那些深陷於迷惑煩惱的凡夫來說，是無法了知的，因為這已超出他們現有的認識能力。

佛法雖有八萬四千法門，但最終目的只有一個，就是為了引導我們見性。這也是《法華經》所說的：「諸佛世尊唯以一大事因緣故出現於世……欲令眾生開佛知見，使得清淨故，出現於世；欲示眾生佛之知見故，出現於世；欲令眾生悟佛知見故，出現於世；欲令眾生入佛知見道故，出現於世。」佛的知見是什麼？就是明心見性。但因為眾生根機不同，所以佛陀乃至歷代祖師才會施設無量方便。不管道路的起點在哪裡，終點是共同的、唯一的。

因為無明，使眾生處於迷妄和黑暗中，看不清自己，也看不清生命發展的方向。但這個煩惱暗宅中還有慧日，也就是覺悟本體，這是生命的希望所在，也是解脫的希望所在。其實，慧日時時都在我們心中乃至六根門頭放光。就像太陽始終懸掛天際，不論陰晴雨雪，也不論白天黑夜，一刻不曾離開。我們能否見到陽光，並不是太陽的問題，而是雲層的問題，是觀察角度的問題。修行所要做的，就是摧毀煩惱暗宅，撥開遮蔽陽光的烏雲。

邪來煩惱至，正來煩惱除。
邪正俱不用，清淨至無餘。
菩提本自性，起心即是妄。
淨心在妄中，但正無三障。
世人若修道，一切盡不妨。

眾生都活在邪知邪見中，因為這些錯誤認識，就會引發無量煩惱。一旦撥亂反正，確立正見，煩惱就無法立足，無處生根了。在宗門，這個邪正就是迷與悟的一念間；在教下，則是由聞思建立苦、空、無常、無我的正見，進而通過禪修將此轉化為對治煩惱的心行正見。

在修行之初，我們必須建立正見，去除邪見。但若始終停留於對邪正的執著，是無法證得空性的。唯有超越二元對立的概念，才能照見本來清淨、不生不滅的覺性，證得無餘涅槃。

菩提就是覺悟，這種覺悟的力量在哪裡？就在這顆心的當下。禪宗祖師的接引手段，正是讓我們體認當下的菩提自性。一旦生起分別，就會進入妄心系統。禪宗三祖僧璨有《信心銘》傳世，開篇為：「至道無難，惟嫌揀擇。但莫憎愛，洞然明白。」至道就是最高真理，要認識菩提自性並不難，因為它是現成的，本來具足的，只是因為起心造作，取捨分別，所以才背離覺性。只要沒有憎愛、好惡、是非之心，在不假思索的當下，即能體認。

凡夫的生命雖然進入迷妄系統，但並未失去覺悟本體。它一直就在妄心中，不是要離開妄心另外尋找一個淨心，事實上也無法離開。如何從當下的妄心去體認淨心？只要保持正念。當內在的出世正見生起時，就能解除輪迴系統產生的三種障礙，即煩惱障、業障和報障。煩惱障，是貪嗔癡三毒帶來的煩惱；業障，是五逆十惡帶來的障礙；報障，是地獄、餓鬼、畜生的苦報。

說到修道，我們常常會想到一些特定的宗教儀式，覺得打坐才是修行，念佛才是修行，誦經才是修行。而以《壇經》的見地來看，修行無處不在，無事不可，把修行方式發揮得非常透徹。搬柴運水可以修行，穿衣吃飯可以修行，待人接物也可以修行。

因為修行最重要的不是外在形式，而是見地和用心。只要具備正見，尤其是禪宗所說的見地，並帶著這種見地去用心、去生活，的確是「一切盡不妨」，因為你時時處處都在與法相應。否則的話，雖然每天在誦經念佛，過著宗教化的生活，甚至在弘法佈教，也未必是修行。因為你所做的這些，可能是以凡夫心在做，也可能在做的過程中逐漸被凡夫心利用，那麼最終成就的只會是凡夫心。

常自見己過，與道即相當。

修行，簡單地說，就是修正自己的行為，時時看到自己的不足和過失，進而修正這些錯誤。說到過失，存在一個標準問題。從人天善法來看，這個過失就是十不善業。而從《壇經》的標準來看，凡是在不覺狀態下的念頭和行為都屬於過失。也就是說，我們要時時保持覺知，不要讓心陷入不覺和不善的相續中。只有這樣，才能和修道相應，和空性相應。

色類自有道，各不相妨惱。

色類，物質現象。此處所說的道就是空性，是無所不在的，和身心世界的一切現象不相妨礙。因為它是一切法的本質，是一切法的真相。既為本質，自然沒有離開任何現象，所以莊子說：「道在螻蟻，道在瓦礫，道在屎溺。」《解深密經》講到勝義諦有四個特徵，其中之一，就是遍一切一味相。

禪宗祖師也說：「青青翠竹盡是法身，鬱鬱黃花無非般若。」在禪宗祖師的悟道因緣中，有的看到梅花悟道，有的聽到小曲悟道，有的聽到流水悟道，隨時隨地，不拘一格。為什麼？就是因為道遍一切處，可以在任何一個現象中去體會道，乃至最終證道。

離道別覓道，終身不見道。

波波度一生，到頭還自懊。

欲得見真道，行正即是道。

自若無道心，暗行不見道。若真修道人，不見世間過。

若見他人非，自非卻是左。他非我不非，我非自有過。

如果想離開這些現象去另外尋找一個道，覺得道必須通過什麼特定方式來呈現，不懂得在生活中隨時體認，在每個現象的當下隨時體認，那麼，終其一生都不可能見道。

這樣的人，徒然地忙來忙去，奔波一生，到頭只會落得一場懊悔。學佛者中，這種情況可謂屢見不鮮。一會兒熱衷於朝聖，一會兒熱衷於誦經，一會兒熱衷於念佛，總在向外尋求，以為做點什麼才是修行。最後才發現做的都是表面功夫，不明心地，習氣毛病還是依舊，苦苦惱惱，卻不知問題出在哪裡。

我們想要見到菩提自性，必須具備正見和方法。雖然道無所不在，但對道的體認要有相應手段。我們每天都在穿衣吃飯，在遭遇這樣那樣的考驗，為什麼見不到道？因為見道需要具備相應的能力和手段。否則的話，即使道遍一切時，遍一切處，我們也是視而不見的。不是它不存在，而是你沒有能力看到。

如果自己沒有見道，沒有體認覺性，那麼修行必然是盲目的，就像走在暗夜中，根本看不見道路，看不見前行的方向。作為一個真正的修行者，他關心的只是見道這件大事，而不會去看世間的長短過失。

如果總看到他人的是非曲直，也就意味著，你的心已陷入是非之中。因為自己內心有是非，才會在意別人的是與非。

一個安住於覺性的修行者，所見一切都是平等的，是知分別而離分別的。所以，我們首先要學會審察自己，而不是把矛頭對向別人。不論別人做得怎樣，是否有過錯，自己都要安住正念，如法修行。如果執著於他人的是非，自己就會產生過失，就要承擔由此而來的後果。

但自卻非心，打除煩惱破。憎愛不關心，長伸兩腳臥。

欲擬化他人，自須有方便。勿令彼有疑，即是自性現。

佛法在世間，不離世間覺。離世覓菩提，恰如求兔角。

正見名出世，邪見是世間。邪正盡打卻，菩提性宛然。

只要我們放下是非之心，就能從根本解除人我是非帶來的煩惱，從而與道相應。即使別人有什麼過失，自己也不會隨境而轉。修行的關鍵是向內觀照，是解決自己的妄想和不如法行為。當我們不再陷入嗔恨和愛戀，不再陷入喜怒哀樂，而是安住於覺悟本體，身心就了無牽掛，自由自在了，此為自利。

但想教化他人，還要有相應手段，知道對方是什麼根機，修行達到什麼程度，此時更須加一味什麼樣的藥，才能藥到病除。每個人的根機和狀況不同，接引方式也得與此對應，無法完全複製，批量應用。所以要有足夠的方便善巧，才能給予適合此時、此地、此人的引導。

禪宗的修行目標就是見性。這種引導必須能讓對方直接體認菩提自性，對頓教法門不再有任何懷疑，對眾生本具足與諸佛同樣的菩提自性也沒有任何懷疑，才能說明他的覺性已然開顯。

這一偈頌也是佛弟子耳熟能詳的。前面說過，我們要證得的真理沒有離開一切現象，出世也沒有離開世間。因為人本來就生活在世間，即使跑到深山老林，還是一個六塵世界。所以，不能離開世間去尋找覺悟。那樣就像在兔子身上找角一樣，了不可得。修行的正道，是在世間的當下體認出世間，在煩惱的當下體認菩提，在生死的當下體認涅槃。

當正見生起，我們才有超越世間、心無所住的能力。而當邪見生起，我們就會不斷地製造執著，製造煩惱。所以，修行要以正見對治邪見，但若總是執著於這種邪和正，還是在二元對立中。唯有超越邪正的對立，才能證得「本來無一物」的菩提自性。

此頌是頓教，亦名大法船。迷聞經累劫，悟則剎那間。

師復曰：今於大梵寺說此頓教，普願法界眾生言下見性成佛。

時韋使君與官僚道俗聞師所說，無不省悟。一時作禮，皆歎：善哉！何期嶺南有佛出世！

這首偈頌闡明的頓教法門，也叫做大法船。《金剛經》云：「我說法如筏喻者。」筏就是船，佛陀將自己所說的法比喻為法船，這是一艘將眾生共同度向彼岸的法船，所以名之為大。如果在迷妄的系統聞法和修行，可能要經過多生累劫的努力，才能轉迷為悟。如果有緣聽聞頓教法門，並有根機按此修行，開悟只是一剎那的事。

開示無相頌後，六祖接著勉勵大眾：今天在大梵寺演說頓教法門，希望法界眾生都能在聽聞的當下見性成佛。

當時，韋使君及在座的官僚、道俗等，聽聞六祖的開示之後，對這一無上心法都有所領悟，受益匪淺。大家一齊頂禮六祖，感歎說：善哉！真沒想到嶺南這樣的地方，還有像佛一樣的善知識出世。

〈般若品〉從禪宗的見地，直接開顯般若智慧的特徵，以及此岸和彼岸的關係。由此，說明凡聖的分歧點只是在於迷悟之間，所謂「前念迷即是眾生，後念悟即是佛」，為眾生修行提供了極大的信心。此外，本品還指出頓教的教化物件，說明這一法門只接引上根利智，並非人人都有能力接受。我們今天學習禪宗，既要認識其殊勝之處，也要衡量自身根機。如果起點不夠，就必須在基礎上下功夫。或是通過聞思修的常規路線，使塵垢逐漸鬆動，作為修習禪宗的台階；或是借鑒禪宗的長處，帶著禪宗的見地來修一些其他法門，如「禪淨雙修」等。如果沒有自知之明，就可能像六祖擔心的那樣，「損彼前人，究竟無益」。

【疑問品第三】

在〈疑問品〉中，六祖主要解答了兩個疑問，一是達摩見梁武帝時，關於功德的那段對答；二是如何看待念佛往生西方的問題。對此，六祖從禪宗頓教的角度，為我們作了精闢的開示。此外，還以「無相頌」說明在家居士應該如何修行，對今天的學人同樣具有現實意義。

一 功德非福德

一日，韋刺史為師設大會齋。齋訖，刺史請師升座，同官僚士庶肅容再拜，問曰：「弟子聞和尚說法，實不可思議。今有少疑，願大慈悲，特為解說。」師曰：「有疑即問，吾當為說。」

韋公曰：「和尚所說，可不是達摩大師宗旨乎？」師曰：「是。」

公曰：「弟子聞達摩初化梁武帝，帝問云：朕一生造寺度僧，佈施設齋，有何功德？達摩言：實無功德。弟子未達此理，願和尚為說。」

師曰：「實無功德，勿疑先聖之言。武帝心邪，不知正法，造寺度僧，佈施設齋，名為求福，不可將福便為功德。功德在法身中，不在修福。」

師又曰：「見性是功，平等是德。念念無滯，常見本性，真實妙用，名為功德。內心謙下是功，外行於禮是德。自性建立萬法是功，心體離念是德。不離自性是功，應用無染是德。若覓功德法身，但依此作，是真功德。若修功德之人，心即不輕，常行普敬。心常輕人，吾我不斷，即自無功。自性虛妄不實，即自無德，為吾我自大，常輕一切故。善知識！念念無間是功，心行平直是德。自修性是功，自修身是德。善知識！功德須自性內見，不是佈施供養之所求也，是以福德與功德別。武帝不識真理，非我祖師有過。」

第一個問題，說明功德和福報的差別。

一日，韋刺史為師設大會齋。齋訖，刺史請師升座，同官僚士庶肅容再拜。

問曰：弟子聞和尚說法，實不可思議。今有少疑，願大慈悲，特為解說。

師曰：有疑即問，吾當為說。

韋公曰：和尚所說，可不是達摩大師宗旨乎？師曰：是。

公曰：弟子聞達摩初化梁武帝，帝問云：朕一生造寺度僧，佈施設齋，有何功德？達摩言：實無功德。弟子未達此理，願和尚為說。

有一天，韋刺史為六祖設盛大的供齋。供齋結束，刺史請六祖升座，和在場的官員、幕僚、士庶端正威儀，再一次向六祖虔誠禮拜，希望六祖為大眾答疑解惑。

刺史向六祖請教說：弟子聽聞和尚說法後，覺得義理之深妙，實在不可思議。但我現在還有一些疑問，希望和尚慈悲，能夠為我開解。

六祖說：有疑問就請提出，我會為你們解說。

韋刺史問道：和尚您所開演的，是達摩大師當初傳來的心法嗎？六祖回答：正是。

刺史說：弟子聽說達摩祖師初次見到梁武帝時，梁武帝問他：我一生建造寺院，剃度僧眾，廣行佈施，大設齋供，有什麼功德呢？達摩祖師卻回答：並沒有什麼功德。弟子實在不明白其中道理，希望和尚為我們解說。

梁武帝是中國歷史上信佛最為虔誠的一位帝王，多次在寺院捨身為奴，大臣們只得以重金將皇帝贖回，如此再三，令僧團獲得大量財富，廣建道場。不僅如此，梁武帝還受持菩薩戒，並時常升座說法。這樣一位虔誠且博通教理的帝王，在和達摩祖師相見時，彼此卻不相契。

除了關於功德的這番對話，武帝還問達摩：什麼是聖諦第一義？達摩的回答是：

師曰：實無功德，勿疑先聖之言。武帝心邪，不知正法。

造寺度僧，佈施設齋，名為求福，不可將福便為功德。功德在法身中，不在修福。

師又曰：見性是功，平等是德。念念無滯，常見本性，真實妙用，名為功德。

廓然無聖。武帝又問達摩：你說沒有聖人，那現在面對我的人是誰？達摩對曰：不識。因為達摩祖師是直接立足於第一義諦作答，而第一義諦是超越空有的，沒有能認識和所認識。但梁武帝不曾領會其中奧妙，所以達摩就一葦渡江，北上嵩山了。

六祖回答說：的確沒有功德，不要懷疑達摩祖師所說的話。梁武帝尚未體認覺性，缺乏空性正見，難免向外追求，執著事相。

按照禪宗的見地，真正的功德是在法身中，而不是外在的行為。這個回答大出武帝意料，立刻反問道：「何以沒有功德？」達摩告訴他：「此但人天小果，有漏之因，如影隨形，雖有非實。」說無功德，是從究竟意義而言，因為福德是有漏的，就像影子，看似有而實非真。此處所說的「武帝心邪」，不是邪惡的邪，而是相對於正見所說的邪。

梁武帝所做的不過是建造寺院、剃度僧人、佈施齋僧，這些善行屬於福德，不可將此視為功德。真正的功德是證得空性、成就法身，而不在於修福。

從另一個角度來說，如果我們具備足夠的見地，具備正確的用心，造寺度僧、佈施設齋就不僅僅是福德，而是功德了。因為區分功德和福德的關鍵在於心行，如果是心外求法的善行，所成就的只能是福報而非功德；如果是心無所住的善行，不論做什麼都可以成就功德。

六祖接著又對功德作了更為深入的闡述：當你見到覺悟本體，這就是功；當你具備平等心，這就是德。這樣的功德是建立在空性基礎上，每一念都沒有執著，沒有障礙，都能安住於覺悟本體，而不是落入對外在差別事相的執著。因為念念無滯，就能常見本性。

> 內心謙下是功，外行於禮是德。
>
> 自性建立萬法是功，心體離念是德。
>
> 不離自性是功，應用無染是德。
>
> 若覓功德法身，但依此作，是真功德。
>
> 若修功德之人，心即不輕，常行普敬。
>
> 心常輕人，吾我不斷，即自無功。自性虛妄不實，即自無德。

反過來說，正因為常見本性，才能念念無滯，兩者是相互的。當我們安住於覺悟本體，以無住、無所得的心利益大眾，就是一種真實妙用，這樣的行為才能稱為功德。

一個見性的人，不再有我執我慢，才能表現出真正的謙下，這就稱之為功。又因為內心謙下，才懂得尊重一切人，以平常心處理一切事務，這就稱之為德。

菩提自性能含攝萬法，出生萬法，這種作用就稱之為功。雖然它能建立一切法，但又不染著於一切法，這就稱之為德。世人也能成就很多事業，也能做很多護法乃至弘法的事，但對於所做的一切，我們往往有不同程度的貪戀和染著，這就與功德不相應了。

如果我們時時不離覺悟本體，而不是像現在這樣，時時安住於貪嗔癡，這就稱之為功。因為安住於覺性，在行住坐臥、待人接物時就能具備無住的能力，不會隨境而轉，也不會生起染著，這就稱之為德。

如果想要成就功德法身，就應該這樣去做，才是真正的功德。所以說，真正的功德不是造寺度僧、廣行供養等事相，而是見性及由見性產生的德行，否則就只是福德而非功德了。

修習這種功德者，內心不會輕視任何人，正相反，他會時時尊重並恭敬所有人，使周圍的人覺得如沐春風。

如果內心時常瞧不起別人，說明他還處於我執我慢中，所以才有人我是非的對立，這就叫做無功。如果沒有見道，就會活在虛妄不實的自我狀態中，這就叫做無德。

為吾我自大，常輕一切故。

善知識！念念無間是功，心行平直是德。

自修性是功，自修身是德。

善知識！功德須自性內見，不是佈施供養之所求也，是以福德與功德別。

武帝不識真理，非我祖師有過。

德。這裡所說的功偏向於品質，而德偏向於德行。見性其實代表一種品質的成就，那就是成佛的品質。因為沒有見性，也就沒有與見性相關的德行。

因為內心自高自大，無法容納他人，所以就會輕視一切。所以，修行就是把以自我為中心，轉向以三寶為中心，以眾生為中心。如果這個中心不轉過來，無論做什麼，都可能成為我執的增上緣。

善知識，如果念念都能見到覺性，與之相應，沒有間斷，就稱之為功。如果內心對一切人、一切事平等無別，常行正直，就稱之為德。唯有念念安住於覺性，才會有真正的直心和平常心。

學佛人大多知道「直心是道場」，「平常心是道」，但什麼是直心？什麼是平常心？有人以為，我愛生氣就生氣，愛說什麼就說什麼，這就是直心。或者說，我做什麼都不假思索，不加選擇，這就是平常心。其實不然，因為這些言行是來自貪嗔癡，是扭曲而不平常的。真正的平常必須見性後才能體認，只有在空性層面，萬物才是平等的，無差別的。

我們通過修行體認到覺悟本體，就稱之為功。進而依此修正行為，解除串習，成就佛菩薩那樣的德行。

在對功和德作了詳細闡述後，六祖總結說：善知識，功德是在內心見到的，屬於見性的功夫，非外在的佈施供養所能成就。所以說，福德和功德是有區別的。關於這一點，是梁武帝不曾見性，不知其中深意，並非達摩祖師所說的有什麼過失。

這個問題很有現實意義。在一般人的概念中，常常將功德和福報混為一談。凡是利他的事，既是功德也是福報。所以，不少學佛者會把做好事直接說成「做功德」

或「培福報」。但在《壇經》中，六祖對功德和福報作了非常明確的界定，其差別就在於是否見性，這才是修行的重點所在。如果忘失這個重點，一味在事相上下功夫，無疑是捨本逐末。

二　淨土在心中

刺史又問曰：「弟子常見僧俗念阿彌陀佛，願生西方。請和尚說，得生彼否？願為破疑。」

師言：「使君善聽，惠能與說。世尊在舍衛城中，說西方引化經文，分明去此不遠。若論相說里數，有十萬八千。即身中十惡八邪，便是說遠。說遠，為其下根；說近，為其上智。人有兩種，法無兩般。迷悟有殊，見有遲疾。迷人念佛求生於彼，悟人自淨其心。所以佛言：隨其心淨，即佛土淨。使君！東方人但心淨即無罪。雖西方人，心不淨亦有愆。東方人造罪，念佛求生西方；西方人造罪，念佛求生何國？凡愚不了自性，不識身中淨土，願東願西，悟人在處一般。所以佛言：隨所住處恆安樂。

「使君！心地但無不善，西方去此不遙。若懷不善之心，念佛往生難到。今勸善知識，先除十惡，即行十萬；後除八邪，乃過八千。念念見性，常行平直，到如彈指，便睹彌陀。使君！但行十善，何須更願往生。不斷十惡之心，何佛即來迎請？若悟無生頓法，見西方只在剎那。不悟，念佛求生，路遙如何得達？惠能與諸人移西方於剎那間，目前便見，各願見否？」

眾皆頂禮云：「若此處見，何須更願往生。願和尚慈悲，便現西方，普令得見。」

師言：「大眾！世人自色身是城，眼耳鼻舌是門。外有五門，內有意門。心是地，性是王，王居心地上。性在王在，性去王無。性在身心存，性去身壞。佛向性中作，莫向身外求。

「自性迷即是眾生，自性覺即是佛。慈悲即是觀音，喜捨名為勢至，能淨即釋迦，平直即彌陀。人我是須彌，邪心是海水，煩惱是波浪，毒害是惡龍，虛妄是鬼神，塵勞是魚鱉，貪嗔是地獄，愚癡是畜生。

「善知識！常行十善，天堂便至。除人我，須彌倒。去邪心，海水竭。煩惱無，波浪滅。毒害除，魚龍絕。自心地上覺性如來放大光明，外照六門清淨，能破六欲諸天。自性內照，三毒即除。地獄等罪，一時消滅。內外明徹，不異西方。不作此修，如何到彼？」

大眾聞說，了然見性，悉皆禮拜，俱歎善哉！唱言：「普願法界眾生，聞者一時悟解。」

第二個問題也很重要。淨宗是漢傳佛教的一大主流，往生淨土更是很多學佛者期待的終極歸宿。即使不是專修淨土法門者，也往往將之作為修行的後保險，故有禪淨雙修、台淨雙修、密淨雙修等。通常，我們所說的淨土是指西方淨土，但六祖在此所說的，則是「自性彌陀，唯心淨土」。

刺史又問曰：弟子常見僧俗念阿彌陀佛，願生西方。請和尚說，得生彼否？願為破疑。

師言：使君善聽，惠能與說。世尊在舍衛城中，說西方引化經文，分明去此不遠。

若論相說里數，有十萬八千。即身中十惡八邪，便是說遠。

刺史又問：弟子常常見到僧俗二眾念誦「阿彌陀佛」名號，發願往生西方。請問和尚，到底能不能往生？希望您為我們解除疑惑。

六祖回答說：使君請聽，我將為你們解說。當年，世尊曾在舍衛城開演西方淨土法門，講述阿彌陀佛對眾生的接引度化，這個淨土其實離我們並不遙遠。

十萬八千，為六祖泛指，即《彌陀經》所說的「從是西方過十萬億佛土」，是依相而說的具體里程。這個距離是怎麼產生的呢？根源還是在我們的心。因為內心有十惡八邪，所以西方淨土距我們就有十萬億佛土之遙。

所謂十惡，即與十善相反，為殺生、偷盜、邪淫、妄語、惡口、兩舌、綺語、貪欲、嗔恚、愚癡。八邪，即與八正道相反，為邪見、邪思惟、邪語、邪業、邪精進、邪命、邪念、邪定。正是這十惡八邪，使西方淨土變得遙不可及。

說遠，為其下根；說近，為其上智。

但這個距離並不是絕對的，而是相對的。對於下劣凡夫來說，固然遠在天邊；對於上根利智來說，其實近在眼前。為什麼？因為下根者只會從外在事相看待淨土，而利根者能從內心直接認識淨土和我們的關係。如果執著時空的事相，自然遙不可及。一旦向內觀照，瞭解到十萬八千只是十惡八邪的阻隔，就能超越時空距離，當下就是淨土。

人有兩種，法無兩般。

兩種，以利鈍二者涵蓋眾生千差萬別的根機。雖然眾生的根機有利鈍兩種，但實相法門是沒有差別的。所謂八萬四千法門，只是契入實相的不同途徑而已，其核心是無差別的。

迷悟有殊，見有遲疾。迷人念佛求生於彼，悟人自淨其心。

眾生因為迷悟程度不同，所以見性也有快慢之別。鈍根者念佛，不懂得從自心入手，只是一味向外追逐，求生西方。而智者卻能了知，十方法界、一切佛土的根本就在我們內心，正如《華嚴經》所說：「若人欲了知，三世一切佛，應觀法界性，一切唯心造。」但能自淨其心，當下就是淨土。

所以佛言：隨其心淨，即佛土淨。

所以佛陀告訴我們：隨著內心的淨化，即能成就清淨莊嚴的佛土。這一思想出自《維摩詰所說經》：「若菩薩欲得淨土，當淨其心，隨其心淨則佛土淨。」反之，如果心是染污的，必將感得污濁的世界。

使君！東方人但心淨即無罪。雖西方人，心不淨亦有愆。

愆，罪過。東方人，是相對西方淨土而言，指淨土之外的眾生。使君，雖然是生於穢土的東方人，只要內心清淨，其世界就是清淨而沒有過失的，等同淨土。反之，雖然是西方人，如果內心染污不淨，也是有過失的。所以，關鍵不在於身處東方還是西方，而在於內心是否清淨。

東方人造罪，念佛求生西方；西方人造罪，念佛求生何國？

凡愚不了自性，不識身中淨土，願東願西，悟人在處一般。

所以佛言：隨所住處恆安樂。

使君！心地但無不善，西方去此不遙。若懷不善之心，念佛往生難到。

今勸善知識，先除十惡，即行十萬；後除八邪，乃過八千。

念念見性，常行平直，到如彈指，便睹彌陀。

東方人造罪，可以念佛求生西方。如果西方人造罪的話，又能念佛求生哪裡呢？當然，按淨土法門的觀點，西方人是不會造罪的。要知道，六祖此處所說的重點不是東方西方的問題，而是心與世界的關係，是唯心淨土的原理。所以說，求生淨土關鍵是從內心開始淨化。從這個觀點來看，人間也有淨土，處處都有淨土。

愚者不瞭解內在的覺悟本體，不知道從自己的內心認識淨土，整天想著要生到東方，生到西方，忙來忙去，不過是心外求法。而對開悟者來說，此心安處是吾鄉，東西南北、在在處處都是淨土。

所以佛陀告訴我們：智者在任何一個地方都是安樂自在的。因為他的內心清淨無染，所以會法喜充滿，源源不斷。

心地，心為出生萬法之本，故稱心地。六祖說：使君，只要斷除十惡八邪，內心沒有任何不善的念頭，西方離此並不遙遠。可以說，當下就是西方，不假外求。反之，如果內心有種種不善的念頭，即使總在念誦佛號，希求往生，也是南轅北轍，難以抵達。因為這種染污心是無法和淨土相應的。

現在我奉勸各位善知識，修行要從自己的內心入手，首先消除十惡，就等於前進了十萬億佛土。然後斷除八邪，又跨越了八千億佛土。所以說，斷惡修善才是往生淨土的真正捷徑。

如果念念都能安住於覺悟本性，時時保持直心和平等心，彈指間就能往生西方，親見彌陀。甚至連彈指頃都不需要，在見性的當下就能面見彌陀，所謂「見法者，即是見佛」。此處所說，是指唯心淨土、自性彌陀。阿彌陀佛，又名無量光、無量壽，這也是心性的特徵。只要證得覺悟本體，每個人都可以是無量光，也可以是無量壽。

使君！但行十善，何須更願往生。不斷十惡之心，何佛即來迎請？

若悟無生頓法，見西方只在剎那。不悟，念佛求生，路遙如何得達？

惠能與諸人移西方於剎那間，目前便見，各願見否？

眾皆頂禮云：若此處見，何須更願往生。願和尚慈悲，便現西方，普令得見。

師言：大眾！世人自色身是城，眼耳鼻舌是門。外有五門，內有意門。心是地，性是王，王居心地上。性在王在，性去王無。性在身心存，性去身壞。

使君，大家只要常行十善，無須再去尋求外在的淨土，因為當下就清淨安樂，等同淨土。反之，如果不斷十惡之心，造作種種不善業，又有哪位佛陀會接引你去淨土呢？

無生，觀覺性無生，以破生滅煩惱。如果悟到無生法忍，剎那間就能見到西方，見到自心淨土。如果無法體認覺性，即使念佛求生，十萬億佛土之遙的漫漫征程，又要何時才能到達？所以說，只要內心的十惡八邪未除，就是往生淨土的最大障礙，是令淨土遙不可及的天塹鴻溝。

說明唯心淨土的原理後，六祖問大眾說：惠能和各位到西方不過在剎那之間，眼下就可以看到，你們願意看一看嗎？

大眾都恭敬頂禮道：如果這裡就可以見到，我們何必發願在臨終時往生西方？希望和尚慈悲為懷，現在就讓大眾看到西方的顯現。

下面，六祖為大眾說明心念是怎麼發展出穢土和淨土：各位，世人各自的色身就像一座城市，每個人都生活在這個五蘊之城中。其中，眼、耳、鼻、舌、身是對外的五個城門，內部則有意門。

我們的心就像大地，而覺性就像國王，它包含在心的一切活動中。覺性產生作用時，生命就有自主力。而當覺性不再產生作用時，生命就會失去自主力。有了覺性，才有有情的存在。離開覺性的作用，有情就會變成無情。

佛向性中作，莫向身外求。

自性迷即是眾生，自性覺即是佛。

慈悲即是觀音，喜捨名為勢至，能淨即釋迦，平直即彌陀。

人我是須彌，邪心是海水。

煩惱是波浪，毒害是惡龍。

虛妄是鬼神，塵勞是魚鱉，貪嗔是地獄，愚癡是畜生。

成佛靠誰去成？就是靠這個覺悟本體。所以成佛要向內觀照，而不是向外追求。正如《達摩血脈論》所言：「若知自心是佛，不應心外覓佛。」

我們的五蘊身心有種種心所，由此產生不同作用。在這些動盪起伏的心理活動中，還有一個不生不滅的覺悟本體。當我們迷失覺性，就會呈現眾生的生命狀態。當我們體認覺性，當下就與十方諸佛無別。因為覺性就是佛菩薩的生命品質，是他們所以成佛的根本所在。

發展大慈大悲的品質，能使我們成為觀音菩薩。具備隨喜平等的心行，能使我們成為大勢至菩薩。淨化內心的迷惑煩惱，能使我們成為釋迦牟尼那樣的覺者。而當我們成就平等、正直的品質，就與阿彌陀佛無二無別了。

當我們內心有了我相、人相的分別，就像被須彌山壓住，不得解脫。正是這種充滿邪知邪見的心，製造了輪迴的大海。眾生就在這無邊苦海中上下沉浮，無有了期。如果希望解脫，必須無人我、去邪心，沒有執著，也就沒有掛礙和束縛了。

我們的種種煩惱，就像大海中的波濤，洶湧澎湃。這種波浪也代表輪迴的現象，不論是地獄，還是餓鬼、畜生，每種生命形態都是輪迴大海的波浪，根源就在於貪嗔癡三毒。如果縱容那些損惱、毒害眾生的心理，就會成就惡龍的品質，造作不良行為，帶來種種災難。

虛妄之心會造就鬼神的性格，塵勞妄想會形成魚鱉的特點，貪嗔煩惱會導致地獄的痛苦，而愚昧癡呆則是畜生的特徵。所以說，六道正是內在不良心理的顯現。反之，佛菩薩的品行就是良性心理的展現。認識到這些原理之後，我們應該怎樣建設淨土？

善知識！常行十善，天堂便至。

除人我，須彌倒。去邪心，海水竭。煩惱無，波浪滅。毒害除，魚龍絕。

自心地上覺性如來放大光明。

外照六門清淨，能破六欲諸天。

自性內照，三毒即除。地獄等罪，一時消滅。內外明徹，不異西方。不作此修，如何到彼？

大眾聞說，了然見性，悉皆禮拜，俱歎善哉！唱言：普願法界眾生，聞者一時悟解。

善知識，只要時時常行十善，當下就是天堂。因為天堂正是由十善行建設起來的。我們可以想像一下，如果世上所有人都能不殺生、不偷盜，乃至不貪、不嗔、不癡，人間難道不是樂園、不是天堂嗎？

去除對人相和我相的執著，由人我對立形成的須彌山就會倒塌。去除邪知邪見，生死的大海就會枯竭。消除內心煩惱，輪迴的波浪就得以平息。當內心不再有任何傷害之心，就不會感得魚龍這種生命現象。

在每個人的內心，都有覺性在大放光芒，照亮黑暗，所謂「靈光獨耀，迥脫根塵，體露真常，不拘文字」。或許有人會說，既然如此，為什麼我們感覺不到呢？原因在於，我們總是陷入一個又一個的執著中，就像落入一個又一個暗無天日的陷阱，即使陽光普照大地，但因為身處暗室，依然無知無覺。

在覺性光明的照耀下，能夠淨化我們的眼、耳、鼻、舌、身、意六根，破除欲界的種種欲望和雜染。六欲諸天即欲界六重天，分別是四王天、忉利天、夜摩天、兜率天、化樂天、他化自在天。

當覺悟本體產生作用的時候，貪嗔癡三毒將徹底斷除，地獄等三惡道罪業也將一併消融。在覺性之光照耀下，迷惑煙消雲散，內外光明透徹，當下就是西方淨土。如果不作這樣的修行，怎麼可能到達西方？換言之，內心不淨，何以顯現淨土？就像一面污漬斑斑的鏡子，照什麼都是不清淨的，布滿污垢的。

大眾聽聞六祖的開示後，心開意解，得見覺性，虔誠禮拜並感歎道：真是太殊勝了！希望法界一切眾生，凡是有緣聽聞這一無上法門者，都能言下開悟，明心見性。

三 在家修行

師言：「善知識！若欲修行，在家亦得，不由在寺。在家能行，如東方人心善。在寺不修，如西方人心惡。但心清淨，即是自性西方。」

韋公又問：「在家如何修行，願為教授。」

師言：「吾與大眾說無相頌，但依此修，常與吾同處無別。若不依此修，剃髮出家，於道何益！頌曰：

心平何勞持戒，行直何用修禪，
恩則孝養父母，義則上下相憐。
讓則尊卑和睦，忍則眾惡無喧，
若能鑽木出火，淤泥定生紅蓮。
苦口的是良藥，逆耳必是忠言，
改過必生智慧，護短心內非賢。
日用常行饒益，成道非由施錢，
菩提只向心覓，何勞向外求玄。
聽說依此修行，西方只在目前。」

師復曰：「善知識！總須依偈修行，見取自性，直成佛道。法不相待，眾人且散。吾歸曹溪，眾若有疑，卻來相問。」

時刺史官僚，在會善男信女，各得開悟，信受奉行。

答疑解惑後，六祖又為大眾講述了在家居士如何修行的要點。「無相頌」闡明的，是一種沒有任何宗教形式的修行。再次說明，修行的關鍵在於見地和用心。只要見地高超，用心到位，無論做什麼都可以是修行。《壇經》的當機者是韋刺史，同時聞法的還有很多官僚和居士，所以這部分開示主要針對在家人所說。但其中開顯的修學原理，無論出家在家，都是大有裨益的。

師言：善知識！若欲修行，在家亦得，不由在寺。

在家能行，如東方人心善。在寺不修，如西方人心惡。

但心清淨，即是自性西方。

韋公又問：在家如何修行，願為教授。

六祖說：善知識，如果想要學佛修行，在家也是可以的，不是必須到寺院中，也不是必須剃髮出家。這就為大眾解除了學佛等於出家的誤解，同時，也給無緣出家專修的學佛者以信心。

在家而能如法修行，就像身處東方的污濁世界，但一心向善，同樣可以修習善行，見性解脫。如果來到寺院卻不認真修行，就像身處西方清淨世界，但內心充滿污濁，勢必不能解脫。

只要內心時時清淨，無染無著，就是自性淨土。所以淨土不在別處，就在我們內心。

修行的關鍵也在於自心是否清淨，至於選擇在家還是出家的方式，只是一個助緣而已。當然，六祖強調的是根本因素。就實際修行來說，這個助緣也很重要。在家居士所面對的，往往是引發貪嗔癡的環境，而凡夫容易心隨境轉，這就給修行平添了許多障礙。

韋刺史又問：那麼在家人應該怎麼修行呢？請您為我們加以指點。

師言：吾與大眾說無相頌，但依此修，常與吾同處無別。若不依此修，剃髮出家，於道何益！

頌曰：心平何勞持戒，行直何用修禪。

恩則孝養父母，義則上下相憐。讓則尊卑和睦，忍則眾惡無喧。

若能鑽木出火，淤泥定生紅蓮。

六祖說：我現在給大眾說一個「無相頌」，只要依照這首偈頌開顯的理路去做，你們就能和我一樣，時時都在修行。否則的話，即使剃髮出家，對於解脫又有多少作用呢？下面就對頌文進行解說。

這兩句話也是我們耳熟能詳的，往往被人作為不用持戒或修禪的藉口。這個心平是什麼概念？怎樣才能稱為心平？前提就是見性。只有契入空性，才能真正做到平常平等，無染無著。具備這樣的心行，內心就不會陷入貪嗔癡的串習中，自然無須刻意執著戒相，因為在這種情況下是不容易犯戒的。

至於行直，亦非常人以為的心直口快，而是念念安住於覺性。倘能做到這點，無論做什麼都是修禪，甚至沒有出定和入定之分，就不必專門在座上調心入定。事實上，沒有什麼是比這更高的禪修了。但我們要知道，在心未平、行不直的時候，持戒是必須的，修禪也是必須的。

作為在家居士，最好的報恩就是孝養父母，最應該具備的德行就是尊老愛幼，恭敬長輩，愛護晚輩。學會謙讓，就能長幼有序，和睦相處。學會忍耐，就能化解糾紛，平息鬥諍。所以說，恩、義、讓、忍是我們生活中的必修課。

在修行路上，如果能有鑽木取火的苦幹精神，精進不懈，淤泥必然能生出紅蓮。紅蓮是象徵在家居士處五欲塵勞而潔身自好，不為所染。反過來說，如果不精進，不努力，就會淹沒在淤泥中，沒有出頭之日。

苦口的是良藥，逆耳必是忠言。

改過必生智慧，護短心內非賢。

日用常行饒益，成道非由施錢。

菩提只向心覓，何勞向外求玄。

聽說依此修行，西方只在目前。

聽到別人對我們苦口婆心的勸告，要當做治病的良藥來接受。而對別人的不同意見，雖然聽起來不那麼順耳，但往往是有益於己的忠言。只有以寬容心接納各種意見，我們才能看清自身存在的問題。凡夫都喜歡聽順耳的話，但這順的究竟是什麼呢？其實就是我執，需要特別警惕。

不斷改正過失，斷除煩惱，智慧就能得以開顯，這也是〈般若品〉所說的「常見自己過，與道即相當」。如果保護自己短處，不願接受批評，就像把病灶捂住不進行治療，是缺乏智慧的表現。

修行要持戒、修定、發慧，更重要的，是把這些功課帶到生活中，在一切時中培養正念，修正心行，才能真正地自利利他。並不是說，僅僅佈施錢財就能成道。因為佈施可能是菩薩行，也可能是人天善行，關鍵是我們以什麼樣的心態去做，以什麼樣的見地去做。

菩提在哪裡？要從我們內心去體悟，去證得，何必向外尋求那些玄妙的境界。見性是做減法而非加法，是把遮蔽覺性的煩惱執著一一去除，從而開顯這個本來具足的菩提自性。

能夠按這樣去修行，西方淨土就會在我們眼前顯現，無須千里跋涉，萬里尋覓。所以說，不論往生淨土還是成就佛果都不在別處，而是在我們內心。關鍵是你要見到，否則就永遠隔了一層。

師復曰：善知識！總須依偈修行，見取自性，直成佛道。法不相待，眾人且散。吾歸曹溪，眾若有疑，卻來相問。時刺史官僚，在會善男信女，各得開悟，信受奉行。

最後，六祖再次告誡大眾：善知識，你們都應該按照這首偈頌所說的要領修行，由此體認內在菩提自性，最終成就佛果。法會的因緣已經結束，大家可以各自離去。我也準備回到曹溪，如果你們還有什麼疑問的話，可以前來詢問。

當時，刺史、官僚以及在場的善男信女們，聽聞六祖開示後，各自都有不同程度的體悟，對頓教法門生起極大信心，發願受持奉行。

〈疑問品〉解答的兩個問題，在今天仍有現實意義。不少學佛人熱衷於培福，這固然可以作為修學的前行，但不能執著福德相，更不能將之等同於功德，否則就偏離佛法根本了。修得再多，也只是人天善法，不能直契無上菩提。此外，修習淨土者容易心外求佛，卻忽略對心性的體證，使得這一殊勝法門流於膚淺化、庸俗化。這兩個問題的共同點都在於定位不準。佛教雖然有種種法門，但萬變不離其宗，這個宗就是我們的心。只有立足於此，在心地上下功夫，才能最終見到心的本來面目。如果偏離這個中心，不論多麼努力，只是在周邊做一些準備工作而已，並沒有真正進入修行軌道。反之，只要找到修行的著力點，即使在座下，在生活中，同樣可以隨處見性，直成佛道。

【定慧品第四】

〈定慧品〉講述了頓教法門的修行內容，是《壇經》的重要內容。佛法修行的核心，從教下來說，就是戒定慧三無漏學。《壇經》中，六祖也反覆論及戒定慧的關係。和教下的不同在於，六祖始終立足於覺性來闡述。在這個層面，戒定慧是一體無別的。而教下所說的戒定慧，包含迷惑和覺悟兩大系統。其中，戒和定基本是在迷惑系統，唯有慧才進入覺悟系統。本品主要論及三個問題：一是解釋定慧的關係，二是講述一行三昧，三是說明禪門修行的三大要領。

一 定慧一體

師示眾云：善知識！我此法門以定慧為本。大眾勿迷，言定慧別。定慧一體，不是二。定是慧體，慧是定用。即慧之時定在慧，即定之時慧在定。若識此義，即是定慧等學。

諸學道人，莫言先定發慧、先慧發定各別。作此見者，法有二相。口說善語，心中不善。空有定慧，定慧不等。若心口俱善，內外一如，定慧即等。自悟修行，不在於諍。若諍先後，即同迷人。不斷勝負，卻增我法，不離四相。

善知識！定慧猶如何等？猶如燈光。有燈即光，無燈即暗。燈是光之體，光是燈之用。名雖有二，體本同一。此定慧法，亦復如是。

首先，說明定和慧的關係。定，為禪定；慧，為智慧。在教下看來，定和慧是兩個概念，有定不等於有慧。外道有四禪八定，而單純的定並不能生起智慧。聲聞乘的修行，通常是在得定後修觀，由此平息妄心，成就觀智。從這個角度來看，定是慧生起的基礎，而慧是定導向的結果。那麼，六祖又是如何解讀定慧及其相互關係的呢？

師示眾云：善知識！我此法門以定慧為本。大眾勿迷，言定慧別。

六祖對大眾開示說：善知識，我所說的頓教法門是以定慧為根本。希望大眾不要誤解，以為定和慧是兩個不同的東西。

定慧一體，不是二。定是慧體，慧是定用。即慧之時定在慧，即定之時慧在定。若識此義，即是定慧等學。諸學道人，莫言先定發慧、先慧發定各別。作此見者，法有二相。口說善語，心中不善。空有定慧，定慧不等。若心口俱善，內外一如，定慧即等。自悟修行，不在於諍。若諍先後，即同迷人。不斷勝負，卻增我法，不離四相。

從頓教法門來看，定和慧是一體的，而不是說，定是定，慧是慧。定具有如如不動的特點，慧具有朗照無住的特點，這都是菩提自性的作用。如如不動是指它的體，朗照無住是指它的用，這是從菩提自性的體和用來建立定慧。

當我們講到慧具有的朗照無住的特點時，沒有離開定的如如不動之體。而講到定具有的如如不動的特點時，也包含慧的朗照無住的作用。所以，兩者是攝體歸用。了知其中原理，依此修行，就能在習定的同時修慧，在修慧的同時習定。

各位修道者，你們不要認為，先修定再發慧，或是先發慧再修定，就覺得定和慧是不一樣的。

如果認為定和慧是不同的，是把一體無別的法當做二元對立的。同時也說明，你們雖在嘴上說著定慧，內心並沒有真正通達定慧的實質，雖說也在修定，也在修慧，卻不能將定和慧融會貫通起來。

如果在見地和心行上都能通達定慧，表裡如一，就能做到定慧等持。不必說頓教法門，即便在教下，真正通達之後，也是定慧等持的。當你具足般若智慧時，這個慧必然包含著定。離定無慧，離慧無定，怎麼能一分為二呢？

修行的關鍵，是自己體認定慧的一體無別，而不在於爭個先後次第。如果總是執著於先修什麼後修什麼，其實還沒有入道，還是在迷惑中。因為沒有證到一體的定慧，內心就會有人我之別，有勝負之心。修來修去，還是離不了我、人、眾生、壽者四相。

善知識！定慧猶如何等？猶如燈光。有燈即光，無燈即暗。

燈是光之體，光是燈之用。名雖有二，體本同一。

此定慧法，亦復如是。

接著，六祖給我們舉了一個精采的比喻。善知識，定和慧的關係就像什麼？就像燈和光。我們知道，有燈就有光明，無燈就是黑暗。

燈和光的關係又是什麼？燈是光的體，因為有燈而能發光；而光是燈的用，離開這個作用，燈對我們就失去意義了。所以，雖然燈和光有兩個名稱，從本質而言，卻是同一個東西。

定和慧也是同樣。定是慧之體，慧是定之用，兩者的關係猶如燈和光，名稱雖不同，實質卻是相同的。

二　一行三昧

師示眾云：善知識！一行三昧者，於一切處行住坐臥，常行一直心是也。《淨名經》云：直心是道場，直心是淨土。莫心行諂曲，口但說直，口說一行三昧，不行直心。但行直心，於一切法勿有執著。迷人著法相，執一行三昧，直言常坐不動，妄不起心，即是一行三昧。作此解者，即同無情，卻是障道因緣。

善知識！道須通流，何以卻滯？心不住法，道即通流。心若住法，名為自縛。若言常坐不動是，只如舍利弗宴坐林中，卻被維摩詰訶。

善知識！又有人教坐，看心觀靜，不動不起，從此置功。迷人不會，便執成顛，如此者眾。如是相教，故知大錯。

其次，說明一行三昧的問題。這是一種最高的禪定，也叫真如三昧。《文殊師利所說摩訶般若波羅蜜經》對它的定義是：「法界一相，繫緣法界，是名一行三昧。」世界是千差萬別的，而法界卻是一相的。以法界為所緣，直接體認這個法界，就叫一行三昧。經中還說：「入一行三昧者，盡知恆沙諸佛法界無差別相。」如果體認到一行三昧，就能了知恆河沙數諸佛所證得的法界無差別相。因為法界的本質就是空性，是無差別的。所以說，一行三昧就是證得空性、證得真如的一種大定。

師示眾云：善知識！一行三昧者，於一切處行住坐臥，常行一直心是也。

六祖對大眾開示說：善知識，所謂一行三昧，就是在一切時、一切處、一切行住坐臥中，時時都能安住於法界，安住於真如，安住於菩提自性。此處，以行住坐臥四威儀表示一切行為，延伸開去，也包括一切起心動念。

《淨名經》云：直心是道場，直心是淨土。

莫心行諂曲，口但說直，口說一行三昧，不行直心。

但行直心，於一切法，勿有執著。

迷人著法相，執一行三昧，直言常坐不動，妄不起心，即是一行三昧。

作此解者，即同無情，卻是障道因緣。

善知識！道須通流，何以卻滯？

《淨名經》，即《維摩詰所說經》，此句出自「菩薩品」。《淨名經》說：直心就是道，是本來清淨的覺性。能夠安住於直心，當下就是清淨的佛土。

千萬不要內心曲意逢迎，只是嘴上說著直心，說著一行三昧，實際卻根本不去踐行，那就會流於口頭禪。這裡有兩種情況，一是只想說說，並沒有準備去做；二是的確想做，但因為種種原因做不起來。對多數人來說，這種禪定確實入處太高。禪宗之所以容易流於口頭禪，原因就是大家搆不著，最後只好說說過癮。

如果能安住於覺性，對一切法就不會產生執著了。因為覺性具有無住的特點，無住，自然就不會染著。

愚癡者執著修行的外在形式，執著一行三昧，卻不能正確認識其中內涵。他們常常以為，端坐一處，什麼都不想，什麼念頭都不起，就是一行三昧了。這是一種較為普遍的誤解。

六祖對這一現象作了批評：如果執著這個觀點，是把有情等同於無情，根本不是一行三昧，反而是障道因緣。因為什麼都不想還是在妄識層面，屬於迷妄狀態，而一行三昧是正受，是無住而了了分明的，同時也不妨起心動念。

善知識，菩提自性是能生萬法、妙用無窮的，其存在不拘一格，又能顯現一切形相，絕不是像木頭那樣停滯不動。這就是道的特點。怎麼可以執著某種狀態是道呢？有人以為，道必然是安靜的，或是莊嚴的，或是空的，或是有的，但這只是他們的想像而已。事實上，不可執著任何一種形式是道。只要落入某個固定的相，就不是道的本來狀態。

心不住法，道即通流。心若住法，名為自縛。

若言常坐不動是，只如舍利弗宴坐林中，卻被維摩詰訶。

善知識！又有人教坐，看心觀靜，不動不起，從此置功。

迷人不會，便執成顛，如此者眾。如是相教，故知大錯。

只有當心無所住的時候，道才能展現這種活潑潑的特徵，展現它的無量妙用。如果心有所住，就會被所緣境束縛，無法認識真正的道。就像世間的人，或執著於感情，或執著於財富，或執著於地位，無論執著什麼，什麼就會成為他的枷鎖。

六祖告誡大眾說：如果認為坐著不動就是修行，就是修一行三昧，那麼就像舍利弗在林中宴坐那樣，反而會被維摩詰批評。

這一典故出自《維摩詰所說經．弟子品》，經中，維摩詰對舍利弗開示說：「不必是坐為宴坐也。夫宴坐者，不於三界現身意，是為宴坐。不起滅定而現諸威儀，是為宴坐。不捨道法而現凡夫事，是為宴坐。心不住內亦不在外，是為宴坐。於諸見不動而修行三十七品，是為宴坐。不斷煩惱而入涅槃，是為宴坐。若能如是坐者，佛所印可。」可見，道是沒有固定形式的，不可執著任何形式為道。只要有執著，恰恰就會使我們為其所縛。

六祖進一步指出：善知識，還有人教授靜坐，認為禪修就是讓身心處於絕對安靜的狀態，一動不動，沒有任何念頭現起，以此作為用功方式。事實上，執著靜也是不對的，最多只能得到一些定力，並不是佛法修行的目的。

迷者因為見不到覺悟本體，就會執著所謂的靜，執著什麼都不想的狀態，最終成就的還是顛倒妄想。事實上，持此觀點乃至依此實踐者大有人在，可以說是關於禪修最為普遍的誤解。如果以這樣的方式教導禪修，將會斷送自己乃至他人的法身慧命，鑄成大錯。

三　禪門三大要領

師示眾云：善知識！本來正教無有頓漸，人性自有利鈍。迷人漸修，悟人頓契。自識本心，自見本性，即無差別，所以立頓漸之假名。

善知識！我此法門，從上以來，先立無念為宗，無相為體，無住為本。無相者，於相而離相。無念者，於念而無念。無住者，人之本性，於世間善惡好醜，乃至冤之與親，言語觸刺欺爭之時，並將為空，不思酬害。念念之中，不思前境。若前念今念後念，念念相續不斷，名為繫縛。於諸法上，念念不住，即無縛也。此是以無住為本。

善知識！外離一切相，名為無相。能離於相，即法體清淨。此是以無相為體。

善知識！於諸境上心不染，曰無念。於自念上，常離諸境，不於境上生心。若只百物不思，念盡除卻，一念絕即死，別處受生，是為大錯，學道者思之。若不識法意，自錯猶可，更誤他人。自迷不見，又謗佛經。所以立無念為宗。

善知識！云何立無念為宗？只緣口說見性，迷人於境上有念。念上便起邪見，一切塵勞妄想從此而生。自性本無一法可得。若有所得，妄說禍福，即是塵勞邪見。故此法門立無念為宗。

善知識！無者無何事？念者念何物？無者無二相，無諸塵勞之心。念者念真如本性。真如即是念之體，念即是真如之用。真如自性起念，非眼耳鼻舌能念。真如有性，所以起念。真如若無，眼耳色聲當時即壞。

善知識！真如自性起念，六根雖有見聞覺知，不染萬境，而真性常自在。故經云：能善分別諸法相，於第一義而不動。

在闡述定慧一體及一行三昧後，六祖為大眾指出了頓教修行的三大要領，即「無念為宗，無相為體，無住為本」。可以說，這是對宗下最精闢的歸納。那麼，又該如何認識這個無念、無相和無住呢？

> 師示眾云：善知識！本來正教無有頓漸，人性自有利鈍。
>
> 迷人漸修，悟人頓契。
>
> 自識本心，自見本性，即無差別，所以立頓漸之假名。
>
> 善知識！我此法門，從上以來，先立無念為宗。
>
> 無相為體。

六祖對大眾開示說：善知識，修行所要體悟的覺性，其實是沒有頓漸之分的。之所以會有頓漸的差別，只是因為人的根機有利有鈍。

鈍根者只能通過漸修的方式，有次第地步步向前，而利根者可以用最快速度契入覺性。因為各人的修行起點不同，迷悟程度不同，所以根機就會有利有鈍。但不管是漸修還是頓入，只是手段上的差別，而不是覺性本身的差別，不是法的差別。

如果能見到心的本來面目，見到內在的菩提自性，就會知道這一切是無差別的。所以說，頓教和漸教的名稱，只是假名安立而已。在究竟意義上，是無所謂頓漸之分的。

這一段提出禪門修行的三大要領，並作了精闢闡述：善知識，我所說的頓教法門，從歷代祖師傳來時，就是以證得無念的心體為宗旨。這個無念心體即般若三昧。般若系的修行是通過開顯智慧而抵達彼岸，目標和禪宗是一致的。不同在於，般若系的修行是由緣起性空認識中道，而禪宗則是引導我們直接體認般若。

無念的心體是沒有形狀，也沒有顏色的，故說以無相為體。換言之，無念的心體還具有無相的特徵，超越世間一切差別，也超越一切二元對立的相。它不以任何相狀出現，但也不是什麼都沒有，而是一種超越空有的存在。

無住為本。

無相者，於相而離相。

無念者，於念而無念。

無住者，人之本性，於世間善惡好醜，乃至冤之與親，言語觸刺欺爭之時，並將為空，不思酬害。

無住是顯示無念心體的作用，其特點為不染著，即《金剛經》所說的「菩薩不住色生心，不住聲香味觸法生心」。如何才能做到這一點？前提就是體認到空性。當我們安住於無念的心體，自然就具備無住的作用。前面說到，摩訶般若含藏一切法，能生一切法，同時又具有朗照無住的功能，所以無住就是無念心體的作用。

無相，是在相上超越對相的執著，直接體認相背後的無相。無相是相對有相而言，我們說到有和空的時候，很容易將兩者對立起來，以為空是在有之外，或者把有毀壞之後才是空。這種空，不是佛教所說的空；這種無相，也不是佛教所說的無相。《壇經》開示的無相，既沒有離開一切相，也不執著於一切相，是在相的當下體認無相的心體。

無念也不是一般人所理解的，什麼都不要想，其實這還是妄識層面的造作。《壇經》所說的無念，是透過念頭，直接體認無念的心體。也就是說，念和無念可以同時並存。無念的心體沒有離開念頭，事實上，它就在念頭的背後。當我們體認到無念的心體，在起心動念時，就能心無所住。

無住的修行，必須以空性見為基礎，認識到世間的善惡、美醜、冤親，乃至語言衝突和相互鬥爭，一切的一切，從本質上說都是空的，無自性的，都是因緣的假相。既然是假相，就像演戲一樣，沒必要斤斤計較，錙銖必究了。

念念之中，不思前境。若前念今念後念，念念相續不斷，名為繫縛。

於諸法上，念念不住，即無縛也。

此是以無住為本。

善知識！外離一切相，名為無相。

能離於相，即法體清淨。此是以無相為體。

善知識！於諸境上心不染，曰無念。

如果這種認識只是停留在思惟上，不會有多少力量。如果我們通過觀修，真正體認到空性智慧，就能在每個念頭生起時安住當下，而不是沿著思惟慣性，繼續糾纏於之前的境界。因為心有攀緣的習慣，只要對境界還有執著，就會黏上去，由前一念帶起這一念，這一念引發後一念，念念相續，不絕如縷。從而使心被念頭綁住，被所緣綁住，這就稱之為繫縛。

當我們認識到世間的善惡、好醜、冤親等一切法的本質都是空的，無自性的，進而引發內在觀照，就能在每個念頭生起的當下，了了分明而不追逐，心就不會被境界綁住。

此，即以上所說的兩點：一是認識到諸法都是空無自性的，二是具備念念不住的覺照力。倘能如此，就是以無住為本，這也是禪宗修行的著力點。以上，對無念、無相、無住作了簡單介紹，接著對三大綱領進行深入闡述。

善知識，在面對一切相的同時，又能超越一切相的顯現和差別，就稱為無相。所以，無相不是沒有相，而是不為相所轉。

因為遠離對相的執著，不被相的種種變化所染污，就能證得諸法實相。這是以無相為體。反之，只要陷入對相的執著，哪怕只有一點，心就會被遮蔽，體認不到無相的心體。

善知識，面對一切順逆境界的時候，內心不再有任何染著，就叫做無念。這個無念不是沒有念頭，更不是一無所知，而是不起貪嗔，沒有染著。

於自念上，常離諸境，不於境上生心。

若只百物不思，念盡除卻，一念絕即死，別處受生，是為大錯，學道者思之。

若不識法意，自錯猶可，更誤他人。自迷不見，又謗佛經。所以立無念為宗。

善知識！云何立無念為宗？只緣口說見性，迷人於境上有念。念上便起邪見，一切塵勞妄想從此而生。

在當下的每個念頭中，能對境界保持觀照，不由此生起染著。對於凡夫來說，面對種種境界時，總會生起相應的染著，因為喜歡而生貪，因為討厭而起嗔，這就不是無念而是失念了。唯有安住於無念的心體，心才會像鏡子一樣，物來影現，物去歸空，只是自然反應而已。

如果一味追求什麼都不想的境界，斷除所有念頭，心就死掉了，這是落入修行歧途。在禪宗看來，這種做法是大錯而特錯的。因為這並不是六祖所說的「無念」，而是妄識層面的造作，即使坐得再久，也不能開發覺性，導向智慧。對於這種錯誤觀念，修道者要特別謹慎。

如果不能正確認識佛法真義，自己錯了還是小事，再以這樣的邪見引導別人，就是自誤誤人，罪加一等。不但自己不能見性，同時還誹謗佛經，造作極大惡業。祖師為了糾正這樣的誤解，特別立無念為宗。

無念是《壇經》的核心內容，所以，六祖還要繼續消除我們對無念的誤解。善知識，什麼是立無念為宗？有些人只是嘴上說著見性，面對境界時，還是缺乏智慧觀照，隨著無明煩惱的串習，虛妄分別，產生種種邪知邪見，一切塵勞妄想從此產生。

自性本無一法可得。

若有所得，妄說禍福，即是塵勞邪見。故此法門立無念為宗。

善知識！無者無何事？念者念何物？

無者無二相，無諸塵勞之心。

念者念真如本性。真如即是念之體，念即是真如之用。

真如自性起念，非眼耳鼻舌能念。

我們要證得的菩提自性，其實是無一法可得的，否則就是世間的有為法，而不是出世間的無為法了。正如佛陀在《金剛經》所說：「我於阿耨多羅三藐三菩提，乃至無有少法可得，是名阿耨多羅三藐三菩提。」

如果認為自己得到什麼，胡說什麼禍福之事，都是邪知邪見，是在迷妄而非覺醒的狀態。所以，頓教法門立無念為宗，讓我們透過念頭，直接體認無念的心體，而不是壓制或滅除念頭。

那麼，無念的「無」，所無的是什麼？無念的「念」，所念的又是什麼？

所謂無，無的就是美醜、好壞等一切法的差別相，以及由五欲塵勞生起的種種妄心。講到摩訶般若曾經說到，般若心體就像虛空一樣，沒有任何外在相狀，同時也沒有與外境相應的塵勞之心。

所謂念，就是念真如本體，這是最為究竟的正念。那麼，正念和真如究竟是什麼關係？這裡所說的正念，就是般若智慧，而不是意識層面的念頭。這個真如就是正念的體，而正念則是真如產生的作用，進而又能幫助我們體認真如。所以，真如和正念是體用的關係。雖然在作用上有體有用，但本質上還是一個東西。

真如本體生起的正念，不是眼、耳、鼻、舌的作用，而是真如直接在生命中產生的作用。凡夫的生命也沒有離開真如，但它所顯現的，是真如被無明扭曲後產生的妄用。只有見性之後，才能轉為正用。

真如有性，所以起念。真如若無，眼耳色聲當時即壞。

真如具有覺性，蘊含能動的作用，自覺的作用，所以能生起正念，出生萬法。這是宇宙最原始的能動性，正因為這種能動性，宇宙才是活的。如果沒有真如的能動作用，眼、耳、鼻、舌這些色法立刻就會失去生命力。

善知識！真如自性起念，六根雖有見聞覺知，不染萬境，而真性常自在。

六祖進一步告訴我們：善知識，直接從真如覺性產生的正念，表現在六根上有見聞覺知的作用，但這種作用不會染著任何境界，是自在無礙的，不會喜歡此而排斥彼，也不會看到局部而不見整體。

我們每天都在見聞覺知，這種見聞覺知雖不是覺性的作用，卻沒有離開覺性。這就是禪宗所說的「即此見聞非見聞」，是這個見聞覺知，又不是這個見聞覺知。為什麼？因為現在的見聞覺知是無明的作用，但其原始能量來自覺性。如果見聞覺知沒有陷入無明，就是覺性的作用。反之，就不是覺性的作用。雖然不是，但沒有離開覺性。

故經云：能善分別諸法相，於第一義而不動。

這句經文出自《維摩詰所說經》。所以佛經中說：佛菩薩善於分別一切法相，能夠妙用無方，同時又能安住於空性，如如不動。這種動和靜是完全不相妨礙的，只是隨因緣而顯現。

用語言解說無念、無相、無住，所能傳達的內涵非常有限。說得再多，也只是標月指，不是月亮本身，更不能代替誰看見。唯有通過實修，才能自己在心行上有所體認。所以，六祖接著為大眾開示了如何禪修的要領。

【坐禪品第五】

見性需要實證，這就離不開禪修。教下的坐禪，從坐姿到用心都有一定之規。那麼，頓教法門又是採用什麼方法呢？這些方法和教下有多少差異呢？

一　如何坐禪

師示眾云：此門坐禪，元不著心，亦不著淨，亦不是不動。若言著心，心元是妄。知心如幻，故無所著也。若言著淨，人性本淨。由妄念故，蓋覆真如，但無妄想，性自清淨。起心著淨，卻生淨妄。妄無處所，著者是妄。淨無形相，卻立淨相，言是工夫。作此見者，障自本性，卻被淨縛。

善知識！若修不動者，但見一切人時，不見人之是非善惡過患，即是自性不動。

善知識！迷人身雖不動，開口便說他人是非長短好惡，與道違背。若著心著淨，即障道也。

在第一部分，六祖直截了當地指出了此門坐禪的要領。

師示眾云：此門坐禪，元不著心，亦不著淨，亦不是不動。

六祖對大眾開示說：頓教法門的禪修特點，不必攝心一處，也不必執著清淨的所緣，但又不是完全不動。禪修通常是選擇一個所緣境，或專注於呼吸，或專注於佛像，或專注於身受心法四念處等，屬於有所止。而頓教法門的坐禪屬於無所止，不選擇具體物件作為心的所緣，並超越對一切現象的執著，直接安住於覺性。

若言著心，心元是妄。知心如幻，故無所著也。

如果說執著於某個心念，但心念本身是虛妄的。正如《金剛經》所說：「過去心不可得，現在心不可得，未來心不可得。」因為心念是緣起的產物，一旦觀照自己的心，會發現它如幻如化，了不可得，實在沒什麼可執著的。若有所著，那都是妄想。

若言著淨，人性本淨。由妄念故，蓋覆真如，但無妄想，性自清淨。

起心著淨，卻生淨妄。妄無處所，著者是妄。

淨無形相，卻立淨相，言是工夫。作此見者，障自本性，卻被淨縛。

善知識！若修不動者，但見一切人時，不見人之是非善惡過患，即是自性不動。

善知識！迷人身雖不動，開口便說他人是非長短好惡，與道違背。

若著心著淨，即障道也。

如果說要安住於某個清淨的所緣——其實，菩提自性本來就是清淨的，只是因為種種煩惱妄想，才會遮蔽真如。只要不再現起妄想，還有什麼比這更清淨的呢？何必另外再去著淨？正如古德所說的那樣：「至道無難，唯嫌揀擇。」至道本來不難，因為有了妄想分別，才使我們與道漸行漸遠。

我們想要執著一個清淨的境界，這個執著本身就是妄想，是不清淨的。但妄想也是沒有根的，只是因為執著，才使妄想得以存在。執著越深，妄想就越發得到強化，得到支持。一旦放下執著，妄想就會失去依託基礎，不攻自破了。

菩提自性是清淨的，這種清淨並沒有固定的外在形相。如果我們執著有個清淨的形式，以為這才是修行，才是在做工夫。那麼，這種認識恰恰障礙了覺性的顯現，恰恰會使我們為其束縛。所以，頓教的坐禪不可以著心，不可以著淨，也不可以執著坐相，而是要直接體認覺性。

善知識，修習覺性者，在面對一切人的時候，雖然看得清清楚楚，但不會帶著固有標準去評判他們的是非善惡，不會與此相應，也不會受其影響，這就是覺性具有的如如不動的特點。而對常人來說，往往帶著這樣那樣的標準待人接物，或喜歡，或討厭，或貪戀，或排斥，總是隨境而轉。

善知識，那些沒有體認覺性的人，雖然經常打坐，身體是靜止不動的，但內心卻動盪不安，充滿人我是非，所以開口就會議論他人的是非、長短、善惡，總是有話要說，有想法要表達，這完全是與修道相違背的。

總之，不論是執著心還是執著淨，都會成為障道的因緣。

關於坐禪，禪宗有個著名的公案。馬祖道一到南嶽懷讓那裡去坐禪。懷讓見馬祖是個法器，就在一邊磨磚以激之。馬祖被吵得不行，就問：「你磨磚作什麼？」懷讓說：「要作鏡子。」馬祖說：「磨磚豈能作鏡？」懷讓說：「如果磨磚不能作鏡的話，枯坐怎能成佛？」此說與馬祖的想法差距甚大，就問：「那究竟應該怎麼做呢？」懷讓比喻說：「就像牛駕著車，如果車不走的時候，應該打車還是打牛呢？」馬祖豁然開朗。修行的關鍵在於見性，如果執著於坐相，一味在坐的本身下功夫，就像磨磚作鏡、棄牛打車一樣，是不可能成就的。

菩提自性是人人皆有的，不是靠硬修修出來的。只要因緣成熟，隨時隨地都可能開悟。所以，禪宗祖師的悟道因緣可謂多姿多彩。但這種開悟不是憑空而有的，是在座下綿密用心的結果。如果執著於某種形式才能見性，就會成為見性的障礙。

但在修行初期，不通過特定方式加以訓練，很難從固有串習中走出來。所以大家不要覺得以後就不必打坐，事實上，打坐也是說明見性的重要方式之一。我們的本師釋迦牟尼佛就是在菩提樹下由坐禪成就的，在禪宗祖師中，坐破蒲團的也大有人在。因此，我們要正確看待坐的問題，既不能忽略這個基礎，又不可執著於此。不是說必須在座上才能見性，關鍵是把這種用心延續到一切時、一切處，綿綿密密，功夫成片。

二　何為禪定

師示眾云：善知識！何名坐禪？此法門中，無障無礙，外於一切善惡境界心念不起，名為坐。內見自性不動，名為禪。

善知識！何名禪定？外離相為禪，內不亂為定。外若著相，內心即亂。外若離相，心即不亂。本性自淨自定，只為見境、思境即亂。若見諸境心不亂者，是真定也。

善知識！外離相即禪，內不亂即定。外禪內定，是為禪定。《菩薩戒經》云：「我本元自性清淨。」

善知識！於念念中自見本性清淨，自修自行，自成佛道。

接著，六祖以頓教的見地為我們闡述什麼是坐禪，什麼是禪定。

師示眾云：善知識！何名坐禪？此法門中，無障無礙，外於一切善惡境界心念不起，名為坐。內見自性不動，名為禪。

六祖為大眾開示說：善知識，什麼叫坐禪呢？在頓教法門中，坐禪沒有任何固定形式，也不會拘泥於某種威儀，只要心念不隨外在善惡境界而動，沒有染著，也不受干擾，就稱為「坐」。

向外，是不隨境而轉。向內，則要時刻體認覺性如如不動的特點，就稱為「禪」。也就是說，這個坐禪不是形式上的坐，不是身體在那裡端坐不動，而是心的安住。所以，行住坐臥的任何威儀都可以是「坐禪」。即便掄刀上陣，一樣可以心念不動。反之，只要起心動念，或不能體認覺性，即使正襟危坐，也不是真正的「坐禪」。

善知識！何名禪定？外離相為禪，內不亂為定。外若著相，內心即亂。外若離相，心即不亂。本性自淨自定，只為見境、思境即亂。若見諸境心不亂者，是真定也。

善知識！外離相即禪，內不亂即定。外禪內定，是為禪定。

《菩薩戒經》云：我本元自性清淨。

善知識！於念念中自見本性清淨，自修自行，自成佛道。

通常所說的禪定是心一境性，而《壇經》所說的禪定是一行三昧，是立足於覺性的修行。善知識，什麼叫做禪定？能夠超越對一切相的執著，就稱為「禪」。同時，內心不隨任何境界而動，不散亂，不攀緣，不動搖，就稱為「定」。

如果執著任何外在形相，執著是非好惡，內心就會散亂動盪。唯有超越一切外相，超越人為的標準和設定，才能超然物外，安住不動。

菩提自性是本來清淨、如如不動的，只是因為執著外境，才會有虛妄分別，使心隨境而轉。這種動亂屬於迷惑系統的作用，在它的背後，還有不動不亂的覺性。如果看到一切境界都了了分明而不受干擾，才是大定，是真正的定。

善知識，遠離對外相的執著就是禪，內心安住不動就是定。所以，禪側重向外，即外不染著；而定側重向內，即內不散亂。能夠外不染著而內不散亂，才可稱為禪定。

《菩薩戒經》說：我們的覺悟本體從來都是清淨的，不是因為修了什麼才清淨的。

六祖在結束關於坐禪的開示時，再次提醒大眾：善知識，修行要念念見到自己的本性，安住於此，自己去開顯，自己去保任，自己去圓滿，最終才能成就佛道。這件事沒有任何人可以代替，佛陀只是指引方向，師父只是傳授方法，但不能代替你去實踐。即使得佛接引，往生西方，還是要靠自己修行，才能花開見佛。

之前說到，頓教法門的修行是「唯論見性，不論禪定解脫」。所以，〈坐禪品〉講述的，並非通常意義上的坐禪或禪定，而是立足於至高的見地，處處以本分事相見，處處從見性的角度契入。在這個層面來說，修行難的不是做什麼，而是不做什麼。或者說，做什麼的目的，最終是為了不做什麼。而不做什麼的前提，是能夠見性，能夠外離相而內不亂。

【懺悔品第六】

懺悔是人格的清洗劑，也是佛教的重要修行內容。在無盡輪迴中，我們曾經造下無量罪業。僅僅這一生，因為貪嗔癡造作的不善行也難以計數。這些惡業不僅使我們倍受痛苦，更是學佛路上的重重障礙。懺悔就是掃除障礙的有力手段，可令重業轉輕，輕業消除，所以，佛教各個宗派都很重視這一修行，具體方法依各宗見地而有不同。《壇經》提供的懺悔方法，是立足於覺性，從根本上剷除惡業生起的基礎。

時，大師見廣韶洎四方士庶駢集山中聽法，於是升座告眾曰：「來，諸善知識！此事須從自性中起。於一切時，念念自淨其心，自修自行，見自己法身，見自心佛，自度自戒，始得不假到此。既從遠來，一會於此，皆共有緣，今可各各胡跪，先為傳自性五分法身香，次授無相懺悔。」眾胡跪。

時，大師見廣韶洎四方士庶駢集山中聽法，於是升座告眾曰。

時，類似佛經的一時，即那個時候。廣韶，廣州和韶州。洎，及。士庶，士人和普通百姓。駢集，聚集。那時，六祖看到從廣州、韶州及各地慕名而來的士人、百姓聚集到山中聞法，於是升座，告誡大眾說。

來，諸善知識！此事須從自性中起。

於一切時，念念自淨其心。

自修自行，見自己法身，見自心佛，自度自戒，始得不假到此。

既從遠來，一會於此，皆共有緣，今可各各胡跪，先為傳自性五分法身香，次授無相懺悔。眾胡跪。

此事，指懺悔。六祖對大眾說：來，各位善知識，應該如何懺悔呢？這件事必須從覺悟本體入手。通常所說的懺悔，主要是禮拜、誦經或依儀軌行之，而《壇經》提倡的懺悔，是自淨其心的無生懺。因為覺性具有解除一切煩惱的力量，能夠直接摧毀罪業依託的基礎。

在一切時，念念都要淨化自己的內心。這裡所說的自淨其心，是直接契入實相般若。如果還做不到，可以從觀照般若入手，保持覺知，念念相續，不使煩惱有可乘之機。

能夠按禪宗的見地不斷修行，就能見到自己的法身，見到內在的佛性，從而自我解脫，並自然具足戒行。這樣的話，你們才不算到這裡白來一趟。因為這是修行的根本大事。

既然你們遠道而來，相聚於此，都是多生累劫的善緣。現在大家各自跪下，先為你們傳授自性五分法身香，接著再授無相懺悔。大眾胡跪。

一 五分法身

師曰：「一戒香，即自心中，無非、無惡、無嫉妒、無貪嗔、無劫害，名戒香。

二定香，即睹諸善惡境相，自心不亂，名定香。

三慧香，自心無礙，常以智慧觀照自性，不造諸惡。雖修眾善，心不執著。敬上念下，矜恤孤貧，名慧香。

四解脫香，即自心無所攀緣，不思善，不思惡，自在無礙，名解脫香。

五解脫知見香，自心既無所攀緣善惡，不可沉空守寂，即須廣學多聞，識自本心，達諸佛理，和光接物，無我無人，直至菩提，真性不易，名解脫知見香。

善知識！此香各自內熏，莫向外覓。」

五分法身香，即聲聞成就的戒香、定香、慧香、解脫香、解脫知見香，以此五種功德法成就佛身而得名。在《壇經》中，六祖是從覺悟本體來建立五分法身。若能體認覺性，即得成就五分法身。

師曰：一戒香，即自心中，無非、無惡、無嫉妒、無貪嗔、無劫害，名戒香。

六祖說：第一是戒香。戒是防非止惡之義，要止息不善的言行，更要止息不善的心理。因為心才是行為的源頭，所以關鍵在於心而不是行。當我們在一切時保持觀照，內心自然沒有是非，沒有惡念，沒有嫉妒，沒有貪婪和嗔恨，沒有損害他人的想法，當下就具足戒香。

二定香，即睹諸善惡境相，自心不亂，名定香。

第二是定香，當我們安住於覺性產生的觀照力，即使面對種種善惡境界，內心也能如如不動，不隨外境左右，不再心生染著，這就是定香。

三慧香，自心無礙，常以智慧觀照自性，不造諸惡。雖修眾善，心不執著。敬上念下，矜恤孤貧，名慧香。

四解脫香，即自心無所攀緣，不思善，不思惡，自在無礙，名解脫香。

五解脫知見香，自心既無所攀緣善惡，不可沉空守寂，即須廣學多聞，識自本心，達諸佛理，和光接物，無我無人，直至菩提，真性不易，名解脫知見香。

善知識！此香各自內熏，莫向外覓。

第三是慧香。有了智慧觀照，就能了悟諸法實相，自然不會造作諸惡。因為了知一切都是因緣假相，本質都是空性，雖然修習種種善行，恭敬長輩，愛護晚輩，幫助孤苦貧窮的人，但又心不執著，這就是慧香。此處所說的慧包括體和用兩方面，不僅是證得空性的慧，也是安住於覺性的作用，所以能自利利他。

第四是解脫香，是偏向於空的智慧，能體認並安住於空性，就不會攀緣任何外境，不思善，不思惡，自在無礙，這就是解脫香。在我們的觀念中，修行就是要斷惡修善，這在學佛之初固然需要，但若始終執著於善惡的分別，即為法縛，也是不得解脫的。正是針對這一點，《壇經》兩次提到「不思善、不思惡」。這個不思，不是不辨善惡，更不是混淆善惡，而是安住於空性，超越善惡的二元對待。

第五是解脫知見香。解脫是偏於空的智慧，而解脫知見則有體有用。當我們證得覺性後，心已經不再攀緣外境，分別善惡，但不可一味沉溺於空性中，還要廣學多聞。既能了知心的本來面目，也能通達種種佛法義理，乃至世間的文化知識、風俗人情。在待人接物的過程中，才能和其光、同其塵，沒有我相人相，直至成就菩提，都能安住於覺性，如如不動，這就叫做解脫知見香。解脫香偏向根本智，而解脫知見香偏向後得智，都屬於覺悟本體的不同作用。

善知識，以上所說的五分法身香，你們需要從內心入手，由體認覺悟本體而成就，切勿向外尋覓。不能僅僅注重外在事相，覺得做了什麼就是在持戒，關鍵是剷除不良串習及人我是非的依託基礎，那就自然不會再犯戒了。這正是頓教修行所以快捷的原因所在，是由內而外，直接抓住了最根本處。

二 無相懺悔

今與汝等授無相懺悔，滅三世罪，令得三業清淨。

善知識！各隨我語，一時道：弟子等，從前念、今念及後念，念念不被愚迷染。從前所有惡業愚迷等罪，悉皆懺悔，願一時消滅，永不復起。弟子等，從前念、今念及後念，念念不被驕誑染。從前所有惡業驕誑等罪，悉皆懺悔，願一時消滅，永不復起。弟子等，從前念、今念及後念，念念不被嫉妒染。從前所有惡業嫉妒等罪，悉皆懺悔，願一時消滅，永不復起。善知識！已上是為無相懺悔。

云何名懺？云何名悔？懺者，懺其前愆。從前所有惡業，愚迷、驕誑、嫉妒等罪，悉皆盡懺，永不復起，是名為懺。悔者，悔其後過。從今以後，所有惡業，愚迷、驕誑、嫉妒等罪，今已覺悟，悉皆永斷，更不復作，是名為悔。故稱懺悔。凡夫愚迷，只知懺其前愆，不知悔其後過。以不悔故，前愆不滅，後過又生。前愆既不滅，後過復又生，何名懺悔？

第二部分是說明無相懺悔。

今與汝等授無相懺悔，滅三世罪，令得三業清淨。

六祖說：現在我為你們授無相懺，直接從體認覺性來懺悔，由此可以滅除過去、現在、未來三世的無量罪業，使身口意三業得以淨化。

善知識！各隨我語，一時道：弟子等，從前念、今念及後念，念念不被愚迷染。

善知識，你們都隨著我所說的一起發願：弟子等人，從前面的念頭、當下的念頭到後面的念頭，每一念都能保持觀照，不被愚癡和迷妄所染污。作為凡夫來說，當覺性觀照力尚未生起時，心很容易陷入無明煩惱，為其所染。所以六祖首先提醒大眾，須念念清明，念念不被愚迷染污。

從前所有惡業愚迷等罪，悉皆懺悔，願一時消滅，永不復起。

弟子等，從前念、今念及後念，念念不被驕誑染。從前所有惡業驕誑等罪，悉皆懺悔，願一時消滅，永不復起。

弟子等，從前念、今念及後念，念念不被嫉妒染。從前所有惡業嫉妒等罪，悉皆懺悔，願一時消滅，永不復起。

善知識！已上是為無相懺悔。

云何名懺？云何名悔？

懺者，懺其前愆。從前所有惡業，愚迷、驕誑、嫉妒等罪，悉皆盡懺，永不復起，是名為懺。

對無始以來造作的種種惡業和無明煩惱等罪，現在以至誠心共同懺悔，希望這些罪業徹底斷除，永遠不再生起。

驕誑，即驕傲和欺騙他人的心理，一旦生起，心就會本能地認定它、接受它並執以為我。所以六祖要我們發願：弟子等人，從前面的念頭、當下的念頭到後面的念頭，念念都能保持覺察和觀照，不被驕傲和欺誑心所染污。對無始以來由驕誑造作的種種罪業，現在以至誠心共同懺悔，希望這些罪業徹底斷除，永遠不再生起。

弟子等人，從之前的念頭、當下的念頭到後面的念頭，念念都能保持覺察和觀照，不被嫉妒心理所染污。對無始以來由嫉妒造作的種種罪業，現在以至誠心共同懺悔，希望這些罪業徹底斷除，永遠不再生起。

善知識，以上就是無相懺悔，是由安住覺性，了知罪性本空，直接體認罪業了不可得，從而完成懺悔的修行。可以說，這是一種最徹底的懺悔，是釜底抽薪式的。

那麼，究竟什麼叫做懺，什麼叫做悔呢？

所謂懺，就是懺除往昔的過失。包括曾經造作的一切身口意惡業，如愚迷、驕誑、嫉妒及由此產生的種種不善行，現在我們要徹底懺悔，永遠不讓這些不良心行在生命中出現，這就稱之為懺。

悔者，悔其後過。從今以後，所有惡業，愚迷、驕誑、嫉妒等罪，今已覺悟，悉皆永斷，更不復作，是名為悔。

故稱懺悔。

所謂悔，就是發願以後不再造作任何惡業。從今以後，讓心時時安住於覺性光明，徹底清除無始以來形成的愚迷、驕誑、嫉妒等不良串習，永不再造，這就稱之為悔。

所以說，懺除往昔惡業，並發願永不造惡，就稱為懺悔，兩者缺一不可。如果在懺罪的同時繼續造惡，就不是真切的懺悔了。

凡夫愚迷，只知懺其前愆，不知悔其後過。以不悔故，前愆不滅，後過又生。

前愆既不滅，後過復又生，何名懺悔？

此處，六祖特別提醒我們：凡夫因為愚癡迷妄，往往只知道懺除之前的過失，卻沒想到發願不再造惡。因為沒有對此產生警覺，前面所造的惡業尚未消除，後面的過失又接著產生了。因為「懺其前愆」對治的只是結果，是已經形成的惡業，而「悔其後過」則是從因上防範，是防患於未然的積極措施，也是究竟的解決方案。

如果前面的罪業尚未消除，後面的過失又產生了，這叫什麼懺悔呢？如果說是懺悔，那就是懺悔的輪迴，不斷在造業與懺悔中循環往復。

無相懺的重點，是直接立足於覺悟本體進行懺悔，所謂「罪從心起將心懺，心若滅時罪亦亡。罪亡心滅兩俱空，是則名為真懺悔」。在懺除前罪的同時，更要發願永不再造。這就必須安住於覺性，才能徹底擺脫無明迷妄，以及由此產生的不良心行。否則，在凡夫無明迷惑的系統中，想要不再造惡，是防不勝防的。

三　發四弘誓願

善知識！既懺悔已，與善知識發四弘誓願。各須用心正聽：自心眾生無邊誓願度，自心煩惱無邊誓願斷，自性法門無盡誓願學，自性無上佛道誓願成。善知識！大家豈不道眾生無邊誓願度？恁麼道，且不是惠能度。

善知識！心中眾生，所謂邪迷心、誑妄心、不善心、嫉妒心、惡毒心，如是等心盡是眾生。各須自性自度，是名真度。何名自性自度？即自心中邪見、煩惱、愚癡眾生，將正見度。既有正見，使般若智打破愚癡迷妄眾生，各各自度。邪來正度，迷來悟度，愚來智度，惡來善度。如是度者，名為真度。

又，煩惱無邊誓願斷，將自性般若智除卻虛妄思想心是也。又，法門無盡誓願學，須自見性，常行正法，是名真學。又，無上佛道誓願成，既常能下心，行於真正，離迷離覺，常生般若。除真除妄，即見佛性，即言下佛道成。常念修行，是願力法。

第三是發四弘誓願。這是一切菩薩初發心時必發的總願，所願廣大為弘，自製其心為誓，志求滿足為願，內容為「眾生無邊誓願度，煩惱無盡誓願斷，法門無量誓願學，佛道無上誓願成」。那麼，《壇經》又是如何闡述四弘誓願及其修行的呢？

善知識！既懺悔已，與善知識發四弘誓願，各須用心正聽。

六祖對大眾說：善知識，懺悔之後，接著我們一起來發四弘誓願，你們要認真聆聽。用心，就是與心相應，信受奉行，不僅僅是聽見聲音或聽懂意思而已。

自心眾生無邊誓願度，自心煩惱無邊誓願斷，自性法門無盡誓願學，自性無上佛道誓願成。

善知識！大家豈不道眾生無邊誓願度？恁麼道，且不是惠能度。

善知識！心中眾生，所謂邪迷心、誑妄心、不善心、嫉妒心、惡毒心，如是等心盡是眾生。

各須自性自度，是名真度。

何名自性自度？即自心中邪見、煩惱、愚癡眾生，將正見度。

既有正見，使般若智打破愚癡迷妄眾生，各各自度。

四弘誓願，是菩薩道修行的共同誓願，是大乘行者必須具備的願力。《壇經》中的四弘誓願，比通常所說的每句加了兩個字，分別是自心和自性。因為眾生和煩惱沒有離開我們的心，法門和佛道也沒有離開我們的自性，否則就沒有眾生可度，也沒有佛道可成。

善知識，大家都說眾生無邊誓願度，其實，並不是叫惠能來度。六祖在此說明的，是頓教「自性自度」之理。也就是說，每個人都是由體認覺性，完成生命的自我解脫。無論佛菩薩還是祖師，只是幫助我們證悟覺性的老師，但不能直接救度我們，更不能代替我們解脫。

心中眾生，就是眾生心，凡夫心。只要我們還是凡夫，就會有眾生心，即迷失覺性後產生的種種迷妄心理，包括邪迷、誑妄、不善、嫉妒、惡毒等。所有這些心理都是我們心中形形色色的眾生。如果沒有它們，我們就不是眾生而是佛菩薩了。

所以，度眾生首先要從內心入手，解除自身的不良心理，這才是真正的度眾生。如果不能度化這些眾生，又何以度化其他眾生？

什麼叫做自性自度？就是自己度化自己，以覺性完成自我解脫，以正見度化內心的邪見、愚癡、煩惱。無始以來，這些眾生和我們朝夕相處，不離不棄，所以首先要度化它們。

既然有了般若正見，就能以此破除愚癡迷妄的心理。這裡所說的眾生，就是一種眾生相，即以上指出的種種不良心理。當覺性智慧啟動時，這些心理就沒有立足之地了，就能一一得到度化。

邪來正度，迷來悟度，愚來智度，惡來善度。如是度者，名為真度。

又，煩惱無邊誓願斷，將自性般若智除卻虛妄思想心是也。

又，法門無盡誓願學，須自見性，常行正法，是名真學。

又，無上佛道誓願成，既常能下心，行於真正，離迷離覺，常生般若。除真除妄，即見佛性，即言下佛道成。

常念修行，是願力法。

如果內心有邪見，就以正見度化；如果內心有迷惑，就以覺悟度化；如果內心有愚癡，就以智慧度化；如果內心有惡念，就以善念度化。這才是真正的度化，不僅對內心的眾生有效，對外在的眾生同樣有效。此處，六祖以相對的二法，引導我們完成對治性的修行。但這只是方便，我們還應該領會《壇經》的不二之旨，在去除不善心行的同時，避免落入另一端的執著。

什麼叫煩惱無邊誓願斷？就是以自性本具的般若智慧，斷除種種妄念、思慮，這是一切煩惱的源頭。有道是，「天下本無事，庸人自擾之」。因為無明，我們的想法往往是顛倒錯誤的，結果就會越想越煩，越想越累。所以，斷除煩惱也要從這裡著手。

什麼叫法門無量誓願學？真正要學的就是見性。因為三藏十二部都是佛陀覺性海的流露，一旦見性，也就把握了一切法門的根本，時時與法相應，依法而行。如果僅僅停留在書本，停留在名相，那是把佛法當做知識來學，與修行了不相干。

什麼是佛道無上誓願成？成佛不是成就外在的什麼，而是體認內在的覺性。若能時時保持謙下之心，安住真實理地，超越迷妄和有造作的覺照，就能生起般若智慧。在學佛之初，有一個去妄存真的過程，但最終還是要超越真和妄的二元對待，既去除所謂的妄，也去除所謂的真，才能由此見到佛性。而在見到佛性的當下，就是證佛所證。

時時按此修行，才能真正實踐四弘誓願。在修行過程中，願力非常重要。保持願力，才能保持前行的方向，保持精進不懈的動力，否則很容易隨業流轉，不知去向，或是後繼乏力，半途而廢。

四 無相三皈戒

善知識！今發四弘願了，更與善知識授無相三皈依戒。善知識！皈依覺，兩足尊；皈依正，離欲尊；皈依淨，眾中尊。從今日去，稱覺為師，更不皈依邪魔外道，以自性三寶常自證明。勸善知識皈依自性三寶，佛者覺也，法者正也，僧者淨也。自心皈依覺，邪迷不生，少欲知足，能離財色，名兩足尊。自心皈依正，念念無邪見，以無邪見故，即無人我、貢高、貪愛、執著，名離欲尊。自心皈依淨，一切塵勞愛欲境界，自性皆不染著，名眾中尊。若修此行，是自皈依。凡夫不會，從日至夜，受三皈戒。若言皈依佛，佛在何處？若不見佛，憑何所歸？言卻成妄。

善知識！各自觀察，莫錯用心。經文分明言自皈依佛，不言皈依他佛。自佛不歸，無所依處。今既自悟，各須皈依自心三寶。內調心性，外敬他人，是自皈依也。

三寶有住持三寶、化相三寶、自性三寶之分。通常，是以佛陀、佛法及佛弟子作為三寶，或以佛像、經書、僧人作為三寶。但我們要知道，皈依的最終目的，不是尋找一個外在依靠。而是通過外在的三寶，幫助我們成就內在的三寶，也就是《壇經》所說的自性三寶。六祖為大眾傳授的，正是直接體認自性三寶的無相三皈。

善知識！今發四弘願了，更與善知識授無相三皈依戒。

六祖對大眾說：善知識，現在已經發了四弘誓願，接著還要再給各位傳授無相三皈戒。因為三皈是一切戒律的根本，在傳授五戒、八戒乃至沙彌戒、具足戒時，都要傳授三皈，從皈依獲得戒體。同時，三皈本身也包含戒的內容，即「皈依佛，終不皈依邪魔外道；皈依法，終不皈依外道典籍；皈依僧，終不皈依外道邪眾」。

善知識！皈依覺，兩足尊。

皈依正，離欲尊。

皈依淨，眾中尊。

從今日去，稱覺為師，更不皈依邪魔外道，以自性三寶常自證明。

勸善知識皈依自性三寶，佛者覺也，法者正也，僧者淨也。

自心皈依覺，邪迷不生，少欲知足，能離財色，名兩足尊。

自心皈依正，念念無邪見，以無邪見故，即無人我、貢高、貪愛、執著，名離欲尊。

佛是代表圓滿的覺悟，所以皈依佛就是皈依覺性。兩足尊為佛的尊號，因佛在兩足有情中最尊最貴而得名，同時也指福慧兩足等。

正就是正法、正道。皈依法就是皈依導向解脫的正道。通過修習正道，可以使我們遠離欲望，內心寂靜。

僧為清淨和合之意。皈依僧就是皈依僧人具有的清淨和合的品質。正是因為這種品質，他們才能續佛慧命，並作為人天師表，得到大眾的尊重敬仰。

從今天起，我們應該以佛陀證得的覺性為師，不再皈依邪魔外道，並時時體證自性三寶。只有這樣，才能因為對覺性的體認，對佛法生起堅定不移的信心，對人人本具成佛潛質生起堅定不移的信心。

希望各位善知識都能皈依自性三寶，佛是代表圓滿的覺悟，法是代表解脫的正道，僧是代表清淨的品質。

覺，是三世諸佛和一切眾生共同具有的平等覺性。我們在內心皈依覺性，以覺性為依止，以覺性為歸宿，自然不會產生邪見和迷惑。同時還能少欲知足，遠離對財富和色相的貪愛，所以被稱為兩足尊。

正，是導向解脫，導向菩提的正見。我們在內心皈依正見，安住於正見，自然念念沒有邪見，不會產生人相、我相，及貢高、貪愛、執著等種種煩惱，進而遠離所有的欲望和不良心理，所以被稱為離欲尊。

自心皈依淨，一切塵勞愛欲境界，自性皆不染著，名眾中尊。

若修此行，是自皈依。凡夫不會，從日至夜，受三皈戒。

若言皈依佛，佛在何處？若不見佛，憑何所歸？言卻成妄。

善知識！各自觀察，莫錯用心。

經文分明言自皈依佛，不言皈依他佛。自佛不歸，無所依處。

淨，就是清淨和合，既是僧人應有的品質，也是覺悟本體的特徵。我們在內心皈依清淨無染的覺性，自然不會被世間五欲塵勞的境界所染。因為身心清淨，就會受到大眾的尊重，所以被稱為眾中尊。

如果能夠這樣修行，就是皈依自性三寶。凡夫不懂得其中原理，不知佛法最終是指向內心，從早到晚只知向外求受三皈。須知，學法的重點不在別處，就在我們內心。無論是皈依三寶，還是聞思經教，目的都是說明我們瞭解自己，開發內在的自性三寶。如果偏離這個重點向外追逐，無疑是捨本逐末。

如果僅僅皈依外在的佛，那麼佛在哪裡？如果看不到佛，這個皈依憑什麼而建立？憑什麼對皈依物件生起信心？很容易成為一種說法。此處，六祖是針對多數人執著外在皈依而忽略內在三寶所說，是有針對性的。但我們千萬不要誤解祖師的用心，須知，忽略外在皈依同樣是會出問題的。不皈依外在三寶，不依法修學，又何以認識內在三寶？這是一個內外兼修的過程，不可偏廢。

善知識，大家要認真觀察皈依的真意所在，這樣才能瞭解修行的根本，千萬不要用錯了心。

經中分明說的是自皈依佛，沒有說皈依外在的佛。如果不皈依眾生本具的佛性，還有什麼是皈依處？僅僅祈求佛菩薩保佑，把佛菩薩當做偶像崇拜，是不可能因此解脫的。佛陀只是給我們指出修行的目標和方法，但不能代替我們修行，真正的解脫只能靠自己。

今既自悟，各須皈依自心三寶。內調心性，外敬他人，是自皈依也。

現在我們已經領悟到這一點，就要皈依自性三寶，向內調伏心性，向外恭敬他人，這才是真正的皈依。

調伏心性，是為了見到心的本來面目，這才是真正的皈依處。外敬他人，是因為一切眾生本來具足佛性。這是與十方三世諸佛同等的佛性，不因為現在是凡夫就減少一點，也不因為證得聖道聖果就增加一點。既然每個眾生都有佛性，難道我們不應該恭敬嗎？

五 自性三身佛

善知識！既皈依自三寶竟，各各志心，吾與說一體三身自性佛，令汝等見三身，了然自悟自性。總隨我道：於自色身皈依清淨法身佛，於自色身皈依圓滿報身佛，於自色身皈依千百億化身佛。

善知識！色身是舍宅，不可言歸。向者三身佛在自性中，世人總有。為自心迷，不見內性。外覓三身如來，不見自身中有三身佛。汝等聽說，令汝等於自身中見自性有三身佛。此三身佛從自性生，不從外得。

何名清淨法身佛？世人性本清淨，萬法從自性生。思量一切惡事，即生惡行。思量一切善事，即生善行。如是諸法在自性中，如天常清，日月常明，為浮雲蓋覆，上明下暗。忽遇風吹雲散，上下俱明，萬象皆現。世人性常浮游，如彼天雲。善知識！智如日，慧如月，智慧常明。於外著境，被妄念浮雲蓋覆自性，不得明朗。若遇善知識，聞真正法，自除迷妄，內外明徹，於自性中，萬法皆現。見性之人亦復如是，此名清淨法身佛。

善知識！自心皈依自性，是皈依真佛。自皈依者，除卻自性中不善心、嫉妒心、諂曲心、吾我心、誑妄心、輕人心、慢他心、邪見心、貢高心及一切時中不善之行。常自見己過，不說他人好惡，是自皈依。常須下心，普行恭敬，即是見性通達，更無滯礙，是自皈依。

何名圓滿報身？譬如一燈能除千年暗，一智能滅萬年愚。莫思向前，已過不可得。常思於後，念念圓明，自見本性。善惡雖殊，本性無二。無二之性，名為實性。於實性中不染善惡，此名圓滿報身佛。自性起一念惡，滅萬劫善因；自性起一念善，得恆沙惡盡。直至無上菩提，念念自見，不失本念，名為報身。

何名千百億化身？若不思萬法，性本如空。一念思量，名為變化。思量惡事，化為地獄。思念善事，化為天堂。毒害化為龍蛇，慈悲化為菩薩，智慧化為上界，愚癡化為下方。自性變化甚多，迷人不能省覺，念念起惡，常行惡道。回一念善，智慧即生。此名自性化身佛。

善知識！法身本具，念念自性自見，即是報身佛。從報身思量，即是化身佛。自悟自修，自性功德，是真皈依。皮肉是色身，色身是宅舍，不言皈依也。但悟自性三身，即識自性佛。

佛有法、報、化三身。法身，又名自性身或法性身，是諸佛所證的真如法性之身。報身，是諸佛福慧功德圓滿時所顯現的自受用內證法樂之身，亦是完成佛果之身。化身，又名應化身或變化身，是佛為了救度眾生而變化應現之身。從《壇經》的見地來看，三身佛都是覺悟本體的不同作用，是一體無別的。一旦證得覺性，即能成就三身。

善知識！既皈依自三寶竟，各各志心，吾與說一體三身自性佛，令汝等見三身，了然自悟自性。

總隨我道：於自色身皈依清淨法身佛，於自色身皈依圓滿報身佛，於自色身皈依千百億化身佛。

善知識！色身是舍宅，不可言歸。

六祖為大眾開示說：善知識，你們既然已經皈依了自性三寶，還須各自專心諦聽，我將為你們開顯三身佛實為一體的原理，使大家從自性認識法報化三身。也就是說，三身佛本來就在我們身心之內，而不是外在的，高高在上的。

你們跟著我一起說：於自己內在身心體認清淨法身佛，於自己內在身心體認圓滿報身佛，於自己內在身心體認千百億化身佛。

前面說到「於自色身皈依」，所以六祖又特別提醒我們說：善知識，我們這一期的色身就像房子，是有使用期限的，不能作為終極歸宿。所以，千萬不要以為皈依自性三寶就是皈依這個色身，那就大錯特錯了。

向者三身佛在自性中，世人總有。為自心迷，不見內性。外覓三身如來，不見自身中有三身佛。

汝等聽說，令汝等於自身中見自性有三身佛。此三身佛從自性生，不從外得。

何名清淨法身佛？世人性本清淨，萬法從自性生。思量一切惡事，即生惡行。思量一切善事，即生善行。

如是諸法在自性中，如天常清，日月常明，為浮雲蓋覆，上明下暗。

忽遇風吹雲散，上下俱明，萬象皆現。

世人性常浮游，如彼天雲。

法身、報身、化身從來就在我們的自性中。世人只是因為無明迷惑，不能從內心體認菩提自性，所以向外尋找三身如來。卻不曾看到，三身佛不在天邊，也不在大殿，而是每個生命本自具足的。

你們聽聞這一教法之後，就要向內心體認，見到自己本來具有的法、報、化三身佛。這個三身佛是從自性顯現的，不是向外求得的，也不是另外修成的。

什麼叫做清淨法身佛？法身偏向於空性，是世人本來具足的清淨覺性。它是本來清淨的，但又能從空出有，出生一切萬法。因為具有這個功能，所以，思惟一切惡事，就會生起惡行；思惟一切善事，就會生起善行。

雖然在意識層面是有善有惡的，但這只是迷惑系統的顯現。不論怎麼顯現，自性都是本來清淨的。就像萬里無雲的晴空，日月始終都是光明的，只是被浮雲遮蔽，才會形成上明下暗的狀況。

如果遇到一陣大風吹開烏雲，那就上下都是晴空，宇宙萬有，一切都能清晰地顯現出來。

凡夫被無明所惑，心性不定，忽明忽暗，就像布滿雲層的天際。雖然背後是湛然澄澈的虛空，但眼前看到的，卻是滿滿的烏雲。

善知識！智如日，慧如月，智慧常明。

於外著境，被妄念浮雲蓋覆自性，不得明朗。

若遇善知識，聞真正法，自除迷妄，內外明徹，於自性中，萬法皆現。

見性之人亦復如是，此名清淨法身佛。

善知識！自心皈依自性，是皈依真佛。

自皈依者，除卻自性中不善心、嫉妒心、諂曲心、吾我心、誑妄心、輕人心、慢他心、邪見心、貢高心及一切時中不善之行。

善知識，我們內在的智慧就像日月一樣，時時都在放光。就像地球有白天黑夜，但並不是因為太陽有明有暗，而是地球自轉和圍繞太陽公轉時產生的不同角度所造成。不論何時，太陽始終還是那個太陽，只是我們沒有看到而已。

我們的菩提自性時時都在六根門頭放光，只是因為心總在向外追逐，執著這樣那樣的境界，就被妄念的浮雲所遮蔽，使我們看不分明。

如果遇到明眼善知識，聽聞佛法真義，就有能力自己解除迷妄，明心見性。如此，身心內外將是一片光明，使自性的無量妙用都能顯現出來。

見性的人也是這樣，這就是清淨法身佛。也就是說，只要我們掃除迷惑，體認覺性，即可於自身成就清淨法身佛。

善知識，皈依這個清淨無染的自性，才是皈依真正的佛。佛陀對世界最大的貢獻，是發現一切眾生皆有如來智慧德相，並為我們指出開啟寶藏的方法。所以，皈依外在三寶的目的，正是為了破迷開悟，找到生命內在本自具足的究竟皈依處。

皈依自性，是要斷除由無明衍生的不善、嫉妒、諂曲、人我是非、欺誑妄語、輕慢他人、邪知邪見、貢高我慢及一切時中的不良行為，這些都是遮蔽自性光明的烏雲。只有驅散烏雲，才能使覺性大放光明，普照天地。

常自見己過，不說他人好惡，是自皈依。

常須下心，普行恭敬，即是見性通達，更無滯礙，是自皈依。

何名圓滿報身？譬如一燈能除千年暗，一智能滅萬年愚。

莫思向前，已過不可得。常思於後，念念圓明，自見本性。

善惡雖殊，本性無二。無二之性，名為實性。

於實性中不染善惡，此名圓滿報身佛。

經常觀察自己的過失，而不是帶著分別心，議論別人的是非曲直，才是自皈依。真正懂得修行的人，都是向內觀照的。如果拿著照妖鏡到處照別人，根本就沒找到修行的入手處。

常常保有謙下之心，對一切人常行恭敬，就能見到自己的覺悟本性，沒有任何滯礙，這就是自皈依。《壇經》中，六祖多處強調謙下的重要性。作為學佛人，要學會恭敬別人，這樣可以幫助我們去除我慢，弱化我執，有助於見性。

在《壇經》中，圓滿報身主要指的是智慧。什麼叫做圓滿報身？就像點亮一盞燈，就能驅除千年黑暗。當一念般若智慧在內心生起，就能滅除無始以來的無明愚癡。

我們不要追憶過去的事情，因為過去的一切都已經過去。關鍵是要觀照當下的每一念，不讓一念空過。這樣的話，就能念念安住於覺照，見到自己的清淨本性。

在意識層面雖然有善有惡，但在覺性層面是超越善惡的。因為一切法的本質都是空性，所以超越善惡，超越一切二元對待，這就叫做諸法實相。

這個安住於覺性的般若智慧，是不會被善惡諸法染污的，就稱為圓滿報身佛。六祖在另一處也講到三身：「清淨法身，汝之性也；圓滿報身，汝之智也；千百億化身，汝之行也。」清淨法身指的是空性，圓滿報身指的是智慧，千百億化身指的是行為。我們真正體認到般若智慧，即成就圓滿報身。

自性起一念惡，滅萬劫善因；自性起一念善，得恆沙惡盡。

直至無上菩提，念念自見，不失本念，名為報身。

何名千百億化身？若不思萬法，性本如空。一念思量，名為變化。

思量惡事，化為地獄。思念善事，化為天堂。

毒害化為龍蛇，慈悲化為菩薩，智慧化為上界，愚癡化為下方。

自性變化甚多。

如果迷失自性，哪怕只是生起一念之惡，也會障礙萬劫以來的善因。如果安住清淨自性，哪怕只是生起一念之善，也將滅除恆河沙數的惡因。

從現在起直到無上菩提，念念都能見到覺悟本體，安住於覺悟本體，不迷失覺悟本體，就叫做圓滿報身。

什麼叫做千百億化身？主要是指意識行為。如果不去分別萬法，覺性本身是空寂的。但只要生起一念妄想分別，意識就會發展出善惡諸法，以及世間的一切變化。

我們想到惡事的時候，就會招感地獄的顯現；我們想到善事的時候，就會招感天堂的顯現。生活中，我們應該有這樣的經驗：當內心充滿嗔恨等負面心理時，那種痛苦折磨，何異地獄？而當內心充滿慈悲等正面心理時，那種歡喜、祥和、調柔，就如身處天堂。

我們產生毒害之心的時候，就會化身為龍蛇；生起慈悲之心的時候，就會化身為菩薩；具足智慧的時候，就會成就聖賢的品質；愚癡不化的時候，就會轉化為六道眾生。這個化，不是說色身立刻就變成龍蛇，而是各種心行最終會成就相應的品質。

覺性能生萬法。對凡夫來說，一旦迷失本性，就會產生種種妄想，引發種種行為，進而帶來與此相應的生命結果。佛菩薩證得根本智後，會進而成就差別智，隨類化身，示現無量方便，這都屬於千百億化身。包括佛陀開示八萬四千法門，觀音菩薩三十二應，都沒有離開覺性的作用。

迷人不能省覺，念念起惡，常行惡道。回一念善，智慧即生，此名自性化身佛。

善知識！法身本具，念念自性自見，即是報身佛。從報身思量，即是化身佛。

自悟自修，自性功德，是真皈依。

皮肉是色身，色身是宅舍，不言皈依也。但悟自性三身，即識自性佛。

愚癡者不能了知其中真義，念念都會生起不良心理，由此發展出我執煩惱，從而與惡道相應。一旦回觀返照，體認內在覺性，智慧由此產生，這就叫做自性化身佛。

善知識，在法報化三身中，法身是本來具足的。如果能在念念中見到自己的覺悟本體，就屬於報身佛。從報身的智慧中，針對眾生差別演說種種法門，示現種種身相，就屬於化身佛。

能夠自己證悟、修習並成就覺性所具足的功德，才是真正的皈依。佛教不同於神教，皈依不是為了找一個外在的依靠，而是由此成就佛菩薩所具備的大慈悲和大智慧，是通過皈依成就自身本具的三寶。這樣的皈依，不僅需要信，更需要行，需要證。

但不要以為自性就是現前這個身體，皮肉構成的只是色身，只是我們此生居住的房舍，不能作為真正的皈依處。只有悟到自性顯現的法報化三身佛，才能體認自身本具的佛性。

六 無相頌

吾有一無相頌，若能誦持，言下令汝積劫迷罪一時消滅。頌曰：

迷人修福不修道，只言修福便是道。
佈施供養福無邊，心中三惡元來造。
擬將修福欲滅罪，後世得福罪還在。
但向心中除罪緣，各自性中真懺悔。
忽悟大乘真懺悔，除邪行正即無罪。
學道常於自性觀，即與諸佛同一類。
吾祖唯傳此頓法，普願見性同一體。
若欲當來覓法身，離諸法相心中洗。
努力自見莫悠悠，後念忽絕一世休。
若悟大乘得見性，虔恭合掌至心求。

師言：「善知識！總須誦取，依此修行。言下見性，雖去吾千里，如常在吾邊。於此言下不悟，即對面千里，何勤遠來？珍重，好去！」一眾聞法，靡不開悟，歡喜奉行。

接著，還是以一段「無相頌」作為本品的結束。

吾有一無相頌，若能誦持，言下令汝積劫迷罪一時消滅。
迷人修福不修道，只言修福便是道。
佈施供養福無邊，心中三惡元來造。
擬將修福欲滅罪，後世得福罪還在。
但向心中除罪緣，各自性中真懺悔。
忽悟大乘真懺悔，除邪行正即無罪。
學道常於自性觀，即與諸佛同一類。

六祖說：我有一首「無相頌」，如果能依此修行，當下就可令你們無始以來積集的罪業一起斷除。

愚癡者只是向外追求福報，卻不懂得體認內在覺性，甚至還說什麼修福就是修道。這是一種極大的誤解，自性若迷，福何可救？

雖然廣行佈施，廣修供養，積累了很多福報，也做了很多善行，卻不懂得改變內心，依然充滿貪嗔癡三毒，由此造作諸多惡業。現實中，這樣的情況大有人在，雖然樂於佈施供養，卻不願通過佛法調整心行，以為在吃喝玩樂的同時做一點好事，就是世間最完美的雙全法了。

還有人以為自己修了很多福報，可以因此抵消罪業。到了後世，福報固然在，罪業同樣也在。換言之，福報和罪業是無法互相取代的。在享受善業帶來的樂果時，也避免不了惡業帶來的苦果。

想要究竟解除罪業，關鍵是從內心認識除罪的緣，安住在覺性光明中，以此動搖罪業產生的根本，並發願永不再造，這才是真正的懺悔。

只有真正悟入大乘頓教法門後，才是至高無上的懺悔，進而斷除邪見，安住正見，常修正行，自然不再造作罪業。

學佛，關鍵是要時時體認並安住於覺性，這樣就能證佛所證，與三世諸佛心心相印。

吾祖唯傳此頓法，普願見性同一體。
若欲當來覓法身，離諸法相心中洗。
努力自見莫悠悠，後念忽絕一世休。
若悟大乘得見性，虔恭合掌至心求。

師言：善知識！總須誦取，依此修行。言下見性，雖去吾千里，如常在吾邊。於此言下不悟，即對面千里，何勤遠來？珍重，好去！

一眾聞法，靡不開悟，歡喜奉行。

禪宗歷代祖師所傳承的，就是這個直指人心的頓教法門，普願法界眾生都能因此明心見性，證得與諸佛共同的、無二無別的法身。

如果想要證得法身，就要超越對種種法相的執著，使內心由執著帶來的煩惱塵垢得以清洗。

在這個問題上，我們要常行精進，為見道不懈努力，千萬不要悠悠晃晃地過日子。一口氣不來，今生就沒有機會了。來生會去哪裡？我們一點把握都沒有。

若能悟入大乘頓教法門，即可明心見性。所以，我們要以虔誠心恭敬求法，有一分恭敬，就能得一分佛法利益。

六祖叮囑大眾說：善知識，對於這首偈頌內容，你們要認真誦讀並牢記，按照其中的指引修行。如果能夠言下見性，雖然離我有千里之遙，或是與我相隔千載，也等於常隨在我身邊。因為所證相同，所見相同，就不受時空阻隔。

如果聽聞後沒有任何領悟，沒有任何感覺，即使坐在我的對面，也是相隔千里，咫尺天涯，又何必那麼費力地遠道而來？請各位善自珍重，好好回去修行。

大眾聽聞六祖的開示之後，無不有所領悟，心生歡喜，發願依教奉行。

〈懺悔品〉中，六祖講述了五分法身、無相懺悔、四弘誓願、無相三皈戒、自性三身佛等修行內容。這些本是佛教的常規修行，但立足於覺性而修，就有了不同尋常的高度。我們學習《壇經》，重點是要瞭解它的見地，由此認識各個法門的內涵。事實上，不論什麼法門，只要立足於覺性，都會成為頓教法門。換言之，關鍵不是在於修什麼，而在於怎麼看，怎麼修。

【機緣品第七】

〈機緣品〉介紹的，是六祖接引弟子的一些典型案例。其中，有些是帶著問題，在六祖開導下疑惑頓消，明心見性。還有一些是已經開悟，來請六祖為之印證。這些案例不僅生動反映了六祖的教化特色，還針對具體問題闡述法義，對於我們深入理解《壇經》並依此修行，是大有啟發和幫助的。

一　接引無盡藏尼，說諸佛義理非關文字

師自黃梅得法，回至韶州曹侯村，人無知者。有儒士劉志略，禮遇甚厚。志略有姑為尼，名無盡藏，常誦《大涅槃經》。師暫聽，即知妙義，遂為解說。尼乃執卷問字。

師曰：「字即不識，義即請問。」

尼曰：「字尚不識，焉能會義？」

師曰：「諸佛妙理，非關文字。」

尼驚異之，遍告里中耆德云：「此是有道之士，宜請供養。」

有魏武侯玄孫曹叔良及居民競來瞻禮。時寶林古寺，自隋末兵火已廢。遂於故基，重建梵宇，延師居之。俄成寶坊。

師住九月餘日，又為惡黨尋逐。師乃遁於前山，被其縱火焚草木。師隱身挨入石中得免。石今有師趺坐膝痕及衣布之紋，因名避難石。師憶五祖懷會止藏之囑，遂行隱於二邑焉。

第一個事例，是對無盡藏比丘尼的開示，說法要義為「諸佛義理非關文字」。

師自黃梅得法，回至韶州曹侯村，人無知者。有儒士劉志略，禮遇甚厚。

六祖自黃梅五祖那裡得到頓教法門的傳承後，在獵隊躲了十多年，後來回到韶州曹侯村，人們都不瞭解他的身分和修為。當時有位叫劉志略的讀書人，對六祖很是恭敬和優待。

志略有姑為尼，名無盡藏，常誦《大涅槃經》。

師暫聽，即知妙義，遂為解說。尼乃執卷問字。

師曰：字即不識，義即請問。

尼曰：字尚不識，焉能會義？

師曰：諸佛妙理，非關文字。

劉志略有個姑姑出家為尼，名叫無盡藏，經常讀誦《大般涅槃經》。

六祖聽到無盡藏尼所誦的《涅槃經》後，立刻了知經中蘊含的深意，就為她解說法義。無盡藏尼就拿著經卷，向六祖請教《涅槃經》中不認識的字。

六祖說：字我是不認識的，義理方面有什麼不懂，可以問我。

無盡藏尼大為驚訝：文字尚且不認識，怎麼可能懂得其中奧義呢？其實，義理和文字雖然有關，但不是絕對的，就像智慧高低和讀書多少也沒有必然關係。雖然多數人是通過文字去領會義理，但也有些人可以通過其他方式了知。

六祖所以能一聞便知，一方面是因為宿根深厚，一方面是因為他已見性，這些義理都是他親證親見，有如探囊取物一般。即使有些經典以前未曾讀過，但佛佛道同，法法平等，在核心問題上都是相通的。

六祖告訴她說：諸佛所說的最高真理是超越文字的，不是必須通過文字來認識。我們知道，禪宗是佛陀在靈山會上拈花微笑，以此傳佛心印，而不是說上一大堆道理。當然，禪宗也不排斥文字。只是因為凡夫執著於文字相，尤其是學教的人，往往會把認知停留在義理而非實相。事實上，透過文字去認識法義，本身就有隔閡。古人也說：書不盡言，言不盡意。世間法尚且如此，何況是對無上真理，文字所能表達的就更為有限了。所以禪宗為了破除執著，會以更直接的教化方式進行引導。

尼驚異之，遍告里中耆德云：此是有道之士，宜請供養。

有魏武侯玄孫曹叔良及居民競來瞻禮。

時寶林古寺，自隋末兵火已廢。遂於故基重建梵宇，延師居之，俄成寶坊。

師住九月餘日，又為惡黨尋逐。師乃遁於前山，被其縱火焚草木。師隱身挨入石中得免。

石今有師趺坐膝痕及衣布之紋，因名避難石。

師憶五祖懷會止藏之囑，遂行隱於二邑焉。

耆德，年高德劭、素孚眾望者之稱。無盡藏尼大為驚訝，遍告當地有德者說：這位是得道之士，我們應該請他來加以供養。

當時有一位曹叔良，是魏武侯的玄孫，和當地百姓都來禮敬六祖。

俄，短時間。寶坊，對寺院的美稱。當時有座寶林古寺，經隋末兵火洗劫後已經廢棄。他們就在遺址上重新修建佛寺，請六祖前去住持。很快，寶林寺就成為重要道場了。

六祖在寶林寺住了九個多月，又被那些出於嫉妒而想加害他的惡黨追逐。所以就藏匿到前山中，不想，惡黨還在山中縱火焚燒草木。六祖躲入岩石縫隙隱身，才得以倖免。

岩石上至今還有六祖盤腿趺坐時留下的雙膝痕跡及衣服布紋，這塊石頭因此被稱為「避難石」。

邑，古代指縣。遭遇此事後，六祖想起當年五祖「逢懷則止，逢會則藏」的囑咐，就隱修於四會和懷集兩地。

二 接引法海，說即心是佛

僧法海，韶州曲江人也。初參祖師，問曰：「即心即佛，願垂指諭。」

師曰：「前念不生即心，後念不滅即佛。成一切相即心，離一切相即佛。吾若具說，窮劫不盡，聽吾偈曰：即心名慧，即佛乃定。定慧等持，意中清淨。悟此法門，由汝習性。用本無生，雙修是正。」

法海言下大悟，以偈贊曰：「即心元是佛，不悟而自屈。我知定慧因，雙修離諸物。」

第二個事例，是接引法海，教化內容是關於「即心即佛」的開示。法海是六祖的重要弟子之一，也是《壇經》的記錄者。在《壇經》的諸多版本中，最早傳世的就是「法海本」。

垂，敬辭，用於長者對自己的行動。指，同旨，意義。諭，使人知道。僧人法海是韶州曲江一帶的人，他初次參拜六祖時，請教說：「即心即佛究竟是什麼意思？請您給予指點，使我明白其中妙義。」

六祖開示說：前面這個念頭不攀緣，不黏著，念而無念，就是真心的作用。然後安住於這一狀態不迷失，不動搖，這個不生不滅的就是佛性的顯現。即心即佛正是這樣一個「心」，可我們現有的只是妄心、眾生心、凡夫心。在前念不生的基礎上，並非壓制覺性使之不起念，而是轉後念為道用，念念利益眾生，是為佛。

能夠成就一切相的，是心的作用，因為它能生萬法。如果在成就一切相的同時，又能離一切相，不住於一切相，就是佛性的作用。反之，凡夫在成一切相的同時，就會對相產生執著，此為妄心妄用。

僧法海，韶州曲江人也。初參祖師，問曰：即心即佛，願垂指諭。

師曰：前念不生即心，後念不滅即佛。

成一切相即心，離一切相即佛。

吾若具說，窮劫不盡，聽吾偈曰。

即心名慧，即佛乃定。

定慧等持，意中清淨。

悟此法門，由汝習性。

用本無生，雙修是正。

法海言下大悟，以偈贊曰：即心元是佛，不悟而自屈。

我知定慧因，雙修離諸物。

如果我要完整開顯其中原理，哪怕用長達一劫的時間也說不盡。下面還是聽我說一首偈頌。

即心的心，是慧的作用。因為心有抉擇、觀照、朗照無住的特點，所以這個心的當下就是慧。即佛的佛，為如如不動之意，這是定的特徵。所以，覺性具有定和慧的特點。從作用上，是慧的特點；從本體上，是定的特點。

等持，定的別名，心安住一境而平等相續。依《壇經》的見地，定和慧都是建立在覺悟本體上，如如不動的特點是定，朗照無住的特點是慧。當我們安住於覺悟本體，就同時具足了定和慧，並使這一狀態念念相續，內心自然清淨無染。

了悟「即心即佛」的頓教法門，需要有宿世修習的根機，否則是很難的。

即心即佛的心和佛，是本來具足，不生不滅的。二者同時具足，才是頓教法門所說的定慧。若有慧無定，即是狂慧；若有定無慧，定是愚定，即是有體無用。

法海聽到這首偈頌後大徹大悟，也說了一首偈頌加以讚歎。原來心的本質就是佛，我們沒能悟到心中這個本自具足的佛，實在是枉度人生。就像《法華經》說的貧女寶藏、力士額珠，我們本來都有無盡寶藏，卻一無所知，四處流浪乞討，豈不冤枉。

現在我瞭解到心的本質就是佛，就是定和慧建立的基礎。只有定慧雙運，才能完整認覺性，遠離一切迷妄和執著。

即心即佛，後來成為頓教一系重要的修行內容。馬祖接引學人，也是用「即心即佛」。大梅法常禪師得到這個指示，就住山參究去了。過了一段時間，馬祖派另一門人前去試探說：「馬祖現在說的是非心非佛，不是即心即佛了。」大梅的回答是：「任你們非心非佛，我只管即心即佛。」馬祖聽到這個回答後表示贊許，稱「梅子熟也」。其實，即心即佛或非心非佛都是方便說。把覺悟本體叫做心，或叫做佛，也都是假名安立，實質是「說似一物即不中」。

三　接引法達，說《法華經》開佛知見

僧法達，洪州人。七歲出家，常誦《法華經》。來禮祖師，頭不至地。

祖訶曰：「禮不投地，何如不禮。汝心中必有一物，蘊習何事耶？」

曰：「念《法華經》已及三千部。」

祖曰：「汝若念至萬部，得其經意，不以為勝，則與吾偕行。汝今負此事業，都不知過。聽吾偈曰：禮本折慢幢，頭奚不至地。有我罪即生，亡功福無比。」

師又曰：「汝名什麼？」曰：「法達。」

師曰：「汝名法達，何曾達法？」復說偈曰：「汝今名法達，勤誦未休歇。空誦但循聲，明心號菩薩。汝今有緣故，吾今為汝說。但信佛無言，蓮華從口發。」

達聞偈，悔謝曰：「而今而後，當謙恭一切。弟子誦《法華經》，未解經義，心常有疑。和尚智慧廣大，願略說經中義理。」

師曰：「法達，法即甚達，汝心不達。經本無疑，汝心自疑。汝念此經，以何為宗？」

達曰：「學人根性暗鈍，從來但依文誦念，豈知宗趣？」

師曰：「吾不識文字，汝試取經誦一遍，吾當為汝解說。」

法達即高聲念經，至譬喻品，師曰：「止！此經元來以因緣出世為宗，縱說多種譬喻，亦無越於此。何者因緣？經云：諸佛世尊唯以一大事因緣出現於世。一大事者，佛之知見也。世人外迷著相，內迷著空。若能於相離相，於空離空，即是內外不迷。若悟此法，一念心開，是為開佛知見。

佛猶覺也，分為四門：開覺知見，示覺知見，悟覺知見，入覺知見。若聞開示便能悟入，即覺知見，本

來真性而得出現。汝慎勿錯解經意，見他道開示悟入，自是佛之知見，我輩無分。若作此解，乃是謗經毀佛也。彼既是佛，已具知見，何用更開？汝今當信，佛知見者，只汝自心，更無別佛。蓋為一切眾生自蔽光明，貪愛塵境，外緣內擾，甘受驅馳。便勞他世尊從三昧起，種種苦口，勸令寢息，莫向外求，與佛無二，故雲開佛知見。

吾亦勸一切人，於自心中，常開佛之知見。世人心邪，愚迷造罪。口善心惡，貪嗔嫉妒，諂佞我慢，侵人害物，自開眾生知見。若能正心，常生智慧，觀照自心，止惡行善，是自開佛之知見。汝須念念開佛知見，勿開眾生知見。開佛知見，即是出世。開眾生知見，即是世間。汝若但勞勞執念，以為功課者，何異犛牛愛尾？」

達曰：「若然者，但得解義，不勞誦經耶？」

師曰：「經有何過，豈障汝念？只為迷悟在人，損益由己。口誦心行，即是轉經。口誦心不行，即是被經轉。聽吾偈曰：

心迷法華轉，心悟轉法華。誦經久不明，與義作仇家。

無念念即正，有念念成邪。有無俱不計，長禦白牛車。」

達聞偈，不覺悲泣，言下大悟，而告師曰：「法達從昔已來，實未曾轉法華，乃被法華轉。」

再啟曰：「經云，諸大聲聞乃至菩薩皆盡思共度量，不能測佛智。今令凡夫但悟自心，便名佛之知見，自非上根，未免疑謗。又經說三車，羊鹿牛車與白牛之車，如何區別？願和尚再垂開示。」

師曰：「經意分明，汝自迷背。諸三乘人不能測佛智者，患在度量也。饒伊盡思共推，轉加懸遠。佛本為凡夫說，不為佛說。此理若不肯信者，從他退席。殊不知坐卻白牛車，更於門外覓三車。況經文明向汝道，唯一佛乘，無有餘乘。若二若三乃至無數方便，種種因緣，譬喻言詞，是法皆為一佛乘故，汝何不省？

三車是假，為昔時故。一乘是實，為今時故。只教汝去假歸實，歸實之後，實亦無名。應知所有珍財盡屬於汝，由汝受用。更不作父想，亦不作子想，亦無用想，是名持《法華經》。從劫至劫，手不釋卷，從晝至夜，無不念時也。」

達蒙啟發，踴躍歡喜，以偈贊曰：「經誦三千部，曹溪一句亡。未明出世旨，寧歇累生狂。羊鹿牛權設，初中後善揚。誰知火宅內，元是法中王。」

師曰：「汝今後方可名念經僧也。」

達從此領玄旨，亦不輟誦經。

第三個案例是接引法達，這是一位誦《法華經》達三千部卻未曾了義的修行者，六祖是怎麼為他開示的呢？

僧法達，洪州人。七歲出家，常誦《法華經》。來禮祖師，頭不至地。

祖訶曰：禮不投地，何如不禮。汝心中必有一物，蘊習何事耶？

曰：念《法華經》已及三千部。

洪州，今江西南昌。有位名叫法達的僧人，是洪州人，七歲就已出家，經常持誦《法華經》，他前來禮拜六祖時，頭不點地。頂禮本該五體投地，即額頭、雙肘、雙膝全部著地，否則是一種不恭敬的表現。

六祖呵斥他說：頂禮而頭不至地，還不如不要禮拜。你心中必有自以為是之處，才會如此倨傲，平時主要修行功課是什麼呢？

法達回答說：我念《法華經》已經三千部了。

祖曰：汝若念至萬部，得其經意，不以為勝，則與吾偕行。

汝今負此事業，都不知過。聽吾偈曰。

禮本折慢幢，頭奚不至地。有我罪即生，亡功福無比。

師又曰：汝名什麼？曰：法達。

師曰：汝名法達，何曾達法？

復說偈曰：汝今名法達，勤誦未休歇。空誦但循聲，明心號菩薩。

汝今有緣故，吾今為汝說。但信佛無言，蓮華從口發。

六祖說：如果你念到一萬部，並能完全領會經中蘊含的義理，而且不覺得自己有什麼了不起，沒有我相、人相，那就可以和我比肩同行了。換言之，達到這個程度，才能和我的所證相當。

你現在的所作所為已經違背修行真義，卻不知道自身過失，還是聽我的偈吧。其實，法達的問題在學佛者中是很普遍的。我們經常覺得自己學了多少教理，誦了多少經典，如何用功修行，就以此自傲，反而成為修行的極大障礙。

幢，刻著佛號或經咒的石柱。功，指誦經功德。六祖說：頂禮本來是為了折服石柱一樣聳立的我慢，怎麼能頭不點地。如果有這樣的我執我慢，勢必會引發不善業。只有不執著自己誦經的功德，才會招感無量無邊的福報。

六祖又問說：你叫做什麼？回答是：法達。

六祖說：你名叫法達，哪裡通達法義了？為什麼這麼說？因為一個通達法義的人，一個把法義落實到心行的人，不可能會有這樣的傲慢和執著。

接著，六祖又為他說了一首偈：你現在名為法達，勤奮地讀誦經典，不曾停息（誦三千部《法華經》，平均一天誦一部，也要八年多才能完成，堪稱精進）。如果只是停留在口頭讀誦，不能將經義落實到心行，只是鸚鵡學舌，意義不大。唯有明心見性，證得經中闡述的義理，才能稱為菩薩。

現在有這個機緣，所以我為你講述其中竅訣。如果你能領悟佛陀開示的無言之教，離言說相而誦經，才能口吐蓮花，才是真正的讀誦《法華》。

凡佛所說的一切經典，皆為文字般若，並不是真正的般若，只因它能詮般若之達聞偈，悔謝曰：而今而後，當謙恭一切。弟子誦《法華經》，未解經義，心常有疑。和尚智慧廣大，願略說經中義理。

師曰：法達，法即甚達，汝心不達。經本無疑，汝心自疑。汝念此經，以何為宗？

達曰：學人根性暗鈍，從來但依文誦念，豈知宗趣？

師曰：吾不識文字，汝試取經誦一遍，吾當為汝解說。

法達即高聲念經，至譬喻品，師曰：止！

法，故稱「般若」。真正的般若是超越一切語言文字的，正如《金剛經》所說：「若人言如來有所說法，即為謗佛，不能解我所說故。」所以，要透過文字去領悟「無言」的教法。

法達聽了六祖所說的偈頌之後，對自己的行為表示懺悔：從今以後，我會以謙下恭敬之心對待一切。進而向六祖請教說：弟子雖然一直在讀誦《法華經》，並沒有瞭解其中深意，心中時時生起疑惑。和尚智慧廣大，希望您為我簡要開顯經中義理。

六祖以他的名字「法達」開示說：法達，《法華經》是開示悟入佛的知見，本身是究竟而透徹的，只是你自己不能領悟其中深意。經典本身沒有疑惑，可你因為不瞭解，所以才平添許多疑惑。

接著，六祖反問法達說：你讀誦《法華經》，知道這是以什麼為宗嗎？

法達說：學人根性駑鈍，從來都是依文誦念，怎麼知道《法華經》的宗旨呢？

六祖說：我不識文字，你現在就把《法華經》拿來讀誦一遍，我自然會為你解說其中宗旨。

法達就高聲誦經，到〈譬喻品〉的時候，六祖說：「可以停下。」〈譬喻品〉為《法華經》第二卷第三品，說火宅等喻。

此經元來以因緣出世為宗，縱說多種譬喻，亦無越於此。何者因緣？經云：諸佛世尊唯以一大事因緣出現於世。一大事者，佛之知見也。

世人外迷著相，內迷著空。若能於相離相，於空離空，即是內外不迷。

若悟此法，一念心開，是為開佛知見。

佛猶覺也，分為四門：開覺知見，示覺知見，悟覺知見，入覺知見。

若聞開示便能悟入，即覺知見，本來真性而得出現。

汝慎勿錯解經意，見他道開示悟入，自是佛之知見，我輩無分。若作此解，乃是謗經毀佛也。

六祖為法達開示說：這部經是以諸佛出世的因緣為宗。雖然經中說了三車喻、化城喻等種種比喻，但都是方便說，是為了說明佛陀出世的因緣，並沒有超出這一點。那麼，佛陀來到世間的因緣和使命究竟是什麼？正如《法華經》所說：諸佛世尊只是為了一件大事來到世間——引導眾生悟入佛的知見。這個知見，就是《壇經》所說的菩提自性。

世上的人對外在世界看不清楚，就會執著所謂的長短方圓、美醜好惡。對內在身心也看不清楚，就會執以為空，以為什麼都沒有。如果在面對相的時候不執著相，面對空的時候不執著空，超越對有和空的執著，就能悟到內外不迷的覺性。

如果悟到內外不迷的真義，不再陷入迷惑狀態，覺性智慧就會隨之打開，此為開佛知見。

佛就是覺悟的意思。《法華經》中，將「開示悟入佛的知見」分為四門，分別是開佛知見、示佛知見、悟佛知見、入佛知見。開，即開顯；示，即指示；悟，即領悟；入，即證入。這是由聞法而思惟、修習、證悟的常規途徑。

如果聽聞開示後立刻就能領悟，就能證得佛的知見，使本來具有的菩提自性得以開顯。開示不一定都用語言文字，什麼是最適合的方式，就可以用什麼方式。佛陀一生說法，還有禪宗祖師的種種接引手段，都屬於開示範疇。

你不要錯解經意，以為經中說「開示悟入佛的知見」只是佛菩薩的事，和我們這些凡夫沒有關係。如果這樣理解的話，就是謗經毀佛。

彼既是佛，已具知見，何用更開？

汝今當信，佛知見者，只汝自心，更無別佛。

蓋為一切眾生自蔽光明，貪愛塵境，外緣內擾，甘受驅馳。

便勞他世尊從三昧起，種種苦口，勸令寢息，莫向外求，與佛無二，故云開佛知見。

吾亦勸一切人，於自心中，常開佛之知見。

世人心邪，愚迷造罪。口善心惡，貪嗔嫉妒，諂佞我慢，侵人害物，自開眾生知見。

須知，佛陀所說的「開示悟入佛的知見」並不是為佛而說，因為他們已成就佛果，哪裡還需要為他們開顯？

我們必須相信，佛的知見就在自己內心。換言之，每個人都具足菩提自性，所謂「但用此心，直了成佛」。除此之外，再也沒有什麼其他的佛了。所以，成佛不是塑佛像，不是另外造一個什麼出來。佛性是本來具足的，只須直下承擔即可。

只是因為一切眾生自己遮蔽內在的自性光明，貪愛六塵境界，因為向外攀緣而形成內在的妄想煩惱，甘願像牛馬一樣承受無明驅使。

因為眾生愚癡不化，才使得世尊從定中出，入世說法，以種種比喻，苦口婆心地勸導眾生，令他們狂心頓歇，不再向外尋求，這樣就能與佛無二無別。此為開顯佛的知見。

我也勸導一切眾生，在自己的內心，時時開啟佛的知見。我們內心有兩種力量，一是佛的知見，一是眾生知見，關鍵在於我們選擇哪個頻道。

世間的人內心沒有正見，由於愚癡而造作種種罪業，嘴上雖然說得好聽，內心卻充滿貪嗔、嫉妒、諂曲、我慢等煩惱。因為有了這些心理，就會不斷傷害自己，傷害別人，這是開啟眾生知見。

若能正心，常生智慧，觀照自心，止惡行善，是自開佛之知見。

汝須念念開佛知見，勿開眾生知見。開佛知見，即是出世。開眾生知見，即是世間。

汝若但勞勞執念，以為功課者，何異犛牛愛尾？

達曰：若然者，但得解義，不勞誦經耶？

師曰：經有何過，豈障汝念？

只為迷悟在人，損益由己。口誦心行，即是轉經。口誦心不行，即是被經轉。

如果能保持正知正見，令智慧常常生起，以此觀照內心，止息不良串習，廣行利他之事，就是開顯佛的知見。

六祖勸勉說：你們應該念念體認並安住於佛的知見，而不要發展眾生知見。當我們開顯佛的知見時，當下就能超越對世間的執著，此即出世；當我們開顯眾生知見時，當下就會陷入對世間的貪著，此為入世。這也是《壇經》開始所說的「正見名出世，邪見是世間」。

如果你們只會辛辛苦苦地誦讀經典，把這個作為功課，執著於誦經的相，卻不懂得由此開佛知見，和那種為了愛護尾巴寧願捨棄性命的牛有什麼區別？都是因小失大。

法達說：如果這樣的話，只要能夠領悟經中內涵，就不必再誦讀經文了吧？

六祖說：經有什麼過失，難道障礙你念誦了嗎？或者說：誦經有什麼過失，難道障礙你發展正念了嗎？問題不是在於念還是不念。真正的修行是超越念或不念的，在念的時候不執著於念，而安住於無念心體時，也不妨礙念誦。平常的人，或者就是念，或者就是不念，怎麼做都是執著。

迷和悟，都取決於念誦者而不是經典，從中受損還是獲益，也取決於自己。因為迷，就會受到損害；因為悟，就能從中得益。

如果在念誦時隨文入觀，將經義落實於心行，就能領悟並應用經中開示的智慧，此為轉經。如果在念誦時不能將經義落實於心行，只是停留於形式上的念誦，將誦

聽吾偈曰：心迷法華轉，
心悟轉法華。
誦經久不明，與義作仇
家。
無念念即正，有念念成
邪。
有無俱不計，長御白牛
車。
達聞偈，不覺悲泣，言下
大悟，而告師曰：法達從
昔已來，實未曾轉法華，
乃被法華轉。

經當作任務完成，此為被經所轉。這就是《楞嚴經》所說的「若能轉物，即同如來；被物所轉，即是凡夫」。

接著，六祖根據轉經還是被轉的問題，為法達說了一首偈頌。當心處於迷惑系統時，只是執著形式上的念誦，不能瞭解其中真義，即被《法華》所轉。而當我們領悟其中真義，就能將佛經傳達的智慧落實到心行，此為轉《法華》。

你已經讀誦三千部《法華經》，至今不知其中深意，這種做法和經中開顯的義理完全相違，就像仇人一樣水火不容。佛陀讓我們開啟智慧，不要著相，可你非但不開智慧，還要執著形式，執著於自己念了多少部經，不是很顛倒嗎？

在念的當下又不住於誦念本身，才能無念而念，念而不念，是為正念。如果執著於念頭，執著於所念，就不是正念而是邪念了。

如果執著於念或不念，還是在凡夫境界，唯有超越有無，才能長久地駕馭大白牛車。《法華經》中，長者要把孩子從火宅中騙出，就告訴他們：我給你們一輛羊車、鹿車、牛車。等他們出來後，每人給他們一輛大白牛車。大白牛車代表一佛乘，代表成佛的根本，也就是禪宗所說的菩提自性。比喻佛陀雖說三乘法，但最終目的是會三歸一，令眾生開示悟入佛的知見，這才是佛陀說法的真義。

法達聽聞六祖開示的偈頌後，立刻領悟到《法華》宗旨，不覺喜極而泣，對六祖說：法達我在過去那麼長時間以來，從來沒有真正領悟經中真義，領悟佛陀智慧，一直都是停留於讀誦，都是被《法華》所轉。

再啟曰：經云，諸大聲聞乃至菩薩皆盡思共度量，不能測佛智。今令凡夫但悟自心，便名佛之知見，自非上根，未免疑謗。

又經說三車，羊鹿牛車與白牛之車，如何區別？願和尚再垂開示。

師曰：經意分明，汝自迷背。諸三乘人不能測佛智者，患在度量也。饒伊盡思共推，轉加懸遠。

佛本為凡夫說，不為佛說。此理若不肯信者，從他退席。殊不知坐卻白牛車，更於門外覓三車。

法達再次請教說：即使是諸大聲聞和菩薩，都沒有能力思量佛陀的甚深智慧。《法華經．方便品》說：「假使滿世間，皆如舍利弗，盡思共度量，不能測佛智。」正因為如此，所以佛陀開示《法華經》時，有五千聲聞因此退席。我們現在這些凡夫，因為悟到自己本心，就說具備佛的知見。這樣高深的道理，如果不是上根利智，是不敢承擔，甚至不敢想像的，難免會生起懷疑和誹謗：真的是這樣嗎？真的就這麼簡單嗎？

因為平常的人總覺得自己是愚下凡夫，業障深重，尤其學了某些法門，往往把自己看得很低，從而增加對諸佛願力的信心。但禪宗要我們直下承擔，認識到生命的某個層面和十方諸佛無二無別，這種承擔的確需要慧根、膽識和氣魄。

法達進一步請教說：此外，《法華經》說到羊車、鹿車、牛車和大白牛車，其中有什麼區別？希望和尚再為我慈悲開示。此處，問的是三乘和一乘的區別：為什麼又說三乘，又說一乘？

六祖說：經中說得非常清楚，只是因為眾生自己迷惑，所以才會違背經義。三乘人為什麼不能領會佛智？關鍵就在於虛妄分別。一旦陷入分別，任他們怎樣費盡心思地揣度，離佛的知見只會越來越遠，因為著力點就錯了。

佛法本來就是為凡夫而說，不是為諸佛所說。為什麼要對我們說？因為眾生都具備成佛的潛質，這是我們需要接受和承擔的。如果不能接受這個道理，自然就會在聽到甚深大法時退席。他們不知道自己本來就駕著大白牛車，卻還在門外找什麼鹿車、羊車、牛車。

況經文明向汝道，唯一佛乘，無有餘乘，若二若三乃至無數方便，種種因緣，譬喻言詞，是法皆為一佛乘故。汝何不省？

三車是假，為昔時故。一乘是實，為今時故。

只教汝去假歸實，歸實之後，實亦無名。

應知所有珍財盡屬於汝，由汝受用。更不作父想，亦不作子想，亦無用想，是名持《法華經》。

大白牛車比喻人人本具的菩提自性，而三車只是方便施設。就像《法華經》的化城之喻，導師帶著眾人前往五百由旬外的寶所，但他們行至中途就不想走了。導師就化現一座城池，待大家在其中恢復精力後，再告訴他們：這是暫時棲息地，寶所還在前方。佛陀說法也是同樣，他為我們開示人天善法，開示聲聞教法，最終是要引導我們成就佛果。

況且，佛陀在《法華經》中明確指出：「十方國土中，唯有一乘法，無二亦無三，除佛方便說。」所謂的二乘、三乘，乃至無數方便，種種因緣，以及佛陀所說的譬喻言詞，所有這些八萬四千法門，最終都要導向一佛乘，都是幫助我們體認內在覺性，你為什麼不領會呢？

佛陀說三車只是施設的方便，因為眾生當時的根機還沒有成熟。說一佛乘才是究竟了義的，因為眾生現在的根機已經成熟。所以《法華經》叫做「開權顯實」，權者方便，實者真實，指出方便的目的是為了顯真實。

佛陀說《法華經》，是幫助我們去除對方便法門的執著，回歸覺性。真正歸實之後，我們就知道，所謂實也是假名安立的。哪怕是說一乘，說佛性，凡有言說，都不過是假名安立而已，不必執著。

當你能夠悟入此中，就會知道，覺性海洋中的無量寶藏都屬於你所有，都能為你所用。此時，也不會想著是佛陀，也不會想著是眾生，也不必想著如何運用，因為佛和眾生已徹底平等。達到這樣的境界，才稱得上是受持《法華經》。

從劫至劫，手不釋卷，從晝至夜，無不念時也。

達蒙啟發，踴躍歡喜，以偈贊曰：經誦三千部，曹溪一句亡。未明出世旨，寧歇累生狂。

羊鹿牛權設，初中後善揚。誰知火宅內，元是法中王。

師曰：汝今後方可名念經僧也。

達從此領玄旨，亦不輟誦經。

當你有了這樣的領悟後，哪怕是從這一劫到下一劫，在這漫長的歲月中，彷彿手中從來不曾離開過《法華經》。從白天到黑夜，每時每刻，無不是在誦念《法華經》。因為你已體認其中真諦，這個念不是停留在口頭，而是時時安住於法華三昧，所以能念念相續，不絕如縷。

法達聽聞六祖開示的甚深法義後，法喜充滿，踴躍不已，以偈讚歎說：我以前念誦三千部《法華經》，聽到曹溪六祖的開示後，才知道以前所念都是無用功。如果不明白佛陀出世的因緣，不能領會佛的知見，如何能讓多生累劫的妄心得以平息？

《法華經》中，以羊車、鹿車、牛車比喻三乘，這些說法代表初善、中善、後善，是佛陀在不同時期，對不同根機眾生施設的方便。誰也想不到，在五濁惡世的火宅中，在現前的五蘊色身中，原來早已具備佛的知見，具備成佛的潛力。

六祖說：你能這樣理解的話，今後才可稱為名副其實的誦經僧。

法達從六祖的開示中悟到《法華》真諦，之後也沒有停止誦經。當然，此時的誦經和原來已經有了本質區別，是心口如一，而非有口無心的。

四 接引智通，說三身四智

僧智通，壽州安豐人。初看《楞伽經》約千餘遍，而不會三身四智，禮師求解其義。

師曰：「三身者，清淨法身，汝之性也。圓滿報身，汝之智也。千百億化身，汝之行也。若離本性別說三身，即名有身無智。若悟三身無有自性，即明四智菩提。聽吾偈曰：自性具三身，發明成四智。不離見聞緣，超然登佛地。吾今為汝說，諦信永無迷。莫學馳求者，終日說菩提。」

通再啟曰：「四智之義，可得聞乎？」

師曰：「既會三身，便明四智，何更問耶？若離三身別談四智，此名有智無身。即此有智，還成無智。」

復說偈曰：「大圓鏡智性清淨，平等性智心無病。妙觀察智見非功，成所作智同圓鏡。五八六七果因轉，但用名言無實性。若於轉處不留情，繁興永處那伽定。」（如上轉識為智也。教中云：轉前五識為成所作智，轉第六識為妙觀察智，轉第七識為平等性智，轉第八識為大圓鏡智。雖六七因中轉，五八果上轉，但轉其名而不轉其體也。）

通頓悟性智，遂呈偈曰：「三身元我體，四智本心明。身智融無礙，應物任隨形。起修皆妄動，守住匪真精。妙旨因師曉，終亡染污名。」

第四個案例是接引智通，開示三身四智的內容。

僧智通，壽州安豐人。初看《楞伽經》約千餘遍，而不會三身四智，禮師求解其義。

師曰：三身者，清淨法身，汝之性也。圓滿報身，汝之智也。千百億化身，汝之行也。

若離本性別說三身，即名有身無智。

若悟三身無有自性，即明四智菩提。

聽吾偈曰：自性具三身，發明成四智。不離見聞緣，超然登佛地。

壽州，今安徽壽縣。三身，法身、報身、化身。四智，如來的四種智慧，即成所作智、妙觀察智、平等性智、大圓鏡智。三身四智都是佛菩薩的功德，也是學佛所要成就的菩提道果。有個名叫智通的僧人，是壽州安豐人。起初，他已閱讀《楞伽經》達千餘遍，卻不能理解三身四智的內涵，所以就來參禮六祖，希望六祖開解其中深意。

六祖說：清淨法身，是我們通達的空性、真如；圓滿報身，是能夠通達空性的智慧、明性；千百億化身，是智慧生產的無量妙用，搬柴運水，應物利生。這是從禪宗的見地，來解讀佛陀所圓滿的法、報、化三身。

如果離開覺性來談三身，叫做有身無智。因為法、報、化三身都是以覺性為基礎，否則就是空洞的，有名無實的。

如果體認到三身也是無自性的，就明白什麼是四智菩提。因為三身是建立在四智的基礎上，不能獨立於四智之外。離開四智，也就沒有三身了。

且聽我為你說一首偈頌：菩提自性本來就具足三身，法身有空的特點，報身有明的特點，化身有妙用無窮的特點。再由覺性發明四智，開顯大圓鏡智、平等性智、妙觀察智和成所作智。

佛性在哪裡作用？就在六根門頭，在見聞覺知。無論行住坐臥，還是語默動靜，都是覺性的顯現和妙用，只要在見聞覺知的同時能夠離相，即可直登佛地。

吾今為汝說，諦信永無迷。莫學馳求者，終日說菩提。

通再啟曰：四智之義，可得聞乎？

師曰：既會三身，便明四智，何更問耶？若離三身別談四智，此名有智無身。即此有智，還成無智。

復說偈曰：大圓鏡智性清淨，平等性智心無病。

妙觀察智見非功，成所作智同圓鏡。

我現在為你開導三身四智的道理，只要你確信無疑，就不會再有什麼迷惑。不要學那些向外追逐的人，終日把菩提掛在嘴邊，卻不懂得向內證道。這樣的做法，說輕一點是捨本逐末，說重一點，根本就是與修行背道而馳。

智通接著問道：四智的深意，可以聽您再解說一下嗎？前面側重說三身之理，接著對四智進行闡述。

六祖說：你真正理解了三身，也就認識了四智，何必再問呢？因為三身的本質就是四智，如果離開三身，單獨談什麼四智，就叫做有智無身。如果無身的話，這個智也就不成為智了。

接著，六祖再說一首偈頌來解釋四智的特點：大圓鏡智是轉第八阿賴耶識所成，指覺性本來清淨，就像明亮而沒有任何塵垢的鏡子一樣，能夠照見身心內外的一切。平等性智是轉第七末那識所成，由此解除我執建立的基礎，不再有內外、人我等一切分別。這裡所說的心無病，就是沒有自他的隔閡和對立之病。

妙觀察智是轉第六意識所成，其特點是能觀察並了知諸法差別。在有漏階段，第六意識是充滿造作的。成就妙觀察智後，自然能應物利生。這種功能本來具足，不假造作，是為「見非功」。成所作智是轉前五識所成，這是成就一切世出世間事業的工具，和大圓鏡智一樣，屬於果上轉。

五八六七果因轉，但用名言無實性。

若於轉處不留情，繁興永處那伽定。

如上轉識為智也。教中云：轉前五識為成所作智，轉第六識為妙觀察智，轉第七識為平等性智，轉第八識為大圓鏡智。雖六七因中轉，五八果上轉，但轉其名而不轉其體也。

通頓悟性智，遂呈偈曰：三身元我體，四智本心

轉八識成四智，第六識和第七識是在因上轉，而前五識和第八識是在果上轉。也就是說，當第六識和第七識發生轉變後，前五識和第八識的功能自然隨之轉為正用。唯識所說的轉依，是改變生命的依託，即捨去有漏識，成就無漏智。從唯識的見地來說，這是生命系統的轉變。但禪宗修行是建立在覺性基礎上，是依覺性建立八識四智。從這個層面說，轉的只是一個名稱而非實質。因為眾生本來具有佛的知見，自性本來就是清淨無染的，其實是沒什麼可轉的。

如果在每個心念生起時隨處隨轉，沒有黏著，沒有滯礙，哪怕在紛擾繁雜的環境中，我們也能像龍潛於深淵那樣，安住覺性，如如不動。表面雖然在工作生活，待人接物，但內心不隨任何境界動搖。

以上所說的就是轉識成智。從教下的觀點來說，是轉前五識為成所作智，轉第六意識為妙觀察智，轉第七末那識為平等性智，轉第八阿賴耶識為大圓鏡智。

雖然說第六識和第七識在因上轉，前五識和第八識在果上轉，但從究竟而言，所轉的只是概念而非本體。當然這是禪宗的說法，確切地說，是頓教的見地，和教下的觀點有所不同。

智通聽聞六祖的開示後，頓時明瞭三身四智的真義，就以偈頌向六祖表明心得。三身原來就是內在覺性的本體，四智也要從覺性中去開發、去證得。身和智是圓

明。身智融無礙，應物任隨形。

起修皆妄動，守住匪真精。妙旨因師曉，終亡染污名。

融無礙的，有智就有身，而身也離不開智。只是應不同的物件，所以才有不同的顯現。

在造作的狀態中起心動念，都是一種妄動。如果執著某種狀態，以為這就是覺性，不論執著於動，還是執著於靜，都不是真正的覺性。其中奧妙，都是因為師長開示才恍然大悟，從此不再執著於染污或清淨的假名，也不再執著於染淨的不同顯現。

五 接引智常，說不著有亦不住空

僧智常，信州貴溪人。髫年出家，志求見性。一日參禮。

師問曰：「汝從何來？欲求何事？」

曰：「學人近往洪州白峰山禮大通和尚，蒙示見性成佛之義。未決狐疑，遠來投禮，伏望和尚慈悲指示。」

師曰：「彼有何言句，汝試舉看。」

曰：「智常到彼，凡經三月，未蒙示誨。為法切故，一夕獨入丈室，請問如何是某甲本心本性？大通乃曰：汝見虛空否？對曰：見。彼曰：汝見虛空有相貌否？對曰：虛空無形，有何相貌。彼曰：汝之本性，猶如虛空，了無一物可見，是名正見。無一物可知，是名真知。無有青黃長短，但見本源清淨，覺體圓明，即名見性成佛，亦名如來知見。學人雖聞此說，猶未決了，乞和尚開示。」

師曰：「彼師所說，猶存見知，故令汝未了。吾今示汝一偈：不見一法存無見，大似浮雲遮日面。不知一法守空知，還如太虛生閃電。此之知見瞥然興，錯認何曾解方便。汝當一念自知非，自己靈光常顯現。」

常聞偈已，心意豁然，乃述偈曰：「無端起知見，著相求菩提。情存一念悟，寧越昔時迷。自性覺源體，隨照枉遷流。不入祖師室，茫然趣兩頭。」

智常一日問師曰：「佛說三乘法，又言最上乘，弟子未解，願為教授。」

師曰：「汝觀自本心，莫著外法相。法無四乘，人心自有等差。見聞轉誦是小乘，悟法解義是中乘，依法修行是大乘。萬法盡通，萬法俱備，一切不染，離諸法相，一無所得，名最上乘。乘是行義，不在口爭。汝須自修，莫問吾也。一切時中，自性自如。」

常禮謝執侍，終師之世。

第五個案例是接引智常，為他開示既不能著有也不可住空之理，以及佛陀施設三乘和一乘教法的真義。

僧智常，信州貴溪人。髫年出家，志求見性。一日參禮。

師問曰：汝從何來？欲求何事？

曰：學人近往洪州白峰山禮大通和尚，蒙示見性成佛之義。未決狐疑，遠來投禮，伏望和尚慈悲指示。

師曰：彼有何言句，汝試舉看。

曰：智常到彼，凡經三月，未蒙示誨。為法切故，一夕獨入丈室，請問如何是某甲本心本性？

信州，今江西上饒。髫年，幼年。有位僧人名叫智常，是信州貴溪一帶的人，年紀很小就出家了，一心只求開悟。有一天，前來參禮六祖。

六祖問他說：你從哪裡來？想來做什麼？

伏望，表希望的敬辭。智常回答說：學人最近在洪州白峰山大通和尚那裡求法，承蒙大通和尚為我開示了見性成佛的道理，但並沒有解決我的疑惑，所以不顧路途遙遠前來參拜於您，懇求和尚慈悲，為我指明方向。

六祖說：大通和尚對你說了什麼開示呢？你說給我聽聽。

智常回答說：我到大通和尚處有三個月，一直沒有得到開示和教誨。因為求法心切，有天傍晚就單獨進入丈室求教：請問和尚，什麼才是我的本心本性？

大通乃曰：汝見虛空否？

對曰：見。

彼曰：汝見虛空有相貌否？對曰：虛空無形，有何相貌。

彼曰：汝之本性，猶如虛空，了無一物可見，是名正見。無一物可知，是名真知。無有青黃長短，但見本源清淨，覺體圓明，即名見性成佛，亦名如來知見。

學人雖聞此說，猶未決了，乞和尚開示。

師曰：彼師所說，猶存見知，故令汝未了。吾今示汝一偈。

不見一法存無見，大似浮雲遮日面。

大通和尚對我說：你看見虛空了嗎？我回答說：看見。

大通和尚又問：你看見虛空有形狀、有顏色嗎？我回答說：虛空是無形的，哪有什麼形狀和顏色？

大通和尚就開示說：你的本性像虛空一樣，沒有一物可見，這就是正見。也沒有一物可知，這就是真知。不分別青黃之類的顏色，也不分別長短之類的形狀，就能見到本來清淨的覺性。悟入這個圓滿光明的覺悟本體，就是見性成佛，也是如來的知見。

我雖然聽了大通和尚的開示，但還是對見性不甚了了，懇請和尚為我開示。

六祖立刻指出問題所在：大通和尚所說，還是存在知見，所以令你無法透徹。現在我為你說一首偈頌。

說像虛空一樣什麼都沒有就是不見一法，這本身就是一種見，存在這種空的見、無的見，也是不對的。著有固然不對，著空同樣不對。就像浮雲遮住太陽，會障礙我們對覺性的體認。

不知一法守空知，還如太虛生閃電。

此之知見瞥然興，錯認何曾解方便。

汝當一念自知非，自己靈光常顯現。

常聞偈已，心意豁然，乃述偈曰：無端起知見，著相求菩提。情存一念悟，寧越昔時迷。

自性覺源體，隨照枉遷流。不入祖師室，茫然趣兩頭。

智常一日問師曰：佛說三乘法，又言最上乘，弟子未解，願為教授。

師曰：汝觀自本心，莫著外法相。法無四乘，人心自有等差。

說是不知一法，其實卻守了空知，是執著於空，就像虛空出生閃電，也是一種遮蔽和障礙。

瞥然，忽然。這個對於空的執著一旦生起，心有所住，就不可能見到覺性。所以，對空的執著也是錯誤認識，哪裡能作為悟入覺性的方便呢？

如果能意識到這種認知是錯誤的，不再陷入對空的執著，覺性靈光自然就能時時顯現。正如百丈禪師所說：「靈光獨耀，迥脫根塵。」

智常聽到六祖開示的偈頌後，內心豁然開朗，也說了一首偈頌報告心得。內容是：無端生起空的知見，執著於空相而求菩提，以為菩提是有的，或以為菩提是空的。哪怕內心還存有一點「我要開悟」的想法，就不能超越無始以來的迷妄。修行是一場沒有目標的旅程，不要想著開悟，不要想著幹什麼，這些念頭都是妄想，恰恰是我們不能開悟的原因。

我們內在的菩提自性，就是覺悟的源頭和根本，但因無明執著而隱沒不現，使我們輪迴生死，流轉六道。不能領會祖師西來意，心就會在兩頭奔忙，不是著常就是著斷，不是著空就是著有。

一天，智常向六祖請教說：佛陀說了三乘法，又說了最上乘，弟子不瞭解其中內涵，請您為我開導。

四乘，或依《法華經．譬喻品》羊、鹿、牛及大白牛車立四乘教，或曰聲聞、緣覺、菩薩、佛為四乘。六祖說：你只要觀照自己的心，體認本自具足的覺性，這才是最重要的，不要向外執著法相。法是法法平等的，並沒有四乘的差別，只是因見聞轉誦是小乘，悟法解義是中乘，依法修行是大乘。

萬法盡通，萬法俱備，一切不染，離諸法相，一無所得，名最上乘。

乘是行義，不在口爭。汝須自修，莫問吾也。一切時中，自性自如。

常禮謝執侍，終師之世。

為人的根機有利鈍，所以才出現與之相應的不同教法。佛經施設的各乘只是方便安立，是說明我們認識本心、契入覺性的方法，根本目標是一致的。

大小乘的區別，從教下的觀點來看，主要是以發心而論。六祖則從禪宗角度作了分判：停留在聽聞教法或讀誦經文，就是小乘；能夠進一步如理思惟，依文解義，就是中乘；能夠如法修行，依法實踐，才是大乘。

如果能通達萬法，具備萬法，同時又超越對法相的執著，於一切法不染著，心無所住，就稱之為最上乘。教下講一乘和三乘，是代表修行的不同途徑，分別指向聲聞、緣覺和無上菩提。此處，六祖立足於覺性的聞思修進行說明，可謂獨樹一幟。

六祖又告誡智常說：所謂乘，只是實踐的意思，不在於爭什麼大小之分。你要自己從修行中體悟，不必總是問我。在一切時中，都要安住於覺性，於如如不動中來去自如。

智常得到六祖的開示後，感恩戴德，終生都在侍奉六祖，直到六祖去世。

六 接引志道，答生滅與寂滅

僧志道，廣州南海人也。請益曰：「學人自出家，覽《涅槃經》十載有餘，未明大意。願和尚垂誨。」

師曰：「汝何處未明？」

曰：「諸行無常，是生滅法。生滅滅已，寂滅為樂。於此疑惑。」

師曰：「汝作麼生疑？」

曰：「一切眾生皆有二身，謂色身法身也。色身無常，有生有滅。法身有常，無知無覺。經云『生滅滅已，寂滅為樂』者，不審何身寂滅？何身受樂？若色身者，色身滅時，四大分散，全然是苦。苦，不可言樂。若法身寂滅，即同草木瓦石，誰當受樂？又，法性是生滅之體，五蘊是生滅之用。一體五用，生滅是常。生則從體起用，滅則攝用歸體。若聽更生，即有情之類不斷不滅。若不聽更生，則永歸寂滅，同於無情之物。如是，則一切諸法被涅槃之所禁伏，尚不得生，何樂之有？」

師曰：「汝是釋子，何習外道斷常邪見，而議最上乘法？據汝所說，即色身外別有法身，離生滅求於寂滅。又推涅槃常樂，言有身受用。斯乃執吝生死，耽著世樂。汝今當知，佛為一切迷人認五蘊和合為自體相，分別一切法為外塵相，好生惡死，念念遷流，不知夢幻虛假，枉受輪迴。以常樂涅槃翻為苦相，終日馳求。佛愍此故，乃示涅槃真樂，剎那無有生相，剎那無有滅相，更無生滅可滅，是則寂滅現前。當現前時，亦無現前之量，乃謂常樂。此樂無有受者，亦無不受者，豈有一體五用之名？何況更言涅槃禁伏諸法，令永不生。斯乃謗佛毀法。聽吾偈曰：無上大涅槃，圓明常寂照。凡愚謂之死，外道執為斷。諸求二乘人，目以為無作。盡屬情所計，六十二見本。妄立虛假名，何為真實義。唯有過量人，通達無取捨。以知五蘊法，及以蘊中我，外現眾色像，一一音聲相。平等如夢幻，不起凡聖見，不作涅槃解，二邊三際斷。常應諸根用，而不起用想。分別一切法，不起分別想。劫火燒海底，風鼓山相擊。真常寂滅樂，涅槃相如是。吾今強言說，令汝捨邪見。汝勿隨言解，許汝知少分。」

志道聞偈大悟，踴躍作禮而退。

第六個案例是接引志道，開示《涅槃經》中生滅與寂滅的疑問。

僧志道，廣州南海人也。請益曰：學人自出家，覽《涅槃經》十載有餘，未明大意。願和尚垂誨。

師曰：汝何處未明？

曰：諸行無常，是生滅法。生滅滅已，寂滅為樂。於此疑惑。

師曰：汝作麼生疑？

曰：一切眾生皆有二身，謂色身法身也。色身無常，有生有滅。法身有常，無知無覺。經

有位叫做志道的僧人，是廣州南海人，他向六祖請教說：學人自出家以來，閱讀《涅槃經》已十多年，還是不能明瞭經中大意，希望和尚給予開示。

六祖問說：你什麼地方不明白？

志道說：對「諸行無常，是生滅法，生滅滅已，寂滅為樂」這句經文還存在疑惑。

六祖問：你對這首偈頌的疑問在哪裡？

志道就說了他對生滅義的理解：一切眾生皆有二身，即色身和法身。色身是無常的，有生有滅；而法身是常的，沒有知也沒有覺。經中所說的「生滅滅已，寂滅為樂」，不知是色身滅了還是法身滅了，又是哪個身在享受涅槃之樂？

云「生滅滅已，寂滅為樂」者，不審何身寂滅？何身受樂？

若色身者，色身滅時，四大分散，全然是苦。苦，不可言樂。

若法身寂滅，即同草木瓦石，誰當受樂？

又，法性是生滅之體，五蘊是生滅之用。一體五用，生滅是常。生則從體起用，滅則攝用歸體。

若聽更生，即有情之類不斷不滅。若不聽更生，則永歸寂滅，同於無情之物。

如是，則一切諸法被涅槃之所禁伏，尚不得生，何樂之有？

如果是色身在享受涅槃之樂，可當色身壞滅的時候，地水火風四大分崩離析，全然都是痛苦。既然是苦，就沒有快樂可言。

如果是法身在享受涅槃的寂滅之樂，可法身是無知無覺的，就像草木瓦石一樣，又是什麼在受樂呢？

此外，法性是生滅的根本，五蘊是產生生滅的作用。由這個根本產生五蘊的作用，所以生滅應該是常的。五蘊產生時，是從法性的體產生用；五蘊壞滅時，是作用又回歸到法性的體。

如果這種生是不斷的，那麼法性生五蘊就會沒完沒了地繼續下去。如果生完後不能再生，就會永遠歸於寂滅，和無情沒什麼兩樣了。

如果這樣的話，一切諸法進入涅槃的寂滅狀態，就不再產生什麼，哪有快樂可言？以上，志道闡述了自己對色身、法身及生滅的理解。他的問題在於，把色身和法身對立起來了。

師曰：汝是釋子，何習外道斷常邪見，而議最上乘法？

據汝所說，即色身外別有法身，離生滅求於寂滅。

又推涅槃常樂，言有身受用。斯乃執吝生死，耽著世樂。

汝今當知，佛為一切迷人認五蘊和合為自體相，分別一切法為外塵相，好生惡死，念念遷流，不知夢幻虛假，枉受輪迴。

以常樂涅槃翻為苦相，終日馳求。佛愍此故，乃示涅槃真樂。

六祖批評說：你是釋迦牟尼佛的弟子，怎麼會修習外道的斷見和常見，還以這些邪見來議論最上乘法？

按照你的說法，在色身外還有另外的法身，要離開生滅另外尋求寂滅。事實上，生滅的本質就是寂滅，色身的本質就是法身。可以在生滅的當下體認寂滅，而在寂滅的當下也是不妨生滅的。所以，生滅和寂滅是可以並存的，不必分開，更不應該對立起來。正如永嘉禪師《證道歌》所說：「無明實性即佛性，幻化空身即法身。」

又認為涅槃之樂是恆常的，需要有一個身體在受用。這其實是對生死執著不捨，並且貪戀世間的快樂，認為一切快樂都和身體有關。事實上，涅槃之樂是超越一切形式的，無須依賴外在條件，即能源源不斷地產生快樂。

你們要知道，佛陀說法是為了幫助一切迷惑眾生看清生命真相。凡夫把五蘊和合的色身當做自體，同時分別一切法為外在世界的相，喜生而惡死，念念都在串習中輪迴，不知五蘊乃至生死都是虛假不實的，猶如夢幻。因為有這樣的執著，只能不斷在六道輪迴。

永嘉禪師說：「夢裡明明有六趣，覺後空空無大千。」在當下這個生死大夢中，似乎有六趣，有人我，有世界，一旦證得覺性，才知道這一切的本質就是空性，是了不可得的。

因為迷惑，所以不認識常樂涅槃，反而製造種種苦相，終日向外馳求。佛陀看到眾生的愚癡和痛苦，心生悲憫，特別為我們開顯涅槃的真正快樂。

剎那無有生相，剎那無有滅相，更無生滅可滅，是則寂滅現前。

當現前時，亦無現前之量，乃謂常樂。

此樂無有受者，亦無不受者，豈有一體五用之名？

何況更言涅槃禁伏諸法，令永不生，斯乃謗佛毀法。

聽吾偈曰：無上大涅槃，圓明常寂照。

凡愚謂之死，外道執為斷。諸求二乘人，目以為無作。盡屬情所計，六十二見本。

我們要認識到，生的本身就是不生，剎那都沒有生起的相。滅的實質也是不滅，剎那都沒有滅失的相。所以，哪裡有什麼生滅可滅。認識到生滅的本質，不生不滅的覺悟本體就會顯現出來。

當覺悟本體現前時，並沒有一個現前的形式，這才是長久的快樂。這種快樂是超越一切形式的。

這種快樂是源自於覺性，是盡虛空遍法界的，沒有我相、人相、眾生相、壽者相，沒有誰是受者，也沒有誰不是受者，哪有什麼「法性是生滅之體，五蘊是生滅之用，一體五用」的說法？

何況還說什麼在涅槃狀態就會禁絕諸法，令諸法永遠不再生起，這些都是錯誤知見，是在誹謗佛法。

六祖說：且聽我說一首偈頌。無上大涅槃是圓滿的，其光明雖然靜止不動，卻能朗照一切。涅槃分自性清淨涅槃、有餘依涅槃、無餘依涅槃和無住涅槃四種，無上大涅槃屬於無住涅槃。

凡夫往往將涅槃當作死了；外道又會將涅槃當作斷滅，當作什麼都沒有；而志求涅槃的二乘人，則以此為無作，止息一切，什麼都不作為。事實上，這些認識都偏於無和空，不是對涅槃的正確理解，而是情識的分別執著，也是產生六十二見的源頭。

妄立虛假名，何為真實義。唯有過量人，通達無取捨。

以知五蘊法，及以蘊中我，外現眾色像，一一音聲相。平等如夢幻，不起凡聖見，不作涅槃解，二邊三際斷。

常應諸根用，而不起用想。分別一切法，不起分別想。

劫火燒海底，風鼓山相擊。真常寂滅樂，涅槃相如是。

吾今強言說，令汝捨邪見。汝勿隨言解，許汝知少分。

志道聞偈大悟，踴躍作禮而退。

凡夫因為妄執，安立種種虛假的名稱，認為這樣或那樣是涅槃，其實都是錯誤的。什麼才是涅槃的真實內涵？唯有超越常人的虛妄分別，不以思惟去思惟，而是在內心直接體認，不取不捨，才能通達涅槃。

通達覺性的人，才能知道五蘊中的色法、心法，由五蘊所構成的我，以及外在世界的種種色相、種種音聲，這一切的一切，本質都是空性，是平等而如夢如幻的，不會在其中生起分別凡聖的見解。涅槃是超越一切的，既超越斷常和有無二邊，也超越過去、現在、未來三際，還超越心、佛、眾生的差別。

涅槃並不是結束一切，不起任何作用了，而是能於六根放大光明，生起無量妙用，但又不落入我在做些什麼的念頭。雖然能夠分別一切法，但又不會住於分別，不會執著分別的物件。

世界將要毀壞時，劫火從海底燃燒，狂風令山峰互相碰撞。即使在這樣的動盪中，見性者依然安住覺性，如如不動，這就是涅槃相。如《證道歌》所說：「縱遇鋒刀常坦坦，假饒毒藥也閑閑。」即使掄刀上陣，即使面臨生死存亡，照樣等閒視之，解脫自在。

涅槃是超越言說的，無論怎麼形容，都難免詞不達意。我現在勉強把這些道理說出來，只是為了幫助你解除邪見。你不去執著這些語言的話，才能對涅槃有少分領悟。如果執著於言說，只會與道漸行漸遠。

志道聽聞這首偈頌後大徹大悟，明瞭涅槃的真義所在，非常歡喜地作禮而退。

七　為行思印證，說聖諦亦不為

行思禪師，生吉州安城劉氏。聞曹溪法席盛化，徑來參禮。遂問曰：「當何所務，即不落階級？」

師曰：「汝曾作什麼來？」

曰：「聖諦亦不為。」

師曰：「落何階級？」

曰：「聖諦尚不為，何階級之有？」

師深器之，令思首眾。一日，師謂曰：「汝當分化一方，無令斷絕。」

思既得法，遂回吉州青原山，弘法紹化（諡弘濟禪師）。

第七個案例是接引行思，又名青原行思。青原是地名，即青原的行思禪師，此為尊稱。如百丈懷海，即百丈山的懷海禪師；南嶽懷讓，即南嶽的懷讓禪師。以下這些人參禮六祖的目的，主要是為了得到印證。他們後來都成為弘化一方的大德，對禪宗的發展和弘揚起到了關鍵作用。其中，尤以青原行思、南嶽懷讓影響廣泛。青原行思門下有石頭希遷，南嶽懷讓門下有馬祖道一，由此二人開展出禪門的五家七宗。

行思禪師，生吉州安城劉氏。聞曹溪法席盛化，徑來參禮。

吉州，江西吉安縣。法席，說法的座席，泛指說法場所。行思禪師生於吉州安城的劉家，聽說六祖在曹溪南華寺說法度眾，影響很大，就直接前來參禮。

遂問曰：當何所務，即不落階級？

師曰：汝曾作什麼來？

曰：聖諦亦不為。

師曰：落何階級？

曰：聖諦尚不為，何階級之有？

師深器之，令思首眾。一日，師謂曰：汝當分化一方，無令斷絕。

思既得法，遂回吉州青原山，弘法紹化（諡弘濟禪師）。

他見到六祖就問：通過做什麼，可以不落入相對世界的執著中？這裡所說的階級，可以理解為次第，或是相對，或是過程。只有超越相對，才能體認絕對的空性。換句話說，做什麼才能直接了悟內在的菩提自性？

六祖反問說：你曾做過些什麼嗎？

行思回答說：即便是聖諦，我也沒有想要得到。聖諦是佛教所說的最高真理，從這個回答可以看出，行思禪師已經體會到無所得的智慧了。

六祖又進一步問：那你知道還要經歷什麼過程嗎？

行思答說：我連聖諦都不為，還有什麼過程可言？這段問答是立足於第一義諦，沒有任何瓜葛。

六祖對行思的見地大為器重，讓他作為首座，領眾修行。有一天，六祖對行思說：你應該弘化一方，把頓教法門傳下去，不要讓這個法脈斷絕了。

紹，繼承。諡號，古人死後依其生前行蹟而立的稱號。行思禪師得法後，就回到吉州青原山，弘法度眾，紹隆佛種，後被追封為弘濟禪師。

八　為懷讓印證，說似一物即不中

懷讓禪師，金州杜氏子也。初謁嵩山安國師，安發之曹溪參叩。讓至禮拜。

師曰：「甚處來？」曰：「嵩山。」

師曰：「什麼物，恁麼來？」曰：「說似一物即不中。」

師曰：「還可修證否？」曰：「修證即不無，污染即不得。」

師曰：「只此不污染，諸佛之所護念，汝即如是，吾亦如是。西天般若多羅讖，汝足下出一馬駒，踏殺天下人，應在汝心，不須速說。」

讓豁然契會。遂執侍左右一十五載，日臻玄奧。後往南嶽，大闡禪宗（敕諡大慧禪師）。

第八個案例是接引懷讓禪師。六祖和懷讓的這段問答，也是乾脆俐落，直奔主題。

懷讓禪師，金州杜氏子也。初謁嵩山安國師，安發之曹溪參叩。讓至禮拜。

金州，陝西安康。懷讓禪師是金州杜家的孩子，起初前去參訪嵩山的安國師，那也是五祖門下的一位大弟子。因為法緣不契，安國師就推薦他到曹溪參拜六祖。懷讓到了之後，向六祖頂禮。

師曰：甚處來？曰：嵩山。

六祖問他：從什麼地方來？懷讓回答說：嵩山。

師曰：什麼物，恁麼來？

六祖說：你帶著什麼問題來找我？

曰：說似一物即不中。

師曰：還可修證否？

曰：修證即不無，污染即不得。

懷讓說：我的問題無法形容，把它叫做什麼都不合適。因為禪宗是以本分事相見，這個本分事就是菩提自性，也叫覺悟本體，也叫覺性，也叫佛性，但都是假名安立，在究竟意義上是沒有這些的。如果一定要說出個什麼，終歸似是而非，說出來就不對了。

六祖問：那還用得著修證嗎？修就是方法，證就是達到，這個「說似一物即不中」的，要通過什麼方法才能證得？或者說，要做什麼樣的努力，才能明心見性，見到自己的本來面目？

懷讓的回答是：不能說沒有修證，可只要有一點點執著，也是不行的。

道到底要不要修？禪宗祖師告訴我們，道不屬於修，也不屬於不修。如果說道不用修，那些不修道的芸芸眾生，永遠都是凡夫，都在輪迴，不修顯然不行。反之，認為道必須通過修行修出來，也是不對的。關鍵是知道，什麼行為該修，而什麼不屬於修。因為菩提自性是現成的，在凡不減，在聖不增，無須另外修出一個什麼。不像衛星、飛機那些，需要製造出來。雖然現成，但必須見得到才是，否則也是雖有若無的。

生命有兩大系統，一是迷惑系統，一是覺悟本體。如何才能從迷惑走向覺悟？這個過程需要修，否則往往是在修無明，修煩惱，修貪嗔癡。但若始終停留在有修有證的狀態，還是妄心的造作，永遠無法證道。所以說，修還是不修，並沒有標準答案，而是要在對的階段，做對的事。

不要以為「道不必修」，就真的不修了。但如果我們有心求道，或者存有一念求開悟之心，就是對道的障礙和染污，更不能由此開悟。所以，「即不無，即不得」，必須把握好分寸。

師曰：只此不污染，諸佛之所護念，汝即如是，吾亦如是。

西天般若多羅讖，汝足下出一馬駒，踏殺天下人，應在汝心，不須速說。

讓豁然契會。遂執侍左右一十五載，日臻玄奧。後往南嶽，大闡禪宗（敕謚大慧禪師）。

六祖說：這個不染污的心是諸佛所護念的，你體認到覺性，我也是一樣。這就是印心，不是傳一個什麼，而是「如人飲水，冷暖自知」，是在修證層面的相應。

六祖接著對南嶽懷讓說：印度的般若多羅看到，你的弟子中會出一匹馬駒（指馬祖道一），可以教化天下人。你應該記在心裡，不要急於說出來。

闡，開闢。敕，帝王的詔書。懷讓得到六祖印證後，大徹大悟，對自己的證境更加肯定。於是，在六祖身邊侍奉達十五年，對道的體會日漸深刻，愈發精微。後來又到南嶽弘法，使禪宗得到極大弘揚，被朝廷敕封為大慧禪師。

九　為玄覺印證，體悟無生之旨

永嘉玄覺禪師，溫州戴氏子。少習經論，精天台止觀法門，因看《維摩經》，發明心地。偶師弟子玄策相訪，與其劇談，出言暗合諸祖。

策云：「仁者得法師誰？」

曰：「我聽方等經論，各有師承。後於《維摩經》悟佛心宗，未有證明者。」

策云：「威音王已前即得，威音王已後，無師自悟，盡是天然外道。」

曰：「願仁者為我證據。」

策云：「我言輕。曹溪有六祖大師，四方雲集，並是受法者。若去，則與偕行。」

覺遂同策來參，繞師三匝，振錫而立。

師曰：「夫沙門者，具三千威儀，八萬細行。大德自何方而來，生大我慢？」覺曰：「生死事大，無常迅速。」

師曰：「何不體取無生，了無速乎？」曰：「體即無生，了本無速。」

師曰：「如是如是！」玄覺方具威儀禮拜，須臾告辭。

師曰：「返太速乎？」曰：「本自非動，豈有速耶？」

師曰：「誰知非動？」曰：「仁者自生分別。」

師曰：「汝甚得無生之意。」曰：「無生豈有意耶？」

師曰：「無意誰當分別？」曰：「分別亦非意。」

師曰：「善哉！少留一宿。」

時謂一宿覺，後著《證道歌》，盛行於世（謚曰無相大師，時稱為真覺焉）。

第九個案例是接引永嘉玄覺禪師。這個公案就是著名的「一宿覺」，一晚上把生死大事搞定了。

永嘉玄覺禪師，溫州戴氏子。少習經論，精天台止觀法門，因看《維摩經》，發明心地。

偶師弟子玄策相訪，與其劇談，出言暗合諸祖。策云：仁者得法師誰？

曰：我聽方等經論，各有師承。後於《維摩經》悟佛心宗，未有證明者。

策云：威音王已前即得，威音王已後，無師自悟，盡是天然外道。

曰：願仁者為我證據。

永嘉玄覺禪師是溫州戴家的孩子，從小就學習經論教理，尤其精通天台止觀法門，後來因為讀《維摩經》而開悟，明瞭心性本來面目。

劇談，暢談。有一天，六祖的弟子玄策禪師前來相訪，與其暢談佛法，發現玄覺所言與禪宗祖師的思想暗合。所以玄策就問說：仁者的得法師父是哪位？

方等，方是廣之義，等是均之義，佛於第三時廣說藏通別圓四教，均益利鈍之機，故名方等。玄覺就介紹了自己的修學經歷：我聽聞方等經論時，都有不同的師承。後來因為讀《維摩經》悟入心地，但還沒遇到為我印證的人。

威音王，空劫初成之佛。禪宗以此借喻，威音以前明實際理地，威音以後指佛事門中。玄策對他說：在威音佛以前，是有無師自通的修行人。但自從有佛出世後，所謂的無師自悟，不過是天然外道而已。也就是說，對心地的悟入必須經過印證。

玄覺就對玄策說：希望仁者為我印證。

策云：我言輕。曹溪有六祖大師，四方雲集，並是受法者。若去，則與偕行。

覺遂同策來參，繞師三匝，振錫而立。

師曰：夫沙門者，具三千威儀，八萬細行。大德自何方而來，生大我慢？

覺曰：生死事大，無常迅速。

師曰：何不體取無生，了無速乎？

曰：體即無生，了本無速。

師曰：如是如是！

玄覺方具威儀禮拜，須臾告辭。

師曰：返太速乎？

玄策說：我人微言輕，不足以為您印證。現在曹溪有六祖大師，人們從四面八方雲集而來，追隨大師學法。如果你願意去的話，我可以與你同行。

玄覺就跟隨玄策，一同前來參訪六祖。他見到六祖時，繞著六祖走了三圈，然後將錫杖一振，站在那裡。

三千威儀，是比丘戒以外的微細行儀。八萬細行，指菩薩戒以外的微細行儀。六祖看到這種氣勢就說：作為沙門，應該具足三千威儀，八萬細行。大德從何方而來，為什麼有如此大的慢心？

玄覺說：對於出家人來說，最大的問題就是了生脫死，而無常是極其迅速的。言下之意，我沒時間講究這些規矩。

六祖說：你為什麼不去體會無生法？那就超越生死，也超越時間的快慢了。

玄覺回答說：我已經體會到無生法。在無生法上，確實沒有所謂的時間快慢。

六祖肯定說：的確是這樣，你體會到就好。

玄覺得到六祖印證，這才具足威儀，頂禮六祖，感謝印證之恩。片刻之後，就要告辭而去。

六祖說：你這麼就走，好像太快了吧？這個問話又引發了下一段機鋒問答。

曰：本自非動，豈有速耶？

師曰：誰知非動？

曰：仁者自生分別。

師曰：汝甚得無生之意。

曰：無生豈有意耶？

師曰：無意誰當分別？

曰：分別亦非意。

師曰：善哉！少留一宿。

時謂一宿覺，後著《證道歌》，盛行於世（謚曰無相大師，時稱為真覺焉）。

玄覺回答說：在覺性層面，本來就無所謂動，哪有什麼快慢之分？因為覺性是如如不動的，沒有快也沒有慢，沒有來也沒有去。所謂的快和慢，不過是人為設定而已。

六祖說：那誰在知道這個非動？在一般人概念中，總覺得是「我知道」，是「我證到了」，這還是有我相、人相、眾生相、壽者相，其實並沒有證到。真正的悟入，是超越能所的。這是六祖對玄覺的進一步審核。

玄覺答說：那只是仁者自己在徒生分別。

六祖說：你對無生法很有體會。一般人聽到這個贊許，肯定覺得高興。事實上，在無生法中是沒有體會不體會的問題。只要有體會，還是在意識層面，是有能所的。而空性是超越能所，也超越體會或不體會的。所以，這個表揚其實是陷阱。

但玄覺確已見道，一點都不上當，說：在無生法中，難道還有體會和不體會嗎？

六祖追問：如果沒有體會，那誰去認識無生法？這也是凡夫的通病，我們總覺得要有個「我」作為載體，否則這一切怎麼發生呢？結果就被這個「我」給纏住了。

玄覺回答說：雖然能分別，但不會落入能和所的執著中，也不會落入體會和不體會的執著中，是於相而離相的。

六祖贊許道：確實不錯，不如住一晚再去。

當時，人們將玄覺參禮六祖的過程傳為美談，謂之「一宿覺」。永嘉玄覺還著有《證道歌》，盛行一時並流傳至今，為後代學人所推崇，也是修習禪宗的重要參考。後來，玄覺禪師被冊封為「無相大師」，並被當時的人們譽為「真覺」，即真正的覺悟者。

十 接引智隍，開示禪定的修行

禪者智隍，初參五祖，自謂已得正受。庵居長坐，積二十年。師弟子玄策，遊方至河朔，聞隍之名，造庵問云：「汝在此作什麼？」隍曰：「入定。」

策云：「汝云入定，為有心入耶？無心入耶？若無心入者，一切無情草木瓦石應合得定。若有心入者，一切有情含識之流亦應得定。」隍曰：「我正入定時，不見有有無之心。」

策云：「不見有有無之心，即是常定。何有出入？若有出入，即非大定。」

隍無對，良久問曰：「師嗣誰耶？」策云：「我師曹溪六祖。」

隍云：「六祖以何為禪定？」策云：「我師所說，妙湛圓寂，體用如如，五陰本空，六塵非有，不出不入，不定不亂。禪性無住，離住禪寂。禪性無生，離生禪想。心如虛空，亦無虛空之量。」

隍聞是說，徑來謁師。

師問云：「仁者何來？」隍具述前緣。

師云：「誠如所言，汝但心如虛空，不著空見，應用無礙，動靜無心，凡聖情忘，能所俱泯，性相如如，無不定時也。」

隍於是大悟，二十年所得心都無影響。其夜，河北士庶聞空中有聲云：隍禪師今日得道。隍後禮辭，復歸河北，開化四眾。

第十個案例是接引智隍禪師，為他開示禪定的修行。

禪者智隍，初參五祖，自謂已得正受。庵居長坐，積二十年。

師弟子玄策，遊方至河朔，聞隍之名，造庵問云：汝在此作什麼？隍曰：入定。

策云：汝云入定，為有心入耶？無心入耶？若無心入者，一切無情草木瓦石應合得定。若有心入者，一切有情含識之流亦應得定。

隍曰：我正入定時，不見有有無之心。

策云：不見有有無之心，即是常定。何有出入？若有出入，即非大定。

隍無對，良久問曰：師嗣誰耶？

正受，梵語三昧，是禪定異名。庵，奉佛小舍，或隱修者所住茅屋。有位叫做智隍的禪師，曾經參禮五祖，認為自己已經證得三昧。所以結庵而居，終日長坐不臥，達二十年之久。

河朔，河北朔方。六祖有個弟子名叫玄策，遊方到河朔時，聽到智隍禪師的名聲，就去草庵拜訪，問他道：您在這裡做什麼？智隍答說：入定。

含識，有心識者。玄策說：你說是在入定，請問你入的是有心定還是無心定呢？如果入的是無心定，一切草木瓦礫應該能夠得定。如果入的是有心定，一切有心識的有情也應該能夠得定。

智隍說：我在入定的時候，是不見有心或無心的。也就是說，是超越有心和無心的分別。

玄策反駁說：如果不見有心或者無心，那是最高的定，是覺性的常態，是時時刻刻都如是的。既然是在這個大定的狀態，哪有什麼出和入呢？因為出入都屬於意識的作用。當我們安住於大定時，是沒有出入的。如果有出有入，必然不是大定。

嗣，繼承。智隍無言以對。沉默良久，問玄策說：你是跟誰學的呢？言下之意是，能提出如此尖銳的問題，必定大有來頭。

策云：我師曹溪六祖。

隍云：六祖以何為禪定？

策云：我師所說，妙湛圓寂，體用如如。

五陰本空，六塵非有，不出不入，不定不亂。

禪性無住，離住禪寂。禪性無生，離生禪想。

心如虛空，亦無虛空之量。

隍聞是說，徑來謁師。

師問云：仁者何來？隍具述前緣。

師云：誠如所言，汝但心如虛空，不著空見，應用無礙。

玄策說：我師從曹溪的六祖。

智隍問：那六祖是以什麼為禪定呢？

玄策說：我的老師告訴我們，覺性微妙清淨，周遍法界，它的體和用都具有如如不動的特點，不被五欲六塵所擾，即體即用，體用一如。

五陰，五蘊的舊譯，陰是障蔽義，能遮蔽真如，起諸煩惱。六塵，色、聲、香、味、觸、法六塵，塵為染污義，能染污內心清淨。若能安住於覺性，也就是《壇經》所說的一行三昧，當下就知道：五蘊和六塵本來都是空的，了不可得的。在這一狀態下，沒有什麼出定和入定，同時也是超越定和亂的。

禪性就是禪的體，即覺悟本體，具有無住的特點，能超越禪定中的寂靜，而不是沉空守寂。同時，覺悟本體還具有無生的特點，故能超越禪與非禪的想法。也就是說，禪性既不會執著於靜，也不會分別此是禪而彼非禪。

安住於覺性時，心就像虛空一樣，但又不執著虛空的相。如果執著於空，執著於無，也會障礙對禪性的體認。

智隍聽到這樣的見地，覺得聞所未聞，直接前來參拜六祖。

六祖問他說：仁者從哪裡來？智隍就講述了他和玄策對答的情況。

六祖說：確實像玄策所說的那樣。你要體認覺性，心就應該如虛空一般，空無一物，無形無相，但又不著空見，才能在一切境界中通達無礙，以智慧照見諸法實相。說心如虛空，並不是讓我們去執著一個空相，因為空相也是妄想，也會成為執著。

動靜無心，凡聖情忘。

能所俱泯，性相如如，無不定時也。

隍於是大悟，二十年所得心都無影響。其夜，河北士庶聞空中有聲云：隍禪師今日得道。

隍後禮辭，復歸河北，開化四眾。

虛空是空的，卻並非什麼都沒有，而是含攝萬法又不為萬法所染，這才是虛空的特點。所以，我們既要通過虛空掃除有見，同時也不能著空見。常人或住有，或住空，總是心有所住，就不能應用無礙。

不執著於動和靜，不是說不要動或不要靜，而是在動的時候不執著動，靜的時候不執著靜。也不執著於凡和聖，因為凡和聖都是相對的，而覺性是超越凡聖的，凡情已絕，聖智亦忘。

泯，消失。同時還要超越對能和所的執著，這樣的話，就能體認到一切體相都是如如不動的，都以真實面目出現，無時無刻不在定中。

智隍聽了六祖的開示後，大徹大悟，二十年禪修中的所有執著頓時空了，不再有任何影響。當天晚上，河北的士人、百姓聽到空中有聲音說：智隍禪師今天悟道了。

智隍禪師開悟後，向六祖頂禮告辭，回到河北，教化四眾弟子。

十一　一僧問法

一僧問師云：「黃梅意旨，甚麼人得？」師云：「會佛法人得。」僧云：「和尚還得否？」師云：「我不會佛法。」

這是一段簡短的對答，沒有說明具體人物。

一僧問師云：黃梅意旨，甚麼人得？

師云：會佛法人得。

僧云：和尚還得否？

師云：我不會佛法。

黃梅，指五祖弘忍。意旨，即祖師西來意。有個僧人問六祖說：五祖的傳承，是什麼人得了？

六祖說：懂佛法的人得到了。

僧人接著問：和尚你得了嗎？

六祖回答說：我不會佛法。為什麼這麼說呢？因為得與不得是在意識層面，屬於凡夫境界，而對覺性的體認是超越會與不會，也超越能得與所得的。在我們熟悉的《金剛經》中，就一再講到：不要認為佛陀有得阿耨多羅三藐三菩提的心，如果有得的心，其實還是在凡夫狀態，不能證得阿耨多羅三藐三菩提。所以六祖說，我不會佛法。

十二 方辯塑像因緣

師一日欲濯所授之衣而無美泉。因至寺後五里許，見山林鬱茂，瑞氣盤旋。師振錫卓地，泉應手而出，積以為池，乃跪膝浣衣石上。忽有一僧來禮拜云，方辯是西蜀人，昨於南天竺國見達摩大師，囑方辯速往唐土：吾傳大迦葉正法眼藏及僧伽梨，見傳六代，於韶州曹溪，汝去瞻禮。方辯遠來，願見我師傳來衣缽。

師乃出示。次問：「上人攻何事業？」曰：「善塑。」師正色曰：「汝試塑看。」辯罔措。過數日，塑就真相，可高七寸，曲盡其妙。師笑曰：「汝只解塑性，不解佛性。」師舒手摩方辯頂，曰：「永為人天福田。」（師仍以衣酬之。辯取衣分為三：一披塑像，一自留，一用椶裹瘞地中。誓曰：「後得此衣，乃吾出世，住持於此，重建殿宇。」宋嘉祐八年，有僧惟先修殿掘地，得衣如新。像在高泉寺，祈禱輒應。）

第十二個案例，講述方辯為六祖塑像的因緣。

師一日欲濯所授之衣而無美泉。因至寺後五里許，見山林鬱茂，瑞氣盤旋。

有一天，六祖想要清洗五祖傳給他的袈裟，但附近沒有清泉。所以他來到寺後五里處，看到一個地方山林茂盛，鬱鬱蔥蔥，瑞氣環繞。

師振錫卓地，泉應手而出，積以為池。乃跪膝浣衣石上。

六祖就揮動錫杖，立於地面，泉水立刻隨之湧出，漸漸積為一個水池。六祖就跪在那裡，在石頭上浣洗袈裟。

忽有一僧來禮拜云，方辯是西蜀人，昨於南天竺國見達摩大師，囑方辯速往唐土。

吾傳大迦葉正法眼藏及僧伽梨，見傳六代，於韶州曹溪，汝去瞻禮。

方辯遠來，願見我師傳來衣缽。

師乃出示。次問：上人攻何事業？曰：善塑。

師正色曰：汝試塑看。

辯罔措。過數日，塑就真相，可高七寸，曲盡其妙。

西蜀，今四川省。突然有位僧人前來禮拜，說自己名叫方辯，是四川人。之前在印度南天竺見到達摩大師，大師囑咐他立刻前往中國。

正法眼藏，佛眼徹見正法，為正法眼；含藏萬德，為藏。僧伽梨，又稱大衣，參與大法會所穿。達摩大師對方辯說：我所傳承的大迦葉尊者的正法眼藏以及作為表信的袈裟，已經傳到第六代。現在在韶州曹溪，你應該前去瞻禮。

方辯說：我遠道而來，希望見到祖師傳承的衣缽。

六祖就將袈裟出示給方辯。接著又問他說：你擅長做什麼？方辯說：我善於塑像。

六祖認真地對他說：那你現在給我塑一下看。六祖要他塑的其實是無相真身，而不是外在的色相。《金剛經》說：「若以色見我，以音聲求我，是人行邪道，不能見如來。」可見，真正的身不是色身，而是無形無相的法性。六祖說「汝試塑看」，就是讓他去認識，看他能否見到這個真身。

方辯無法領會其中深意，有些不知所措。過了幾天，塑了六祖的色身之像，高七寸，惟妙惟肖。

師笑曰：汝只解塑性，不解佛性。師舒手摩方辯頂，曰：永為人天福田。

師仍以衣酬之。辯取衣分為三：一披塑像，一自留，一用椶裹瘞地中。誓曰：後得此衣，乃吾出世，住持於此，重建殿宇。

宋嘉祐八年，有僧惟先修殿掘地，得衣如新。像在高泉寺，祈禱輒應。

六祖笑著說：你只理解雕塑的方法，卻不解佛性。又伸手為方辯摸頂說：你塑的這個像，將來可以作為人天福田。

六祖以衣物酬謝他的塑像之勞。方辯把得到的衣物分為三份，一份披在塑像上，一份自己保留，還有一份用棕葉包裹，埋在地下。瘞，掩埋。然後，方辯在埋衣處發願說：今後得到這個衣的人，就是我重新出世，將要在此住持正法，重新建造殿堂。

宋嘉祐八年（一〇六三年），果然有位名叫惟先的僧人，因為修理殿堂而挖掘地基，得到這件衣，還像新的一樣。

方辯所塑的六祖像，現在供奉在高泉寺。如果在像前祈禱的話，均能獲得感應。

十三　僧舉臥輪偈

有僧舉臥輪禪師偈，云：「臥輪有伎倆，能斷百思想。對境心不起，菩提日日長。」

師聞之，曰：「此偈未明心地。若依而行之，是加繫縛。」

因示一偈曰：「惠能沒伎倆，不斷百思想。對境心數起，菩提作麼長。」

第十三個案例，是六祖對臥輪禪師所作偈頌的開示。

有僧舉臥輪禪師偈。云：臥輪有伎倆，能斷百思想。對境心不起，菩提日日長。

師聞之，曰：此偈未明心地。若依而行之，是加繫縛。

因示一偈曰：惠能沒伎倆，不斷百思想。對境心數起，菩提作麼長。

有位僧人舉出臥輪禪師的一首偈頌來請教六祖。臥輪禪師，具體何人，未見記載。他的偈頌說：臥輪有修行的手段，所以能截斷眾流，讓所有念頭不再現起。即使面對各種境界，也能如如不動，不起妄念。做到這些的話，菩提智慧就會天天增長。

六祖聽了之後說：這首偈頌尚未明瞭心地，如果依此修行，只會增加束縛。因為臥輪禪師所說的「對境心不起」，會使心陷入無想的狀態，感覺似乎很寧靜，其實還沒離開潛意識的層面。

為了糾正這種錯誤觀念，六祖也給大眾開示了一首偈頌，內容是：惠能的修行不需要造作，也不需要斷除所有念頭。只要安住於菩提自性，是不妨起心動念的。面對各種境界，一樣可以物來影現，應對自如，但又不陷入對念頭或境界的執著，超越相對，不增不減，就沒什麼長與不長了。

這兩個偈是相對的，一是「能斷百思想」，一是「不斷百思想」；一是「對境心不起」，一是「對境心數起」。在一般人看來，似乎前一個更高明，更符合我們想像中的修行。事實上，它是偏空的，而惠能的偈頌才是有體有用，活潑潑的。

〈機緣品〉記載的這些案例，簡潔生動，其中人物彷彿呼之欲出。但《壇經》收錄這些，顯然不是為了說故事，而是反映了頓教的教化特色。佛法的核心精神是自覺覺他，三藏十二部典籍，既是對自覺的引導，也是如何覺他的指南。禪宗以「不立文字，教外別傳」為宗風，在教法和修證上形成了自己獨到的風格，在教育弟子方面，也是獨特高標，與眾不同。從六祖對學人的接引和印證中，不僅讓我們領略到禪者的大機大用，不拘一格，也從不同側面闡明了頓教一脈的修證心要。而這些對於具體疑問的開示，也能更有針對性地幫助我們解除疑惑，糾正偏差。

【頓漸品第八】

自五祖傳衣缽時，神秀和六祖惠能的得法偈就反映了兩種不同的見地，這個差別成為後來南頓北漸的思想淵源。頓教是從真心契入，直指人心，見性成佛；漸教則是從妄心著手，漸次深入，從認識妄心到解除妄心，乃至最終開悟。雖然在見地和方法上有頓漸之分，但覺性本身是沒有差別，沒有優劣的。

時，祖師居曹溪寶林，神秀大師在荊南玉泉寺。於時兩宗盛化，人皆稱南能北秀。故有南北二宗頓漸之分，而學者莫知宗趣。師謂眾曰：「法本一宗，人有南北。法即一種，見有遲疾。何名頓漸？法無頓漸，人有利鈍，故名頓漸。」

然秀之徒眾往往譏南宗祖師不識一字，有何所長？秀曰：「他得無師之智，深悟上乘，吾不如也。且吾師五祖親傳衣法，豈徒然哉！吾恨不能遠去親近，虛受國恩。汝等諸人毋滯於此，可往曹溪參決。」

時，祖師居曹溪寶林，神秀大師在荊南玉泉寺。於時兩宗盛化，人皆稱南能北秀。

當時，六祖惠能住持曹溪寶林寺，神秀大師住持荊南玉泉寺。兩宗都盛行一時，影響廣大，世人稱為「南能北秀」，即南方以惠能為宗師，北方以神秀為領袖。

故有南北二宗頓漸之分，而學者莫知宗趣。

師謂眾曰：法本一宗，人有南北。法即一種，見有遲疾。何名頓漸？法無頓漸，人有利鈍，故名頓漸。

然秀之徒眾往往譏南宗祖師不識一字，有何所長？

秀曰：他得無師之智，深悟上乘，吾不如也。且吾師五祖親傳衣法，豈徒然哉！吾恨不能遠去親近，虛受國恩。汝等諸人毋滯於此，可往曹溪參決。

因此，才有了南北兩宗的頓漸之分，南方為頓教，而北方為漸教。但對一般學人而言，並沒有能力瞭解兩宗真正的宗旨和精髓所在，對它們的異同是知其然而不知其所以然的。

關於這個問題，六祖對大眾開示說：佛陀正法本來只是一乘，即一條覺醒之道，而學人有地域南北的不同。菩提自性也是不二的，而學人的覺醒過程有快慢不同。什麼叫做頓漸？法是法爾如是的，並沒有所謂的頓漸。只是因為學人根機有利有鈍，所以為利根人設頓教，為鈍根人設漸教，才形成兩個不同的法門。

但神秀的弟子們往往對惠能不以為然，譏諷他連字都不認識，難道會有什麼過人之處嗎？

神秀聽到後就批評他們說：他得到的是無師自通的智慧，直探心地，超越文字，對最上乘法深有體悟，我是比不上的。而且我的師父五祖弘忍親自把衣缽傳給他，哪裡會沒理由地妄傳呢？只可惜我得住持道場，不能遠去親近聞法，在這裡虛受國家的恩澤。你們這些人不要總是留在此地，應該去曹溪參訪六祖，對生死大事得一決定。

以下，介紹三位北宗學人參禮六祖的不同經歷。

一　接引志誠，開示戒定慧

一日，命門人志誠曰：「汝聰明多智，可為吾到曹溪聽法。若有所聞，盡心記取，還為吾說。」志誠稟命至曹溪，隨眾參請，不言來處。

時，祖師告眾曰：「今有盜法之人，潛在此會。」志誠即出禮拜，具陳其事。師曰：「汝從玉泉來，應是細作。」對曰：「不是。」

師曰：「何得不是？」對曰：「未說即是，說了不是。」

師曰：「汝師若為示眾？」對曰：「常指誨大眾，住心觀靜，長坐不臥。」

師曰：「住心觀靜，是病非禪。長坐拘身，於理何益？聽吾偈曰：生來坐不臥，死去臥不坐。一具臭骨頭，何為立功課？」

志誠再拜曰：「弟子在秀大師處學道九年，不得契悟。今聞和尚一說，便契本心。弟子生死事大，和尚大慈，更為教示。」

師云：「吾聞汝師教示學人戒定慧法，未審汝師說戒定慧行相如何？與吾說看。」

誠曰：「秀大師說，諸惡莫作名為戒，諸善奉行名為慧，自淨其意名為定。彼說如此，未審和尚以何法誨人？」

師曰：「吾若言有法與人，即為誑汝。但且隨方解縛，假名三昧。如汝師所說戒定慧，實不可思議。吾所見戒定慧又別。」

志誠曰：「戒定慧只合一種，如何更別？」

師曰：「汝師戒定慧，接大乘人；吾戒定慧，接最上乘人。悟解不同，見有遲疾。汝聽吾說，與彼同否？

吾所說法不離自性，離體說法，名為相說，自性常迷。須知一切萬法，皆從自性起用，是真戒定慧法。聽吾偈曰：心地無非自性戒，心地無癡自性慧，心地無亂自性定。不增不減自金剛，身去身來本三昧。」

誠聞偈悔謝，乃呈一偈曰：「五蘊幻身，幻何究竟？回趣真如，法還不淨。」

師然之。復語誠曰：「汝師戒定慧，勸小根智人；吾戒定慧，勸大根智人。若悟自性，亦不立菩提涅槃，亦不立解脫知見。無一法可得，方能建立萬法。若解此意，亦名佛身，亦名菩提涅槃，亦名解脫知見。見性之人，立亦得，不立亦得。去來自由，無滯無礙。應用隨作，應語隨答。普見化身，不離自性，即得自在神通，遊戲三昧，是名見性。」

志誠再啟師曰：「如何是不立義？」師曰：「自性無非、無癡、無亂，念念般若觀照，常離法相，自由自在，縱橫盡得，有何可立？自性自悟，頓悟頓修，亦無漸次，所以不立一切法。諸法寂滅，有何次第？」

志誠禮拜，願為執侍，朝夕不懈。

首先是接引志誠，為他開示戒定慧的真義，並指出頓漸二教的差別所在。

一日，命門人志誠曰：汝聰明多智，可為吾到曹溪聽法。若有所聞，盡心記取，還為吾說。

志誠稟命至曹溪，隨眾參請，不言來處。

一天，神秀對門人志誠說：你聰明而有智慧，可以代替我到曹溪聞法。如果聽到什麼，要盡力記住，回來如實地轉告我。

志誠接受這個使命後就前往曹溪，跟隨眾人參學，也不說自己來自哪裡。

時，祖師告眾曰：今有盜法之人，潛在此會。志誠即出禮拜，具陳其事。

師曰：汝從玉泉來，應是細作。對曰：不是。

師曰：何得不是？對曰：未說即是，說了不是。

師曰：汝師若為示眾？

對曰：常指誨大眾，住心觀靜，長坐不臥。

師曰：住心觀靜，是病非禪。長坐拘身，於理何益？

一次，六祖上堂說法時對大眾說：現在有盜法者潛伏在此。志誠就出來禮拜，詳細說明事情的原委。

六祖說：你從玉泉來，應該是奸細。志誠說：我不是。

六祖說：為什麼不是呢？志誠說：我沒有說的時候是，在我說了之後就不是。其實，煩惱即菩提也是這樣。見道之前，煩惱就是煩惱。一旦見性，煩惱和菩提的本質都是空性，都是了不可得的。

六祖問：你師父怎麼給大眾開示的呢？

志誠回答說：我師父神秀大師經常教誨大眾，要把心安住於清淨、寂靜的所緣，保持觀照，還要精進禪修，長坐不臥，也就是夜不倒單。

如果從常規的禪修來說，住心觀靜是沒什麼問題的，也是修行方式之一。但從頓教法門的見地來看，住心觀靜就是心有所住，反而會障礙見性。

所以六祖說：通過觀照保持內心的清淨和寧靜，是造作而不是禪修。如果長坐不臥，只能束縛自己的身體，對通達真諦有什麼幫助呢？

通常，禪修都是有所止，是先設一個落腳處，最後再把這個落腳處掃掉。而頓教法門屬於無所止，直接體認覺性，並不需要建立什麼支撐點。所以在惠能看來，打坐只是輔助手段，如果執著坐相，以長坐不臥為能事，反而是誤入歧途了。因為禪是對覺性的體認，應該時刻體認，「行亦禪，坐亦禪，語默動靜體安然」，而不是執著某種形式。

聽吾偈曰：生來坐不臥，死去臥不坐。一具臭骨頭，何為立功課？

志誠再拜曰：弟子在秀大師處學道九年，不得契悟。今聞和尚一說，便契本心。弟子生死事大，和尚大慈，更為教示。

師云：吾聞汝師教示學人戒定慧法，未審汝師說戒定慧行相如何？與吾說看。

誠曰：秀大師說，諸惡莫作名為戒，諸善奉行名為慧，自淨其意名為定。彼說如此，未審和尚以何法誨人？

針對這個問題，惠能大師說：你們聽我的偈頌。我們活著時多半是坐著而不是躺著，死後就只能躺在那裡，再也坐不起來。這個色身不過是一具臭骨頭，哪裡值得在上面下多少功夫？也就是說，靜坐固然是禪修方式之一，但只是途徑而不是根本，不應捨本逐末，執著坐相。如果以坐著不動為能事，為修行的全部，就用錯功夫了。

志誠再次頂禮說：弟子在神秀大師那裡學法九年，並沒有什麼證悟。現在聽到和尚的開示，一下子就契入本心。對弟子來說，了生脫死才是頭等大事，希望和尚慈悲弟子，進一步教授用心之道。

六祖說：我聽說你師父神秀經常為學人開示戒定慧的修行，不知你師父是怎麼講解戒定慧的？且說來給我聽聽看。

志誠答道：神秀大師說，止息所有惡行就是戒，奉行一切善法就是慧，淨化自己的身口意三業就是定。神秀大師就是這麼說的，不知和尚又是用什麼教法開導徒眾？

師曰：吾若言有法與人，即為誑汝。

但且隨方解縛，假名三昧。

如汝師所說戒定慧，實不可思議。吾所見戒定慧又別。

志誠曰：戒定慧只合一種，如何更別？

師曰：汝師戒定慧，接大乘人；吾戒定慧，接最上乘人。悟解不同，見有遲疾。汝聽吾說，與彼同否？

六祖說：如果我說自己有什麼法教授他人，這是騙你的。《金剛經》說：「若人言如來有所說法，即為謗佛，不能解我所說故。」同樣，祖師也是無法與人的，在他體會到的空性層面，是無所住、無所得的，也是無可言說的。不像凡夫，會覺得我有什麼想法告訴你，有什麼法門傳授你，祖師大德並沒有這些。

如果無法可說，六祖又該怎麼引導弟子呢？不過是根據弟子們的根機，解去他們的束縛，並將這種方法假稱為三昧而已。

禪宗有一句話，叫做「解黏去縛」。當我們的心黏到五欲六塵，為之所縛時，祖師只是告訴你如何將它解開。如果沒被黏上，就什麼都不必做了，否則反而是頭上安頭，多此一舉。因為眾生本來具足圓滿的菩提自性，只因無明執著，才製造種種妄想煩惱，作繭自縛。佛教的一切法門，無非是幫助我們解套的方便。除此以外，沒什麼需要做的。

六祖說：像你師父所說的戒定慧，實在是不可思議，但我見到的戒定慧又有所不同。

志誠不解：戒定慧只有一種，怎麼會有差別呢？

六祖說：你師父所說的戒定慧是接引大乘根機者，而我所說的戒定慧是接引最上乘根機者。因為人的根機不同，領悟能力不同，所以見性有快有慢。你且聽我說一下，看看和他說的是否相同？

吾所說法不離自性，離體說法，名為相說，自性常迷。

須知一切萬法，皆從自性起用，是真戒定慧法。

聽吾偈曰：心地無非自性戒，心地無癡自性慧，心地無亂自性定。

不增不減自金剛，身去身來本三昧。

誠聞偈悔謝，乃呈一偈曰：五蘊幻身，幻何究竟？回趣真如，法還不淨。

師然之，復語誠曰：汝師戒定慧，勸小根智人；吾戒定慧，勸大根智人。

六祖說：我所說的一切法，不論是三皈、懺悔、禪定還是淨土，都不離菩提自性。如果離開覺悟本體而說法，只是停留在形式和概念上的說法。即使能說得天花亂墜，內心往往還是處於迷的狀態。因為沒有見性，只會做做表面文章而已。

要知道，一切萬法都是從自性生起的作用，不論善法還是惡法，也不論清淨還是染污，從來沒有離開過菩提自性。必須看到這一點，才能成就真正的戒定慧。

你再聽我說一首偈頌：安住於菩提自性，內心自然沒有是非曲直，本身就具足戒律，為自性戒。安住於菩提自性，內心自然沒有愚癡煩惱，本身就具足智慧，為自性慧。安住於菩提自性，內心自然沒有紛擾惱亂，本身就如如不動，為自性定。這是《壇經》非常重要的開示，說明戒定慧是一體無別的，都是自性的不同作用。

內在覺性是本來圓滿的，就像堅固不壞的金剛一樣，不會因為遇到什麼情況就有所增加，或是到了什麼環境就隨之減少，它從來都是不增不減的。當我們體認到覺性不動的本體，就能在安住的同時應化無方。雖然有來去的顯現，實際卻無所謂來也無所謂去。

志誠聽聞後再次向六祖懺悔，並以偈頌報告心得：五蘊假合的幻化之身，總是在無止境的生滅中，剎那不停，何時能得究竟？但如果覺得有趣向真如的想法，也是造作的，不是清淨的法。

六祖對他的心得給予肯定，再次告誡他說：你師父神秀所說的戒定慧，是引導小根機者。我所說的戒定慧，是引導大根機者。至於按什麼來修，須量力而行。如果本身是小根者，卻要修無上法，可能修一輩子都找不到門。

若悟自性，亦不立菩提涅槃，亦不立解脫知見。

無一法可得，方能建立萬法。若解此意，亦名佛身，亦名菩提涅槃，亦名解脫知見。

見性之人，立亦得，不立亦得。

去來自由，無滯無礙。應用隨作，應語隨答。

普見化身，不離自性，即得自在神通，遊戲三昧，是名見性。

志誠再啟師曰：如何是不立義？

如果體認到內在覺性，了知沒有實在的菩提，也沒有實在的涅槃，就不需要建立菩提、涅槃這些概念了，也不需要建立什麼解脫知見。所有這些概念和說法，都是在世俗諦的層面而建立，在空性層面是沒有這些的。

體認到沒有一法可得，才是真正了悟空性，才能從空出有，建立萬法。如果領會其中深意，體認到覺悟本體，也可以叫佛身，也可以叫菩提涅槃，也可以叫解脫知見。換言之，這些都是名異而義一，雖然安立不同的假名，實際是一回事。

真正見性的人，安立或不安立假名都可以悟入。有所立，也不會執著，知道這是方便假立。沒有所立，也不會覺得缺少什麼，知道覺性本來就超越這些假名。反之，對於沒有見性的人，立就會執著於立，不立就會執著於空，終歸是錯。

安住覺性，就能來去自由，沒有任何障礙。眾生需要你為他們做什麼，就可以做些什麼；需要你為他們答什麼，就可以答些什麼。雖然做，雖然說，但內心是無住、無所得的。

還能示現種種身相，做種種事情，但都沒有離開覺悟本體，所謂「萬變不離其宗」。弘法利生如此，穿衣吃飯也是如此，這就是自在神通和遊戲三昧。能夠達到這樣的境界，就可稱之為見性了。

志誠再次請問六祖說：什麼是不立的真義呢？這個立，就是前面所說的「不立菩提涅槃」，乃至「立亦得，不立亦得」的「立」。

師曰：自性無非、無癡、無亂，念念般若觀照，常離法相，自由自在，縱橫盡得，有何可立？

自性自悟，頓悟頓修，亦無漸次，所以不立一切法。諸法寂滅，有何次第？

志誠禮拜，願為執侍，朝夕不懈。

六祖說：菩提自性是沒有是非、沒有愚癡、沒有動亂的，每一念都安住於智慧觀照，所以能超越一切相的束縛，自由自在，做任何事都能從心所欲不逾矩，哪有什麼需要立的呢？

菩提自性必須自己體認，任何人無法替代。想要頓悟見性，就要根據頓教法門修行，這是一超直入如來地的捷徑，沒有次第可言，所以不立一切法。所謂次第，即修行過程中需要遵循的、由淺入深的次序。在覺性層面，一切都是本來具足的，本來就是寂滅、圓滿而清淨的，有什麼次第可言？

志誠聽了這些開示後，再次禮拜六祖，希望留在六祖身邊。其後，侍奉左右，朝夕都不懈怠。

二 接引志徹，開示佛性義

僧志徹，江西人，本姓張，名行昌，少任俠。自南北分化，二宗主雖亡彼我，而徒侶競起愛憎。時，北宗門人自立秀師為第六祖，而忌祖師傳衣為天下聞，乃囑行昌來刺師。

師心通，預知其事，即置金十兩於座間。時夜暮，行昌入祖室，將欲加害。師舒頸就之，行昌揮刃者三，悉無所損。

師曰：「正劍不邪，邪劍不正。只負汝金，不負汝命。」

行昌驚僕，久而方蘇，求哀悔過，即願出家。

師遂與金，言：「汝且去，恐徒眾翻害於汝。汝可他日易形而來，吾當攝受。」

行昌稟旨宵遁，後投僧出家，具戒精進。

一日，憶師之言，遠來禮覲。師曰：「吾久念汝，汝來何晚？」

曰：「昨蒙和尚捨罪，今雖出家苦行，終難報德，其惟傳法度生乎。弟子常覽《涅槃經》，未曉常、無常義。乞和尚慈悲，略為解說。」

師曰：「無常者，即佛性也。有常者，即一切善惡諸法分別心也。」

曰：「和尚所說，大違經文。」

師曰：「吾傳佛心印，安敢違於佛經？」

曰：「經說佛性是常，和尚卻言無常。善惡諸法乃至菩提心皆是無常，和尚卻言是常。此即相違，令學人轉加疑惑。」

師曰：「《涅槃經》，吾昔聽尼無盡藏讀誦一遍，便為講說，無一字一義不合經文。乃至為汝，終無二說。」

曰：「學人識量淺昧，願和尚委曲開示。」

師曰：「汝知否？佛性若常，更說什麼善惡諸法，乃至窮劫，無有一人發菩提心者。故吾說無常，正是佛說真常之道也。又，一切諸法若無常者，即物物皆有自性容受生死，而真常性有不遍之處。故吾說常者，正是佛說真無常義。佛比為凡夫外道執於邪常，諸二乘人於常計無常，共成八倒。故於涅槃了義教中，破彼偏見，而顯說真常、真樂、真我、真淨。汝今依言背義，以斷滅無常及確定死常，而錯解佛之圓妙最後微言。縱覽千遍，有何所益？」

行昌忽然大悟，說偈曰：「因守無常心，佛說有常性。不知方便者，猶春池拾礫。我今不施功，佛性而現前。非師相授與，我亦無所得。」

師曰：「汝今徹也，宜名志徹。」徹禮謝而退。

其次，是六祖對志徹的接引，主要是關於《涅槃經》佛性思想的開示。這是《壇經》中第四次提到《涅槃經》，可見此經與頓教法門淵源頗深。

僧志徹，江西人，本姓張，名行昌，少任俠。自南北分化，二宗主雖亡彼我，而徒侶競起愛憎。

僧人志徹是江西人，俗家姓張，名行昌，年輕時很有俠氣。自從南北二宗分化後，神秀和惠能兩位宗主雖然沒有你我之分，但徒眾們難免因為我執而產生對立乃至愛憎。

時，北宗門人自立秀師為第六祖，而忌祖師傳衣為天下聞，乃囑行昌來刺師。

師心通，預知其事，即置金十兩於座間。時夜暮，行昌入祖室，將欲加害。師舒頸就之，行昌揮刃者三，悉無所損。

師曰：正劍不邪，邪劍不正。只負汝金，不負汝命。

行昌驚僕，久而方蘇，求哀悔過，即願出家。

師遂與金，言：汝且去，恐徒眾翻害於汝。汝可他日易形而來，吾當攝受。

行昌稟旨宵遁，後投僧出家，具戒精進。

當時，北宗門人自己擁立神秀為禪宗第六祖，但忌諱五祖傳衣缽於惠能的事天下都有傳聞，讓神秀這個第六祖做得名不正言不順，所以就找張行昌來刺殺六祖。

六祖有他心通，預先已經知道此事，所以就放了十兩金子在房間的座位上。到了晚上，張行昌潛入到六祖房間，準備加害於他。六祖伸著脖子任他砍，張行昌揮刀砍了三下，但六祖沒有受到任何傷害。

六祖對他說：如果是正義之劍，就不會有邪心夾雜其間。如果是邪心用劍，就不是俠客的正義行為。我只欠了你的錢，但沒有欠你的命。

張行昌聞言大驚，嚇得暈倒過去，良久方才甦醒，表示悔過並懇求六祖寬恕，還發願要出家修行。

六祖把金子給他說：你趕快走吧，等下我的弟子們知道後是不會饒過你的，恐怕會加害於你。日後，你可以改變身分前來，我自然會攝受你。

張行昌聽從六祖的勸告，連夜逃走。後來出家為僧，嚴持戒律，非常精進。

一日，憶師之言，遠來禮覲。

師曰：吾久念汝，汝來何晚？

曰：昨蒙和尚捨罪，今雖出家苦行，終難報德，其惟傳法度生乎。

弟子常覽《涅槃經》，未曉常、無常義。乞和尚慈悲，略為解說。

師曰：無常者，即佛性也。有常者，即一切善惡諸法分別心也。

曰：和尚所說，大違經文。

有一天，張行昌突然想到六祖對他的囑咐，就遠道而來，參拜六祖。

六祖說：我念叨你很久了，怎麼來得這麼晚？

張行昌說：當年承蒙和尚寬宏大量，饒恕我的罪過。雖然我現在出家修習苦行，還是難以報答這個大恩大德。今後只有好好修行，弘揚佛法，度化眾生，才能報此恩於萬一。

接著，行昌又提出他在修學中的疑問：弟子經常閱讀《涅槃經》，但不瞭解有常和無常的深意。懇請和尚慈悲，為我略作講解。

六祖說：無常的，就是佛性。有常的，就是一切善惡諸法以及分別心。

張行昌說：和尚所說的，與經文完全相違。事實上，六祖這個說法不僅張行昌難以接受，凡略通教理者，恐怕都會感到驚訝。

通常，我們總是說諸法無常，而佛性是常樂我淨的。為什麼六祖要反其道而行之呢？須知，這個說法是有針對性的。因為凡夫說佛性是常，其實是有執著的，是一種遍計所執意義上的常。佛性雖然包含常和無常兩個層面，但本身是超越常和無常的。從體上來說是常，從用上來說是無常。至於說一切諸法的無常，也是片面理解的無常，不是緣起意義上的無常。其實，一切無常現象的當下並沒有離開覺悟本師曰：吾傳佛心印，安敢違於佛經？

曰：經說佛性是常，和尚卻言無常。善惡諸法乃至菩提心皆是無常，和尚卻言是常。此即相違，令學人轉加疑惑。

師曰：《涅槃經》，吾昔聽尼無盡藏讀誦一遍，便為講說，無一字一義不合經文。乃至為汝，終無二說。

曰：學人識量淺昧，願和尚委曲開示。

師曰：汝知否？佛性若常，更說什麼善惡諸法，乃至窮劫，無有一人發菩

體，沒有離開常。可見，每一法都包含常和無常兩個層面。但凡夫的認識總是落於兩邊，或執著常，或執著無常。所以六祖特別針對這個問題，說佛性是無常而一切諸法是常，這個說法正是為了打破我們對常和無常的執著。

六祖說：我是傳佛心印，怎麼敢違背佛經？

行昌說：經中分明說佛性是常，可是和尚卻說無常。經中分明說善惡諸法乃至菩提心都是無常，可和尚卻說是常。這就與經文相違背，您的開示讓我更加迷惑了。張行昌本來是請六祖解惑的，現在非但沒得到想要的回答，反而如墮五里霧中，不知所措。

六祖說：關於《涅槃經》，我當年聽無盡藏比丘尼讀誦過一遍，就為她進行解說，沒有一個字或一點理解是不符合經意的。現在為你講解，也沒有第二種不同的說法。因為六祖是安住覺性產生的認識，所見是本來如此的。如果通過理性的思惟，認識終歸是不究竟的。

行昌說：學人對法的認識非常淺陋，希望和尚慈悲為我解說，開顯其中蘊含的甚深義理。

六祖說：你知道嗎？如果說佛性是恆常的，那它就是固定不變的，就不可能產生作用。正因為佛性有無常的一面，所以才能妙用無方，否則就談不上產生善惡諸法了。乃至無量劫，都不會有一個人能發起菩提心。所以我說的無常，正符合佛說

提心者。故吾說無常，正是佛說真常之道也。

又，一切諸法若無常者，即物物皆有自性容受生死，而真常性有不遍之處。故吾說常者，正是佛說真無常義。

佛比為凡夫外道執於邪常，諸二乘人於常計無常，共成八倒。故於涅槃了義教中，破彼偏見，而顯說真常、真樂、真我、真淨。

汝今依言背義，以斷滅無常及確定死常，而錯解佛之圓妙最後微言，縱覽千遍，有何所益？

的真常之道。事實上，真常之道是超越常與無常的，同時具備有常與無常兩個特徵，如果單純理解佛性是常而沒有無常的作用，是有失偏頗的。

如果說一切諸法是無常的，沒有常的層面，也是片面的，等於說萬物皆有的覺性也在接受生死。那麼，它所具備的不生不滅的特性就有不周遍之處了。所以我說的常，就是佛說無常的真義。

一切緣起現象的當下就是空性，一切有限的當下就是無限，如果片面執著無常，忽略常的層面，也是不完整的。因此，在了知一切法無常的同時，還要理解一切法的空性，即常的層面。換言之，無常包括常與無常兩面，佛陀說一切法無常，是要幫助我們去理解空性，這正是無常的本質，是無常的另一面。

佛陀因為凡夫和外道執著於常見，而二乘人則於常中執著無常，共有八種顛倒的認識，所以在《涅槃經》這一了義教法中，針對這些錯誤觀點進行破除。破除偏於一邊的常見和無常見，開顯超越常與無常的真常、真樂、真我和真淨。當然我們也不可以執此常、樂、我、淨，否則又同於世間或外道之見了。

六祖接著批評說：你現在依文解義，違背佛言，把生死斷滅作為無常，把固定僵化作為常，片面理解佛陀最後宣說的圓滿精妙的微言大義，即使讀誦千遍《涅槃經》，又有什麼用處呢？

行昌忽然大悟，說偈曰。

因守無常心，佛說有常性。不知方便者，猶春池拾礫。

我今不施功，佛性而現前。非師相授與，我亦無所得。

師曰：汝今徹也，宜名志徹。徹禮謝而退。

行昌聽了六祖的開示之後，恍然大悟，說了一首偈頌來報告聞法心得。

因為有人執著於無常，所以佛陀在《涅槃經》中說涅槃的恆常。如果不知道這是佛陀的方便說法，執以為究竟，就像在春天美妙的水池中，只撿到一片瓦石。事實上，佛陀說常或無常都是一種方便。說常是為了破除無常，而不是讓我們去執著常；說無常是為了破除常見，而不是讓我們去執著無常。只有破除常和無常的執著後，我們才能超越二邊，證得真常之性。

我們現在放下各種執著和有功用行，佛性就自然顯現了。這個佛性是本自具足的，不是老師傳給我的，也不是佛陀傳給我的，而是我們的自家寶藏。正因為本自具足，雖然佛性現前，還是無所得的。本來沒有，才能謂之得。既然本來就有，有什麼得不得呢？

六祖說：你今天的確是徹悟了，應該更名叫做志徹。志徹非常感謝，作禮而退。

三

接引神會，說見不見義

有一童子，名神會，襄陽高氏子，年十三，自玉泉來參禮。

師曰：「知識遠來艱辛，還將得本來否？若有本則合識主，試說看。」

會曰：「以無住為本，見即是主。」

師曰：「這沙彌爭合取次語。」

會乃問曰：「和尚坐禪，還見不見？」

師以柱杖打三下，云：「吾打汝痛不痛？」

對曰：「亦痛亦不痛。」

師曰：「吾亦見亦不見。」

神會問：「如何是亦見亦不見？」

師云：「吾之所見，常見自心過愆，不見他人是非好惡，是以亦見亦不見。汝言亦痛亦不痛如何？汝若不痛，同其木石；若痛，則同凡夫，即起恚恨。汝向前見不見是二邊，痛不痛是生滅。汝自性且不見，敢爾弄人？」

神會禮拜悔謝。

師又曰：「汝若心迷不見，問善知識覓路。汝若心悟，即自見性，依法修行。汝自迷不見自心，卻來問吾見與不見。吾見自知，豈代汝迷？汝若自見，亦不代吾迷。何不自知自見，乃問吾見與不見？」

神會再禮百餘拜，求謝過愆。服勤給侍，不離左右。

一日，師告眾曰：「吾有一物，無頭無尾，無名無字，無背無面，諸人還識否？」

神會出曰：「是諸佛之本源，神會之佛性。」

師曰：「向汝道無名無字，汝便喚作本源佛性。汝向去有把茆蓋頭，也只成個知解宗徒。」

祖師滅後，會入京洛，大弘曹溪頓教。著《顯宗記》，盛行於世（是為荷澤禪師）。

第三是接引神會。這是禪宗發展史上的一個重要人物，對弘揚頓教法門作了很多努力，並著有《顯宗記》等，由此確立南宗在禪宗史上的正統地位，可謂貢獻巨大。

有一童子，名神會，襄陽高氏子，年十三，自玉泉來參禮。

師曰：知識遠來艱辛，還將得本來否？若有本則合識主，試說看。

會曰：以無住為本，見即是主。

師曰：這沙彌爭合取次語。

會乃問曰：和尚坐禪，還見不見？

有位名叫神會的少年，是襄陽高氏的兒子，十三歲那年，自神秀住持的玉泉寺前來參禮六祖。

知識，是六祖對求法者的客氣稱呼。六祖問他說：你遠道而來，很是辛苦。見到本來面目了嗎？如果見到，應該能做得了自己的主，說來聽聽。禪宗的修行，是要我們了悟生命之本，像永嘉禪師說的「但得本，莫愁末」。這個「本來」，正是整個修行的基礎。

神會回答說：心無所住就是本，能見的心就是主。這個主，是生命的自主作用。

六祖說：這個沙彌怎麼說得那麼輕率呢？或者說，對這個問題的認識怎麼那麼草率，那麼輕飄飄的呢？因為這是了生脫死的大事，不是鬥機鋒，圖個嘴上痛快。

神會反問六祖說：和尚坐禪的時候，是見還是不見呢？

師以柱杖打三下，云：吾打汝痛不痛？

對曰：亦痛亦不痛。

師曰：吾亦見亦不見。

神會問：如何是亦見亦不見？

師云：吾之所見，常見自心過愆，不見他人是非好惡，是以亦見亦不見。汝言亦痛亦不痛如何？汝若不痛，同其木石；若痛，則同凡夫，即起恚恨。

汝向前見不見是二邊，痛不痛是生滅。汝自性且不見，敢爾弄人？

六祖就用拐杖打了神會三下，問說：我打你的時候，是痛還是不痛呢？

神會回答說：也痛也不痛。

六祖說：我也見到，也沒有見到。

神會問：什麼是也見到，也沒見到？在我們的認識中，見到就是見到，沒見到就是沒見到，怎麼會又見又不見的呢？

六祖道：我說的所見，是經常見到自己的過失。我說的不見，是不去看他人的是非好惡。所以說，也看見也沒看見。但你說的也痛也不痛是怎麼回事呢？你如果不痛，就像木石一樣毫無知覺。你如果痛的話，就像凡夫那樣心生嗔恨。

六祖接著說：你之前所說的見和不見是落於兩邊，而見性是超越見或不見的。至於你說痛和不痛的時候，又是落於生滅之上。你自己尚未見性，怎麼還敢來質問別人？

僧肇在《般若無知論》中說：「般若無知，無所不知。」般若無知的知，不是意識層面的知，也不是木頭一樣的無知，所以不屬於知或不知的範疇。見性也是同樣，不在於見，也不在於不見。見或不見的問話本來就屬於二邊，而見性是要超越二邊的。

神會禮拜悔謝。

師又曰：汝若心迷不見，問善知識覓路。汝若心悟，即自見性，依法修行。汝自迷不見自心，卻來問吾見與不見。

吾見自知，豈代汝迷？汝若自見，亦不代吾迷。何不自知自見，乃問吾見與不見？

神會再禮百餘拜，求謝過愆。服勤給侍，不離左右。

一日，師告眾曰：吾有一物，無頭無尾，無名無字，無背無面，諸人還識否？

神會聽了這番開示之後，禮拜懺悔，感謝六祖指點。

六祖又對他說：如果你內心處於迷惑中，見不到本性，應該老老實實地向善知識問路，請求指點迷津。如果你已經證悟，見到自己的本性，就應該踏踏實實地依法修行。現在你還在迷妄中，沒有見到心的本來，卻來問我見不見，對自身修學有什麼意義呢？這是告誡神會切勿少年輕狂，徒逞口舌之利，對修行有百害而無一利。

這種現象在當今學佛者中也為數不少，自己還一無是處，卻拿著看來的片言隻語四處質疑別人。如果對方不知，本來就不必問；如果對方知道，因為你沒有正確的求法心態，也是不得受用的。

六祖接著說：我見沒見到，自己一清二楚，了了分明。但我的所見，能解決你的迷惑嗎？如果你有所見，也無法解決我的迷惑。既然不能替代，我們何不自修自得，趕緊明心見性，為什麼來問我見還是沒見呢？這對你的證悟有什麼幫助呢？純粹是不知天高地厚的表現。

神會畢竟是個法器，聽了這番批評後，立刻認識到自身問題所在，再度懺悔，頂禮百拜，請求六祖原諒其過失。之後，對六祖殷勤侍奉，常隨左右。

一天，六祖對大眾說：我有個東西，沒有頭也沒有尾，沒有名也沒有字，沒有背面也沒有正面，你們認識嗎？

神會出曰：是諸佛之本源，神會之佛性。

師曰：向汝道無名無字，汝便喚作本源佛性。汝向去有把茆蓋頭，也只成個知解宗徒。

祖師滅後，會入京洛，大弘曹溪頓教。著《顯宗記》，盛行於世（是為荷澤禪師）。

神會站出來回答說：這就是諸佛所以成佛的根本，也是神會本來具足的佛性。這個回答看似正確，其實又貼上了一個標籤。

茆，同茅。六祖說：我不是已經和你們說過，沒有名也沒有字，你為什麼還要把它叫做本源佛性，為什麼還要貼上這些標籤？你這樣的知見，即使將來到哪裡結個草庵，用把茅草蓋在頭上遮蔽風雨，看著像個禪者的樣子，實際卻仍是個停留於知見概念的人。

「把茆蓋頭」的另一層意思，是說神會已被概念困住，障礙了對真理的認識。這也是讀書人學佛最容易出現的毛病，把知識層面的認知當做事實層面的認知。禪宗之所以說不立文字，就是讓學人超越知識和概念，直接體認事物的本來面目。

六祖入滅後，神會來到京都洛陽，大力弘揚曹溪六祖的頓教法門。並著有《顯宗記》一書，在世間廣為盛行，使人們認識到頓教法門及其殊勝，對發展南宗一脈起到了極大的推動作用。當時的人們稱之為荷澤禪師。

師見諸宗難問，咸起噁心，多集座下，湣而謂曰：「學道之人，一切善念惡念應當盡除。無名可名，名於自性。無二之性，是名實性。於實性上建立一切教門，言下便須自見。」

諸人聞說，總皆作禮，請事為師。

師見諸宗難問，咸起噁心，多集座下，愍而謂曰：學道之人，一切善念惡念應當盡除。

無名可名，名於自性。無二之性，是名實性。於實性上建立一切教門，言下便須自見。

諸人聞說，總皆作禮，請事為師。

六祖看到各宗派不是為了釐清法義進行辯論，而是帶著人我是非之心互相問難，並有不少這樣的人聚集到座下，就以慈悲心告誡大眾說：學道的人，對於一切善念和惡念都要徹底斷除。

為什麼這麼說呢？難道是讓學人不辨善惡嗎？須知，學佛之初固然要分辨善惡，但要證得覺性，就應超越對善惡的執著，正如《金剛經》所說：「以無我、無人、無眾生、無壽者修一切善法，即得阿耨多羅三藐三菩提。」如果還有善惡之別，就是落在對念頭的執著中，是不可能見性的。

這個不思善、不思惡的境界，無法以什麼名稱來命名，只能暫且假稱為自性。能夠超越善惡二元對立，才是真正的菩提自性。安住於這個自性，可以建立種種方便，建立八萬四千法門。對於這一點，關鍵是你們自己要從當下去體認。

大眾聽了六祖的開示，一同向六祖頂禮，請求他作為修行的導師。

〈頓漸品〉和〈機緣品〉的體例接近，都是記載六祖對弟子們的引導和開示。不同在於，〈頓漸品〉中的三位來自玉泉寺，其中前兩位並不是為求法而來，他們能與六祖結緣，只是源於頓漸之爭。志誠是被派來聽聽六祖說什麼，志徹（張行昌）是被派來刺殺六祖，神會則是日後推動頓教弘揚的關鍵人物。但本品的重點不是在說故事，而是從法義上，說明頓教和漸教的不同立足點，以及各自接引的不同根機。用現在的話說，就是面向不同的目標群體。

作為修學者，我們在瞭解各個法門的同時，也要衡量自身根機，選擇修起來最能相應的那個，而不是一味求高求快。法法平等，只有適合自己的，才是對的，才是最好的。

【宣詔品第九】

〈宣詔品〉主要介紹朝廷對六祖的護持，以及六祖對傳詔使臣的開示。

一 馳詔迎請

神龍元年上元日，則天中宗詔云：「朕請安、秀二師，宮中供養。萬機之暇，每究一乘。二師推讓云：南方有能禪師，密授忍大師衣法，傳佛心印，可請彼問。今遣內侍薛簡，馳詔迎請。願師慈念，速赴上京。」

師上表辭疾，願終林麓。薛簡曰：「京城禪德皆云，欲得會道，必須坐禪習定。若不因禪定而得解脫者，未之有也。未審師所說法如何？」

師曰：「道由心悟，豈在坐也？經云：若言如來若坐若臥，是行邪道。何故？無所從來，亦無所去，無生無滅，是如來清淨禪。諸法空寂，是如來清淨坐。究竟無證，豈況坐耶？」

簡曰：「弟子回京，主上必問。願師慈悲，指示心要，傳奏兩宮及京城學道者。譬如一燈然百千燈，冥者皆明，明明無盡。」

師云：「道無明暗，明暗是代謝之義。明明無盡，亦是有盡，相待立名故。《淨名經》云：法無有比，無相待故。」

簡曰：「明喻智慧，暗喻煩惱。修道之人倘不以智慧照破煩惱，無始生死憑何出離？」

師曰：「煩惱即是菩提，無二無別。若以智慧照破煩惱者，此是二乘見解，羊鹿等機，上智大根悉不如是。」

簡曰：「如何是大乘見解？」

師曰：「明與無明，凡夫見二。智者了達，其性無二。無二之性，即是實性。實性者，處凡愚而不減，在賢聖而不增，住煩惱而不亂，居禪定而不寂。不斷不常，不來不去，不在中間及其內外。不生不滅，性相如如，常住不遷，名之曰道。」

簡曰：「師說不生不滅，何異外道？」

師曰：「外道所說不生不滅者，將滅止生，以生顯滅，滅猶不滅，生說不生。我說不生不滅者，本自無生，今亦不滅，所以不同外道。汝若欲知心要，但一切善惡都莫思量，自然得入清淨心體，湛然常寂，妙用恆沙。」

第一部分，是中宗詔請六祖時，六祖對使臣薛簡的開示。

神龍元年上元日，則天中宗詔云：朕請安、秀二師，宮中供養。萬機之暇，每究一乘。

上元日，即正月十五。安，嵩岳慧安國師，《景德傳燈錄》記載：「唐貞觀中，至黃梅謁忍祖，遂得心要。」一乘，佛法。神龍元年（七〇五年）正月十五的時候，武則天和唐中宗頒布詔書說：朕禮請慧安和神秀兩位國師到宮中接受供養，讓我們能夠在日理萬機之餘，有機會參究佛法。

二師推讓云：南方有能禪師，密授忍大師衣法，傳佛心印，可請彼問。

但兩位國師都推讓說：南方有惠能禪師，曾得到五祖弘忍大師祕密傳授的衣缽和法脈，能夠傳承佛法心印，應該向他請教。

今遣內侍薛簡，馳詔迎請。願師慈念，速赴上京。

內侍，太監。所以現在派遣內侍薛簡，帶著詔書前來迎請。希望大師慈悲顧念我們的向道之心，立刻動身前來京城。

師上表辭疾，願終林麓。

對皇帝的邀請，六祖上奏，託病辭謝，希望在林間終老一生。既然六祖不得前往，薛簡就向他請教一些佛法問題，以便回去轉告頒布詔書的則天和中宗。

薛簡曰：京城禪德皆云，欲得會道，必須坐禪習定。若不因禪定而得解脫者，未之有也。未審師所說法如何？

師曰：道由心悟，豈在坐也？

經云：若言如來若坐若臥，是行邪道。何故？無所從來，亦無所去，無生無滅，是如來清淨禪。

薛簡問：京城禪門大德都說，想要解脫，必須從坐禪入手，從而獲得定力。如果不是通過修習禪定而解脫的，從來都沒有過。不知大師如何看待這個問題？

對於這個問題，六祖直截了當地開示說：道是由心體認的，怎麼會取決於坐呢？從《壇經》看，六祖似乎有些排斥打坐。事實上，六祖批判的是執著坐相，或將此作為入道的唯一方式。

禪是超越任何形式的，在行住坐臥、穿衣吃飯的每個當下都可以體認。既然不拘形式，自然不會排斥「坐」，因為這也是契入心性的輔助手段，而且是重要手段。但不是唯一，也不是必經之路。修行的重點，是要落在「心」而不是「坐」上。就像牛駕車，如果牛不走，應該打牛而非打車。執著坐相，就像是在打車而非打牛，打得再辛苦也是枉然。

為了闡明這個問題，六祖又引《金剛經》為證。經中說：「若有人言，如來若來若去，若坐若臥，是人不解我所說義。何以故？如來者，無所從來，亦無所去，故名如來。」如果以為，如來也像凡人一樣有來有去，有坐有臥，這是不瞭解如來的表現。

為什麼這麼說呢？因為如來坐的時候不執著於坐相，臥的時候不執著於臥相，坐臥都是自在的。如來證得的覺性也是同樣，沒有來也沒有去，沒有生也沒有滅，這就是如來清淨禪。而在證得覺性之前，我們會執著於來去，執著於生死，於來去、生死都不得自在。

諸法空寂，是如來清淨坐。究竟無證，豈況坐耶？

簡曰：弟子回京，主上必問。願師慈悲，指示心要，傳奏兩宮及京城學道者。譬如一燈然百千燈，冥者皆明，明明無盡。

師云：道無明暗，明暗是代謝之義。明明無盡，亦是有盡，相待立名故。

《淨名經》云：法無有比，無相待故。

體認到一切法的空性和寂靜，安住其中，如如不動，就是如來那樣清淨無染的坐，這才是最高的坐禪。這個坐是超越能所的，是無所坐、無所得的。在究竟意義上說，如來得阿耨多羅三藐三菩提，尚且沒有所得，更何況坐呢？自然是了不可得的。

薛簡說：弟子回到京城後，皇帝必然會詢問六祖到底說了些什麼。希望大師慈悲為我們指示佛法心要，我會將此傳奏太后武則天和中宗皇帝，以及京城的修學者們。這樣就能像一盞燈點燃千百萬盞燈，讓處於無明暗夜的眾生獲得光明，進而光光相映，燈燈互遞，無窮無盡。

通常，人們都以黑暗代表無明，以光明代表智慧。所以薛簡提出要傳遞佛法光明，以此破除黑暗，殊不知，這樣就使光明和黑暗形成二元對立。

針對這個觀點，六祖對薛簡作了重要開示，說明光明和黑暗的本質不二：最高真理是超越明暗的。所謂的明和暗，只是一種相對的表達，是說明兩者相互替代，有明無暗，有暗無明。至於說到明明無盡，也是和有盡相待而立名。如果執著這種相對，是不能證得覺性的。

所以《維摩詰所說經》說：在最高真理的層面，是沒有彼和此的。因為它已超越相對，無所謂明，也無所謂暗，無所謂無盡，也無所謂有盡。只有這樣，才能體認絕待的空性。

簡曰：明喻智慧，暗喻煩惱。修道之人倘不以智慧照破煩惱，無始生死憑何出離？

師曰：煩惱即是菩提，無二無別。若以智慧照破煩惱者，此是二乘見解，羊鹿等機，上智大根悉不如是。

簡曰：如何是大乘見解？

師曰：明與無明，凡夫見二。智者了達，其性無二。無二之性，即是實性。實性者，處凡愚而不減，在賢聖而不增，住煩惱而不亂，居禪定而不寂。

薛簡又進一步提出疑問：明是代表智慧，暗是比喻煩惱。修道者如果不以智慧照破煩惱，無始以來的生死怎麼出離，又憑什麼出離？在教下的常規認識中，世間有智慧，有煩惱，故以智慧照破煩惱。但在禪宗的見地中，卻不如是。

六祖說：煩惱就是菩提，兩者是沒有區別的。這是《壇經》最廣為人知的教誨之一，凡對佛教略知一二者，都會對這句話耳熟能詳。但它的內涵是什麼？如果煩惱就是菩提，我們有的是煩惱，為什麼還要學修，為什麼還要見性？須知，這個「即是」是本質而非現象的相同。煩惱的原始能量就是菩提，只是經過無明的扭曲，所以呈現出煩惱的形態。

如果認為要以智慧照破煩惱，這是二乘的見解，是《法華經》所說的羊車、鹿車的根機，不是大白牛車的根機。對於上根利智者來說，修行並不是這樣的。

薛簡問：那什麼是大乘見解呢？

六祖說：明和無明，凡夫認為是兩個東西。光明沒有出現時，四處一片黑暗。當光明出現時，黑暗到哪裡去了？其實是找不到的。可見，離開明之外沒有獨立的無明。《證道歌》說：「無明實性即佛性。」在智者看來，明和無明的本質是一樣的，都是覺性，並不是兩個東西。超越對明和無明的執著，就能體認其中的實性。

這個實性就是覺性，作為無明凡夫時不會減少，證得聖道聖果時不會增多。在煩惱狀態下不被擾亂，在禪定狀態下也不寂滅。在在處處，都是圓滿無缺的。無論證得還是沒有證得，它都不受影響，沒有改變。

不斷不常，不來不去，不在中間及其內外。不生不滅，性相如如。常住不遷，名之曰道。

簡曰：師說不生不滅，何異外道？

師曰：外道所說不生不滅者，將滅止生，以生顯滅，滅猶不滅，生說不生。我說不生不滅者，本自無生，今亦不滅，所以不同外道。

汝若欲知心要，但一切善惡都莫思量，自然得入清淨心體，湛然常寂，妙用恆沙。

接著，六祖又進一步說明覺性的特點：它不是斷滅，也不是恆常的；不落於來，也不落於去；既不在中間，也不在內外。沒有生也沒有滅，如如不動，不隨外境遷流變化，所以稱之為道。

薛簡進一步請教說：您說的這個不生不滅，和外道說的不生不滅有什麼不同呢？這難道不是落於常見了嗎？

六祖開示說：外道所說的不生不滅，是對立的狀態。是以滅作為生的結束，又以生來顯示滅，這個滅就不是真正意義上的滅，生也不是真正意義上的生。也就是說，這不是緣起的生滅。

而我現在所說的不生不滅，是從緣起層面而言。生的本身就是不生，因為沒有自性的生，有的只是因緣假相而已。透過這個因緣假相，瞭解到無生的空性。同樣，滅也不屬於斷滅的滅。所以說，完全不同於外道所說的生滅。

這句話是頓教的用功之道：如果你想瞭解這一心法的要領，必須超越對善惡的執著，而不是像教下那樣，以斷惡修善作為常規道路。只有超越一切二元對待，不思善，不思惡，才能契入心的本體。體會到覺性的光明澄澈，照而常寂，同時還有恆河沙數的無量妙用。

二 中宗賜衣鉢

簡蒙指教，豁然大悟，禮辭歸闕，表奏師語。其年九月三日，有詔獎諭師曰：「師辭老疾，為朕修道，國之福田。師若淨名，托疾毗耶，闡揚大乘，傳諸佛心，談不二法。薛簡傳師指授如來知見。朕積善餘慶，宿種善根，值師出世，頓悟上乘。感荷師恩，頂戴無已，並奉磨衲袈裟及水晶鉢。敕韶州刺史修飾寺宇，賜師舊居為國恩寺。

第二部分，是中宗為六祖賜衣鉢。

簡蒙指教，豁然大悟，禮辭歸闕，表奏師語。

闕，京闕，指皇宮或京城。薛簡聽聞六祖的開示後，豁然開朗，大有體悟，禮拜六祖後返京，將六祖開示的法語上表朝廷。

其年九月三日，有詔獎諭師曰：師辭老疾，為朕修道，國之福田。師若淨名，托疾毗耶，闡揚大乘，傳諸佛心，談不二法。

淨名，維摩詰居士。毗耶，毗耶離城，是維摩詰的住處。當年九月三日，皇帝就有詔書來表彰六祖，內容是：大師因為年邁多疾而推辭入京，願意終身在山林為朕修道祈福，是國家的福田。大師就像當年的維摩詰大士一樣，雖然在毗耶離城託病，實際卻在弘揚大乘，傳承諸佛心印，說甚深的不二法門。

薛簡傳師指授如來知見。朕積善餘慶，宿種善根，值師出世，頓悟上乘。感

積善餘慶，謂積德行善之家，恩澤及於子孫。磨衲袈裟，高麗國產，世所珍奇。詔書還說：薛簡轉達了大師傳授的如來知見，朕覺得自己宿世積累了極大善根，恩澤此生，才能遇到大師出世，聽聞如此甚深的頓悟法門，心開意解。所以非常感念

荷師恩，頂戴無已，並奉磨衲袈裟及水晶鉢。敕韶州刺史修飾寺宇，賜師舊居為國恩寺。

您的師長之恩，頂禮不已，並供養磨衲袈裟和水晶鉢。同時，敕令韶州刺史將六祖住持的寺院大舉整修，並將六祖新州舊居賜名為國恩寺。

〈宣詔品〉又名〈護法品〉，介紹了中宗對六祖的認可和支持，這是屬於外在的有形的護法。同時，還記載了六祖對中宗使者的開示，闡明頓教法門的見地和用功心要。若能依此修行，見到本來面目，才是真正意義上的護法。

【付囑品第十】

最後為〈付囑品〉，六祖即將離世，需要對弟子們作一番囑託。內容包括：傳授說法的方便，宣布辭世並付囑正法的流傳，葉落歸根，辭別囑咐和入滅。在這一部分，六祖一而再、再而三地諄諄叮嚀，可謂悲心切切。

一 傳授說法的方便

師一日喚門人法海、志誠、法達、神會、智常、智通、志徹、志道、法珍、法如等，曰：「汝等不同餘人，吾滅度後，各為一方師。吾今教汝說法，不失本宗。先須舉三科法門，動用三十六對，出沒即離兩邊，說一切法，莫離自性。忽有人問汝法，出語盡雙，皆取對法，來去相因。究竟二法盡除，更無去處。

三科法門者，陰界入也。陰是五陰，色受想行識是也。入是十二入，外六塵色聲香味觸法，內六門眼耳鼻舌身意是也。界是十八界，六塵、六門、六識是也。自性能含萬法，名含藏識。若起思量，即是轉識。生六識，出六門，見六塵，如是一十八界，皆從自性起用。自性若邪，起十八邪；自性若正，起十八正。若惡用即眾生用，善用即佛用。

用由何等？由自性有對法。外境無情五對：天與地對，日與月對，明與暗對，陰與陽對，水與火對，此是五對也。法相語言十二對：語與法對，有與無對，有色與無色對，有相與無相對，有漏與無漏對，色與空對，動與靜對，清與濁對，凡與聖對，僧與俗對，老與少對，大與小對，此是十二對也。自性起用十九對：長與短對，邪與正對，癡與慧對，愚與智對，亂與定對，慈與毒對，戒與非對，直與曲對，實與虛對，險與平對，煩惱與菩提對，常與無常對，悲與害對，喜與嗔對，捨與慳對，進與退對，生與滅對，法身與色身對，化身與報身對，此是十九對也。」

師言：「此三十六對法，若解用即道，貫一切經法，出入即離兩邊。自性動用，共人言語，外於相離相，內於空離空。若全著相，即長邪見。若全執空，即長無明。執空之人有謗經，直言不用文字。既云不用文字，人亦不合語言，只此語言便是文字之相。又云，直道不立文字，即此不立兩字，亦是文字。見人所說，便即謗他言著文字。汝等須知，自迷猶可，又謗佛經。不要謗經，罪障無數。

若著相於外而作法求真，或廣立道場，說有無之過患，如是之人，累劫不得見性。但聽依法修行，又莫百物不思，而於道性窒礙。若聽說不修，令人反生邪念。但依法修行，無住相法施。汝等若悟，依此說，依此用，依此行，依此作，即不失本宗。

若有人問汝義，問有將無對，問無將有對，問凡以聖對，問聖以凡對。二道相因，生中道義。如一問一對，餘問一依此作，即不失理也。設有人問：何名為暗？答云：明是因，暗是緣，明沒即暗，以明顯暗，以暗顯明，來去相因，成中道義。餘問悉皆如此。汝等於後傳法，依此轉相教授，勿失宗旨。」

首先是傳授說法的方便。因為這些弟子日後都要教化一方，需要懂得如何善巧地為大眾說法。說法的智慧屬於差別智，並不是有了證悟後，必然能口吐蓮花、辯才無礙的。

師一日喚門人法海、志誠、法達、神會、智常、智通、志徹、志道、法珍、法如等，曰：汝等不同餘人，吾滅度後，各為一方師。吾今教汝說法，不失本宗。

先須舉三科法門，動用三十六對，出沒即離兩邊。

有一天，六祖將門下的法海、志誠等主要弟子召集座下，對他們說：你們和常人不同，承擔著重要使命。在我滅度之後，你們各自都要弘化一方，成為一代宗師。所以，我現在教你們應該怎麼說法，才能不失本門頓教的宗旨。

不論是舉出五蘊、十二處、十八界三科法門，還是運用三十六種相對之法，都不要落入「斷」「常」兩種邊見。因為所有說法的目的，都是為了說明眾生解黏去縛。

說一切法，莫離自性。

忽有人問汝法，出語盡雙，皆取對法，來去相因。究竟二法盡除，更無去處。

三科法門者，陰界入也。陰是五陰，色受想行識是也。入是十二入，外六塵色聲香味觸法，內六門眼耳鼻舌身意是也。界是十八界，六塵、六門、六識是也。

凡夫或是落入常見，或是落入斷見，或是住於有邊，或是住於空邊。學佛就是為了擺脫邊見，獲得中道智慧。

作為說法者，必須應機設教，針對具體問題加以解決。凡夫說「有」，就用「無」對治，但說「無」是為了去除「有」的邊見，切勿因此落入空見，這是要特別注意的。

說一切法，都不能偏離覺悟本體。不論對方的起點在哪裡，導歸的終點是一個，那就是體認覺性，切勿離開這一根本。

如果有人向你們問法，在開示時應語出雙關，通過一切法的相對性，使對方知道，所謂的來去、有無，都是相互為因而成，以此對治偏執一端的認識，徹底去除善惡、好壞、美醜等二元對立，就沒什麼可執著了。

從中觀來說，這叫做相待假，一切都是相對的，沒有不依賴條件而獨立存在的法。離開來，去是什麼？離開有，無是什麼？離開長，短是什麼？離開明，暗是什麼？認識到一切法的相對假立，就能破除眾生對自性的妄執，契入不二法門。

所謂三科法門，就是陰界入，又稱蘊界處。蘊是五蘊，分別是色蘊、受蘊、想蘊、行蘊、識蘊。入是十二處，分別是外六塵色、聲、香、味、觸、法，和內六根眼、耳、鼻、舌、身、意。界就是十八界，除了內六根和外六塵，再加上眼、耳、鼻、舌、身、意六識。

自性能含萬法，名含藏識。

我們的自性能出生萬法，含藏萬法，這就叫做含藏識。在這個作用上，相當於唯識所說的阿賴耶識，但又有不同。唯識所說的阿賴耶識偏向染污的層面，而此處所說包含染淨兩個層面。

若起思量，即是轉識。生六識，出六門，見六塵，如是一十八界，皆從自性起用。

如果起了思量分別，就是轉識。之所以會產生六識，都是因為六根接觸六塵而有。或者說，因為有六根，就會接觸六塵，產生六識。比如眼根接觸色塵產生眼識，乃至意根接觸法塵產生意識。所以說，十八界乃至一切法都是自性在產生作用，都沒有離開覺性。正如《楞嚴經》所說，五蘊、十二處、十八界都是如來藏妙明真心的作用。

自性若邪，起十八邪；自性若正，起十八正。

自性是本來清淨的，為什麼會有邪有正？單純從字面上，我們似乎很難理解。這是因為在生命中，除了自性外，還有無明的作用。如果因為無明迷失自性，就會產生邪見，那麼十八界都是邪的世界，邪的作用。如果體悟自性，產生正見，那麼十八界都是正的世界，正的作用。所以說，自性有正用和妄用之分。凡夫世界就是自性的妄用。當自性透過無明而顯現，就像哈哈鏡中的影像，都是扭曲變形的。

若惡用即眾生用，善用即佛用。用由何等，由自性有對法。

如果是自性的妄用，表現出來就是眾生的不良行為。如果是自性的善用，表現出來就是佛菩薩的妙用無方。不論這些作用表現為善用還是惡用，都是源於自性。由這一原始能量，出生兩兩相對的法。就像電，可以給世界帶來光明，也可以置人於死地；可以使機器轉動，也可以將設備燒毀。雖然作用不同，但原始能量都是電。

外境無情五對：天與地對，日與月對，明與暗對，陰與陽對，水與火對，此是五對也。

在《壇經》所說的三十六對法中，關於外境和無情世界的有五對，分別是：天與地相對，日與月相對，明與暗相對，陰與陽相對，水與火相對，這是無情的五對。

法相語言十二對：語與法對，有與無對，有色與無色對，有相與無相對，有漏與無漏對，色與空對，動與靜對，清與濁對，凡與聖對，僧與俗對，老與少對，大與小對，此是十二對也。

自性起用十九對：長與短對，邪與正對，癡與慧對，愚與智對，亂與定對，慈與毒對，戒與非對，直與曲對，實與虛對，險與平對，煩惱與菩提對，常與無常對，悲與害對，喜與嗔對，捨與慳對，進與退對，生與滅對，法身與色身對，化身與報身對，此是十九對也。

關於法相和語言的有十二對，分別是：語與法相對，有與無相對，有色與無色相對，有相與無相相對，有漏與無漏相對，色與空相對，動與靜相對，清淨與污濁對相，凡夫與聖賢相對，僧眾與俗人相對，老與少相對，大與小相對，這是法相的十二對。

依覺悟本體產生的作用有十九對，分別是：長與短相對，邪與正相對，癡與慧相對，愚與智相對，動亂與定境相對，慈與毒相對，持戒與非法相對，直與曲相對，實與虛相對，險與平相對，煩惱與菩提相對，常與無常相對，悲與害相對，喜與嗔相對，捨與慳相對，進與退相對，生與滅相對，法身與色身相對，化身與報身相對，這是自性作用的十九對。

師言：此三十六對法，若解用即道，貫一切經法，出入即離兩邊。

自性動用，共人言語，外於相離相，內於空離空。若全著相，即長邪見。若全執空，即長無明。

執空之人有謗經，直言不用文字。既云不用文字，人亦不合語言，只此語言便是文字之相。

又云，直道不立文字，即此不立兩字，亦是文字。見人所說，便即謗他言著文字。

六祖說：這三十六對法方便互顯，應用廣泛，若能瞭解它們的作用就是道，可以貫穿一切經法。在說法時，說明大家認識到一切法都是相對假立，從而破除邊見，契入不二法門。凡夫世界是二元相對的，從唯識三性的角度來說，就是不能正確認識依他起，而產生遍計所執。六祖指出的三十六對法，就是引導我們認識緣起的相對性，由此遠離妄見，獲得如實見。

禪宗的修行，是讓我們體認覺性及由此產生的作用。為人說法或探討法義時，於外要超越對相的執著，於內則不能執著於空，否則就容易偏空。

如果一味執著諸法的事相，非但不能對相有全面瞭解，還會增長邪見。如果一味執著諸法的空性，否定緣起現象，非但不能對空有正確體認，反而會落入空見，增長無明。

著空的人有時會誹謗經典，說修行不必安立文字。如果真的不用文字，人也不應該互相說話，因為說話就是有聲的文字，文字就是無聲的說話。禪宗雖有不立文字之說，但只是針對執著文字者所作的批評，並不因此否定文字的價值。如果因噎廢食，也是不對的。事實上，不少禪宗祖師都有著述和語錄傳世，多達數千卷，可謂洋洋大觀。

又有人說，真正修道是不立文字的，其實「不立」二字就是文字。他們聽到別人說法，就批評對方執著文字相，這是偏空的表現，是不可取的。

汝等須知，自迷猶可，又謗佛經。不要謗經，罪障無數。

若著相於外而作法求真，或廣立道場，說有無之過患，如是之人，累劫不得見性。

但聽依法修行，又莫百物不思，而於道性窒礙。

若聽說不修，令人反生邪念。但依法修行，無住相法施。

汝等若悟，依此說，依此用，依此行，依此作，即不失本宗。

你們要知道，僅僅自己迷惑還罷了，這樣做還會造作謗法之罪。所以，千萬不要誹謗經典，認為這是著相，其罪過無量無邊。

如果向外著相，想通過造作或向外尋求證得真諦，或者熱衷於到處建立道場，或者總在辯論說有說無的過患，其實內心並沒有擺脫對有無的執著，這樣的人多生累劫不能見到實相。就像《金剛經》所說的那樣：「若以色見我，以音聲求我，是人行邪道，不能見如來。」

六祖說：應該老實地依法修行，但不是什麼都不想，那樣反而會對道產生障礙。道本來是現成的，當你沒有執著時，覺性就在六根門頭大放光明。有了一念執著，哪怕是對空的執著，就是「大似浮雲遮日面」。所以，著空也是對道的障礙，且過患極大，所謂「寧起我見如須彌山，不起空見如毛髮許」。因為著空見者會撥無因果，尤其是斷滅空，是非常可怕的。

佛法所說的空，其實並不妨礙有，是念而無念，無念而念。證得無相的心體，但不妨礙相的顯現，於相中了悟無相。而無相的同時，一樣可以顯現萬象。

如果聽說後不修，也會讓人產生邪念，以為佛法對人是沒有幫助的。所以一定要依法修行，並且不住於相地說法，這才是真正的法施。

你們如果悟道的話，應該按照這些原則去宣說，去運用，去修行，去做事，這樣才不失本門頓教的宗旨。

若有人問汝義，問有將無對，問無將有對，問凡以聖對，問聖以凡對。

二道相因，生中道義。如一問一對，餘問一依此作，即不失理也。

設有人問：何名為暗？答云：明是因，暗是緣，明沒即暗，以明顯暗，以暗顯明，來去相因，成中道義。

餘問悉皆如此。汝等於後傳法，依此轉相教授，勿失宗旨。

如果有人向你們詢問法義，應該根據三十六對法而說，由此破除對方的偏執。如果對方問的是「有」，就以「無」來對治；如果對方問的是「無」，就以「有」來對治；如果對方問的是「凡」，就以「聖」來對治；如果對方問的是「聖」，就以「凡」來對治。就像有人走在道路左邊，你讓他向右；有人在道路右邊，你就讓他向左。不論向右還是向左，都視具體情況而說，只是對治的過程，目的是引導他糾正偏執，回歸中道，回歸覺性這個根本。

總之，要瞭解一切法的相對性，以兩種相對的法彼此為因進行說明，即可擺脫落於一邊的偏見，獲得中道智慧。像這樣以對法一問一答，其他問題也都依此原則回應，不論說的是什麼，都知道這是應病與藥而已，就不會偏離本門宗旨。

接著，六祖又舉了一個實際事例。就像有人問：什麼叫做暗？應該回答說：明是因，暗是緣。明消失之後暗就會出現，因為有明才凸顯了暗。反之，因為有暗才凸顯了明。所以明和暗是相互為因的，既沒有獨立的明，也沒有獨立的暗，這樣才符合中道。

其他問題也要這樣回答。你們以後傳法的時候，應該按照這個原則輾轉教授，不要失去頓教法門的宗旨。在凡夫境界中，往往會偏執一端，或認為有獨立的明，或認為有獨立的暗。如果對明和暗生起自性見，就會使我們繫縛生死，不得解脫。三十六對法的作用，可以說明我們認識緣起，擺脫遍計所執，是一種非常善巧的說法。

二 付囑正法流傳

師於太極元年壬子，延和七月，命門人往新州國恩寺建塔，仍令促工。次年夏末落成。七月一日，集徒眾曰：「吾至八月欲離世間。汝等有疑，早須相問，為汝破疑，令汝迷盡。吾若去後，無人教汝。」法海等聞，悉皆涕泣，唯有神會神情不動，亦無涕泣。

師云：「神會小師卻得善不善等，毀譽不動，哀樂不生，餘者不得。數年山中，竟修何道？汝今悲泣，為憂阿誰？若憂吾不知去處，吾自知去處。吾若不知去處，終不預報於汝。汝等悲泣，蓋為不知吾去處。若知吾去處，即不合悲泣。法性本無生滅去來，汝等盡坐，吾與汝說一偈，名曰真假動靜偈。汝等誦取此偈，與吾意同。依此修行，不失宗旨。」眾僧作禮，請師說偈。

偈曰：

「一切無有真，不以見於真，若見於真者，是見盡非真。
若能自有真，離假即心真，自心不離假，無真何處真？
有情即解動，無情即不動，若修不動行，同無情不動。
若覓真不動，動上有不動，不動是不動，無情無佛種。
能善分別相，第一義不動，但作如此見，即是真如用。
報諸學道人，努力須用意，莫於大乘門，卻執生死智。
若言下相應，即共論佛義，若實不相應，合掌令歡喜。
此宗本無諍，諍即失道意，執逆諍法門，自性入生死。」

時徒眾聞說偈已，普皆作禮，並體師意，各各攝心，依法修行，更不敢諍。乃知大師不久住世，法海上座再拜問曰：「和尚入滅之後，衣法當付何人？」

師曰：「吾於大梵寺說法，以至於今，抄錄流行，目曰《法寶壇經》。汝等守護，遞相傳授，度諸群生。但依此說，是名正法。今為汝等說法，不付其衣。蓋為汝等信根淳熟，決定無疑，堪任大事。然據先祖達摩大師付授偈意，衣不合傳。偈曰：吾本來茲土，傳法救迷情。一花開五葉，結果自然成。」

師覆曰：「諸善知識！汝等各各淨心，聽吾說法。若欲成就種智，須達一相三昧，一行三昧。若於一切處而不住相，於彼相中不生憎愛，亦無取捨，不念利益成壞等事，安閒恬靜，虛融澹泊，此名一相三昧。若於一切處，行住坐臥，純一直心，不動道場，真成淨土，此名一行三昧。若人具二三昧，如地有種，含藏長養，成熟其實。一相一行，亦復如是。我今說法，猶如時雨普潤大地。汝等佛性譬諸種子遇茲沾洽，悉得發生。承吾旨者，決獲菩提；依吾行者，定證妙果。聽吾偈曰：心地含諸種，普雨悉皆萌。頓悟華情已，菩提果自成。」

師說偈已，曰：「其法無二，其心亦然。其道清淨，亦無諸相。汝等慎勿觀靜及空其心，此心本淨，無可取捨，各自努力，隨緣好去。」

爾時，徒眾作禮而退。

六祖預知時至，所以在臨終前非常從容地對門人作了一番囑託。

師於太極元年壬子，延和七月，命門人往新州國恩寺建塔，仍令促工。次年夏末落成。

七月一日，集徒眾曰：吾至八月欲離世間。汝等有疑，早須相問，為汝破疑，令汝迷盡。吾若去後，無人教汝。

法海等聞，悉皆涕泣，唯有神會神情不動，亦無涕泣。

師云：神會小師卻得善不善等，毀譽不動，哀樂不生，餘者不得。數年山中，竟修何道？

汝今悲泣，為憂阿誰？若憂吾不知去處，吾自知去處。吾若不知去處，終不

太極元年，唐睿宗年號，即七一二年。壬子，干支之一。延和，是年睿宗改元為延和。六祖在壬子年的太極元年，後改元為延和的七月，派遣門人到新州國恩寺造塔，並且催促他們早日完成。到了第二年（七一三年）夏末，塔完工落成。

七月一日，六祖召集徒眾宣布說：我到八月要離開這個世間，如果你們在修學上還有什麼疑問，應該趕快提出來，我可以為你們答疑，使你們迷惑盡除。如果等我去世之後，就沒人教導你們了。

法海等弟子聽到六祖所言，都感到悲傷，涕淚橫流。唯有神會一人神色如常，沒有聞之色變，也沒有悲泣失態。

小師，受具足戒而未滿十夏者。六祖表揚說：只有神會小師能對善不善得其平等，對毀譽不動聲色，不隨之表現出哀傷或快樂，其他人都沒有做到這一點。你們住山幾年，究竟修了些什麼道呢？怎麼境界一現前，就把握不住呢？

你們現在哭泣，究竟為誰而悲傷？究竟悲傷什麼呢？如果因為擔心我不知去哪裡，那大可不必，我很清楚自己的去處。如果我不知道未來去處，就無法提前告訴你們什麼時候離開了。你們之所以悲傷，只是因為不知我去哪裡。如果知道我的去

預報於汝。汝等悲泣，蓋為不知吾去處。若知吾去處，即不合悲泣。

法性本無生滅去來，汝等盡坐，吾與汝說一偈，名曰真假動靜偈。汝等誦取此偈，與吾意同。依此修行，不失宗旨。

眾僧作禮，請師說偈。

偈曰：一切無有真，不以見於真，若見於真者，是見盡非真。

若能自有真，離假即心真，自心不離假，無真何處真？

有情即解動，無情即不動，若修不動行，同無情不動。

處，自然不會悲傷哭泣了。

法性本來是沒有生滅、沒有來去的，有生有死的只是我們的色身而已，如棄敝屣，不必掛懷。你們都坐下，我給你們說一首偈頌，名叫「真假動靜偈」。你們能讀誦並受持這首偈頌，就可以和我心意相通。按照這首偈頌修行，就不會失去頓教法門的宗旨。

眾僧一同作禮，請六祖說偈。

偈頌內容是：在這個世間，凡夫是看不到真相的。因為凡夫是戴著有色眼鏡看世界，所以，不要以為親眼所見就是真相，那只是通過有色眼鏡呈現的，是扭曲變形的。如果你以為自己見到的是真相，其實不過是妄想而已，並非世界的本來面目。

唯有體認內在覺性，擺脫虛假迷妄的認識，才能見到諸法實相，即《壇經》所說的「一真一切真」。否則，我們的所見所聞都是透過迷惑系統呈現的，是被現有認知模式改造過的，哪有什麼真相可言？

動和不動也是相對的。有情是動的，而無情是不會起心動念的。如果你追求這種意義上的不動，豈不等同於木石？這不是佛教所說的不動。

若見真不動，動上有不動，不動是不動，無情無佛種。

能善分別相，第一義不動，但作如此見，即是真如用。

報諸學道人，努力須用意，莫於大乘門，卻執生死智。

若言下相應，即共論佛義，若實不相應，合掌令歡喜。

此宗本無諍，諍即失道意，執逆諍法門，自性入生死。

時徒眾聞說偈已，普皆作禮，並體師意，各各攝心，依法修行，更不敢諍。

如果想找到真正的不動，反而要透過動的表相去體認。因為一切現象的本質都是空性，這才是真正意義上的不動，是超越動與不動的不動。如果執著相對意義上的不動，就像無情之物一樣，就沒有成佛的種子，是毫無意義的。

《維摩經》說：「能善分別諸法相，於第一義而不動。」能夠分別一切法的差別顯現，但內心又安住於空性，如如不動。具備這樣的見地和修行，就是真如的妙用。所以修行不是不分別，而是不執著，這樣就不會為之所動。而凡夫的特點是，分別必然伴隨著執著，伴隨著顛倒妄想，這就是妄用而不是真如用。

六祖告誡各位修道者說，你們必須在這個根本上用心，千萬不要在大乘法門中執著生死。這裡所說的生死智，是自己以為有智慧，其實卻帶著染著的想法。

如果聽了這些說法能夠相應的話，就應該一起修行並討論法義。如果不相應，可以合掌令對方歡喜，不應互不相讓，彼此指責甚至謾罵。

頓教法門本來是沒有諍論的，因為諍論就會遠離道的本意。如果執著這種諍鬥，覺得一定要分出對錯輸贏，是與修道相違背的，就會迷失覺性，進入生死輪迴的軌道。

當時，弟子們聽了這番開示之後，都向六祖頂禮表示感恩，並能體會六祖的心意，各自攝心，依法修行，再也不敢發生無謂的諍論了。

乃知大師不久住世，法海上座再拜問曰：和尚入滅之後，衣法當付何人？

師曰：吾於大梵寺說法，以至於今，抄錄流行，目曰《法寶壇經》。汝等守護，遞相傳授，度諸群生。但依此說，是名正法。

今為汝等說法，不付其衣。蓋為汝等信根淳熟，決定無疑，堪任大事。然據先祖達摩大師付授偈意，衣不合傳。

偈曰：吾本來茲土，傳法救迷情。

因為知道六祖不久就要離世，所以法海上座再次頂禮六祖，請教說：和尚入滅後，衣鉢和法脈傳承要交付給誰呢？

六祖說：自從我在大梵寺說法開始，直到今天，有關的開示法語可以整理成書，流傳於世，書名叫做《法寶壇經》。你們要如法守護，代代傳承，以此度化大眾。只要依照《壇經》的法義，就是頓教法門的正法眼藏。

現在我為你們開講了頓教法門，但不再傳下袈裟。因為你們對這一無上法門的信心已經成熟，有了決定信解，能夠直下承擔，進而將這一法門傳承下去。但根據達摩大師當年的囑咐，袈裟已經不適合再傳了。

達摩大師初傳衣鉢時，說了一首偈頌：我從印度千里迢迢來到中國，傳播頓教法門以救度迷情。所以，真正要傳的是法而不是衣，真正使人從中得益的也是法而不是衣。只是達摩初來之時，大家對他和他所說的法缺乏認識，所以需要以衣表信，現在通過二祖、三祖、四祖、五祖到六祖，大眾對禪宗已有相當深入的認識，就沒必要在傳法之外再傳衣了。

一華開五葉，結果自然成。

這是達摩大師對禪宗頓教法門在中國所傳法脈的授記。一華，指達摩本人，或謂頓教法門。五葉，指二祖至六祖的五傳，也有說是六祖之後形成的臨濟、曹洞、雲門、法眼、溈仰五宗。總之，禪宗經歷了「一花開五葉」的發展，並在「五葉」後大興於世，這個結果將自然形成。

師覆曰：諸善知識！汝等各各淨心，聽吾說法。若欲成就種智，須達一相三昧，一行三昧。

六祖接著囑咐大眾說：各位善知識，你們現在各自淨心攝意，聽我說法。如果想要成就一切種智，就要通達一相三昧、一行三昧。兩者都是直接建立於空性的禪修，以下會詳細解釋。

若於一切處而不住相，於彼相中不生憎愛，亦無取捨，不念利益成壞等事，安閒恬靜，虛融澹泊，此名一相三昧。

如果能在一切處不執著於相，不在相上生起愛憎和取捨之心，也不考慮利益、成敗、得失等等，對任何境界都能保持內心的安閒恬靜，都能圓融地接納，淡泊地面對，這就是一相三昧。這種三昧是建立於對覺性的體認，是在不住相的前提下認識一切相。反之，凡夫的特點就是住相，而且是念念住相。

若於一切處，行住坐臥，純一直心，不動道場，真成淨土，此名一行三昧。

如果在行住坐臥一切處都能保持直心，不為境界所動，並安住於這樣的直心，這個世界當下就是淨土，這就是一行三昧。前面說一相三昧，這裡說一行三昧，二者在本質上並無差別，都是立足於覺性的禪修，只是前者偏於相說，後者偏於行說。

若人具二三昧，如地有種，含藏長養，成熟其實。一相一行，亦復如是。

如果一個人具備這兩種三昧，就像大地有了種子一樣，能夠生長萬物，結出纍纍碩果。一相三昧和一行三昧也具有這樣的作用，能夠出生善法，成就佛果。

我今說法，猶如時雨普潤大地。汝等佛性譬諸種子遇茲沾洽，悉得發生。承吾旨者，決獲菩提；依吾行者，定證妙果。

聽吾偈曰：心地含諸種，普雨悉皆萌。頓悟華情已，菩提果自成。

師說偈已，曰：其法無二，其心亦然。其道清淨，亦無諸相。

汝等慎勿觀靜及空其心，此心本淨，無可取捨，各自努力，隨緣好去。

爾時，徒眾作禮而退。

沾洽，潤澤，普遍受惠。我現在所說的法，好像及時的雨水，能夠普遍滋潤大地。你們內在的佛性，就像種子遇到雨露滋潤，能夠發芽生根，開花結果。你們只要領會我所說的心法，必能見到菩提自性；只要按照這個法門修行，必能成就殊勝佛果。

聽我再說一首偈頌：內心含藏著菩提種子，因為得到法雨灌溉，種子得以生根發芽。同樣，領受如此殊勝的頓悟法門後，依教奉行，菩提之果自然也會圓滿成就。

六祖說了偈頌後，告誡大眾：究竟的法是不二的，是超越二元對立的，心的本質也是一樣。覺性之道本來清淨無染，超越一切相，也不離一切相，所謂「即此用，離此用」。

你們在修行時千萬不要偏執，不要執著於靜，不要執著於什麼都沒有。因為法是無所不在的，而心本來就是清淨無染的，沒什麼可以執著，也沒什麼可以棄捨。希望大家各自努力，根據自身根性努力修行。

當時，弟子們聽了之後，就恭恭敬敬地頂禮而退。

三

葉落歸根

大師七月八日，忽謂門人曰：「吾欲歸新州，汝等速理舟楫。」大眾哀留甚堅。

師曰：「諸佛出現，猶示涅槃。有來必去，理亦常然。吾此形骸，歸必有所。」

眾曰：「師從此去，早晚可回。」

師曰：「葉落歸根，來時無口。」

又問曰：「正法眼藏，傳付何人？」

師曰：「有道者得，無心者通。」

又問：「後莫有難否？」

師曰：「吾滅後五六年，當有一人來取吾首。聽吾記曰：頭上養親，口裡須餐。遇滿之難，楊柳為官。」

又云：「吾去七十年，有二菩薩從東方來，一出家，一在家。同時興化，建立吾宗，締緝伽藍，昌隆法嗣。」

問曰：「未知從上佛祖應現已來，傳授幾代，願垂開示。」

師云：「古佛應世已無數量，不可計也。今以七佛為始。過去莊嚴劫毗婆尸佛、尸棄佛、毗舍浮佛，今賢劫拘留孫佛、拘那含牟尼佛、迦葉佛、釋迦文佛，是為七佛。已上七佛，今以釋迦文佛首傳，第一摩訶迦葉尊者，第二阿難尊者，第三商那和修尊者，第四優波毱多尊者，第五提多迦尊者，第六彌遮迦尊者，第七婆須蜜多尊者，第八佛馱難提尊者，第九伏馱蜜多尊者，第十脅尊者，十一富那夜奢尊者，十二馬鳴大士，十三迦毗摩羅尊者，十四龍樹大士，十五迦那提婆尊者，十六羅睺羅多尊者，十七僧伽難提尊者，十八伽耶舍多尊者，十九鳩摩羅多尊者，二十闍耶多尊者，二十一婆修盤頭尊者，二十二摩拏羅尊者，二十三鶴勒那尊者，二十四師子尊者，二十五婆舍斯多尊者，二十六不如蜜多尊者，二十七般若多羅尊者，二十八菩提達摩尊者，二十九慧可大師，三十僧璨大師，三十一道信大師，三十二弘忍大師，惠能是為三十三祖。從上諸祖，各有稟承。汝等向後，遞代流傳，毋令乖誤。」

最後，六祖準備回到新州，葉落歸根。將要啟程前，又對弟子們講述了頓教法門從印度傳至中土的整個法脈，並對本宗未來的弘揚發展做了授記。

大師七月八日，忽謂門人曰：吾欲歸新州，汝等速理舟楫。大眾哀留甚堅。

師曰：諸佛出現，猶示涅槃。有來必去，理亦常然。吾此形骸，歸必有所。

眾曰：師從此去，早晚可回。

師曰：葉落歸根，來時無口。

又問曰：正法眼藏，傳付何人？

七月八日時，六祖忽然對門人說：我準備回到新州，你們趕緊準備一下船和槳。

大眾都苦苦哀求，堅決懇請六祖留下。

六祖說：哪怕是諸佛出世，尚且要示現涅槃，何況是我呢？只要來到這個世間，總有離開的那一天，這是理所當然的事。我的色身和骸骨，也終歸有去的地方。

大眾問：師父現在離去，什麼時候可以歸來？

無口，無言。六祖說：葉落都要歸根，該來時自然就來了，不必多說什麼。

大眾又問：您的正法眼藏，到底傳給誰了？

師曰：有道者得，無心者通。

又問：後莫有難否？

師曰：吾滅後五六年，當有一人來取吾首。聽吾記曰。

頭上養親，口裡須餐。遇滿之難，楊柳為官。

又云：吾去七十年，有二菩薩從東方來，一出家，一在家。同時興化，建立吾宗，締緝伽藍，昌隆法嗣。

問曰：未知從上佛祖應現已來，傳授幾代，願垂開示。

六祖說：有道的人自然能夠得到，已經心無所住的人自然可以通達。

又有人問：以後本門還有什麼違緣嗎？

六祖告訴大眾說，我去世後五、六年，會有一個人來取我的首級。你們且聽我的預言。

這首偈頌預告了之後將要發生的事情經過。唐朝時，日本和韓國有不少遣唐使前來學習，其中有位名叫金大悲的韓國人，想把六祖首級請回供養，是為「頭上養親」。為此，金大悲雇人行事，需要給對方報酬，是為「口裡須餐」。這位被雇傭的盜賊名淨滿，是為「遇滿之難」。因為六祖事先已有預言，所以進龕時頸部做了處理，盜賊來時就被抓了。審理此事的官員姓柳，是為「楊柳為官」。

興化，振興教化。締緝，建造修整。伽藍，梵語僧加藍摩的略稱，佛教寺院的通稱。法嗣，指繼承祖師法脈而住持一方叢林的僧人。

六祖又說：我去世七十年後，有兩個菩薩從東方來，一位是出家，一位是在家，同時振興佛教，教化世間，弘揚頓教法門，建立叢林道場，使禪宗法脈得到昌隆。關於這兩個菩薩到底是誰，有不同說法。有的說出家者為馬祖道一，在家者為龐蘊居士。也有的說出家者為黃檗禪師，在家者是裴休居士。

大眾又問：不知我們這個法門從佛祖傳到現在，究竟傳了多少代？希望您為我們開示。

師云：古佛應世已無數量，不可計也。今以七佛為始。過去莊嚴劫毗婆尸佛、尸棄佛、毗舍浮佛，今賢劫拘留孫佛、拘那含牟尼佛、迦葉佛、釋迦文佛，是為七佛。

已上七佛，今以釋迦文佛首傳，第一摩訶迦葉尊者，第二阿難尊者，第三商那和修尊者，第四優波毱多尊者，第五提多迦尊者，第六彌遮迦尊者，第七婆須蜜多尊者，第八佛馱難提尊者，第九伏馱蜜多尊者，第十脅尊者，十一富那夜奢尊者，十二馬鳴大士，十三迦毗摩羅尊者，十四龍樹大士，十五迦那提婆尊者，十六羅睺羅多尊者，十七僧伽難提

六祖就為大眾講述禪宗的傳承。自從古佛應世以來，已經過無量諸佛，難以計數。現在就從過去七佛開始說，分別是過去莊嚴劫的毗婆尸佛、尸棄佛、毗舍浮佛，現在賢劫的拘留孫佛、拘那含牟尼佛、迦葉佛、釋迦文佛，這就是通常所說的七佛。

我們的本師釋迦牟尼佛在靈山會上拈花微笑，將禪宗法脈初傳摩訶迦葉尊者，其後為阿難尊者、商那和修尊者等，直到菩提達摩尊者，為第二十八代，也是中國的初祖。

尊者，十八伽耶舍多尊者，十九鳩摩羅多尊者，二十闍耶多尊者，二十一婆修盤頭尊者，二十二摩拏羅尊者，二十三鶴勒那尊者，二十四師子尊者，二十五婆舍斯多尊者，二十六不如蜜多尊者，二十七般若多羅尊者，二十八菩提達摩尊者。

二十九慧可大師。

三十僧璨大師。

三十一道信大師。

第二十九代是慧可大師，為中國的二祖。慧可（四八七～五九三年），初名神光。俗姓姬，虎牢（今河南滎陽）人。少年即博覽群書，通達儒家及老莊學說。出家後精研三藏內典。年約四十歲時，遇達摩初祖在嵩洛遊化，禮之為師，從學六年，得傳心法。據記載，他在見達摩時曾立雪數宵，斷臂求法，以示敬法之心。

第三十代是僧璨大師，為中國的三祖。僧璨（五二六～六〇六年），江蘇徐州人，以白衣身拜謁二祖慧可，隨師隱居安徽舒公山五年。後隱遁山間，專修禪法二十餘年，度沙彌道信為傳法弟子。著有《信心銘》傳世，為歷代學禪者所傳誦。

第三十一代是道信大師，為中國的四祖。道信（五八〇～六五一年），湖北人，俗姓司馬，追隨三祖十年。三十七歲在江西領眾，四十五歲返回湖北黃梅破頭山雙峰寺，駐錫三十年，講修兼行，是禪宗出現獨立僧團的開始。五百弟子中，以五祖弘忍和牛頭法融最為傑出。

三十二弘忍大師。

惠能是為三十三祖。

從上諸祖，各有稟承。汝等向後，遞代流傳，毋令乖誤。

第三十二代是弘忍大師，為中國的五祖。弘忍（六〇一～六七四年），俗姓周，湖北黃梅人，七歲從四祖道信出家，十三歲正式剃度為僧。在道信門下，日間從事勞動，夜間靜坐習禪，盡得道信禪法。永徽三年（六五一年），得道信付法傳衣。因四方來學者日增，便在雙峰山之東另建道場，名東山寺，其禪法被後人稱為東山法門。

從五祖弘忍傳至惠能，是第三十三代，中國的六祖。

以上各位祖師都有清晰的傳承，你們以後也要這樣一代代地向下傳遞，不要讓法脈中斷，但也不要傳錯，傳給那些不是法器者。

四　辭別囑咐

大師先天二年癸丑歲，八月初三日，於國恩寺齋罷，謂諸徒眾曰：「汝等各依位坐，吾與汝別。」

法海白言：「和尚留何教法，令後代迷人得見佛性？」

師言：「汝等諦聽！後代迷人若識眾生，即是佛性。若不識眾生，萬劫覓佛難逢。吾今教汝識自心眾生，見自心佛性。欲求見佛，但識眾生。只為眾生迷佛，非是佛迷眾生。自性若悟，眾生是佛；自性若迷，佛是眾生。自性平等，眾生是佛；自性邪險，佛是眾生。汝等心若險曲，即佛在眾生中；一念平直，即是眾生成佛。我心自有佛，自佛是真佛。自若無佛心，何處求真佛？汝等自心是佛，更莫狐疑。外無一物而能建立，皆是本心生萬種法。故經云：心生種種法生，心滅種種法滅。吾今留一偈，與汝等別，名自性真佛偈。後代之人識此偈意，自見本心，自成佛道。」偈曰：

「真如自性是真佛，邪見三毒是魔王，
邪迷之時魔在舍，正見之時佛在堂。
性中邪見三毒生，即是魔王來住舍，
正見自除三毒心，魔變成佛真無假。
法身報身及化身，三身本來是一身，
若向性中能自見，即是成佛菩提因。
本從化身生淨性，淨性常在化身中，
性使化身行正道，當來圓滿真無窮。
淫性本是淨性因，除淫即是淨性身，

性中各自離五欲，見性剎那即是真。
今生若遇頓教門，忽悟自性見世尊，
若欲修行覓作佛，不知何處擬求真。
若能心中自見真，有真即是成佛因，
不見自性外覓佛，起心總是大癡人。
頓教法門今已留，救度世人須自修，
報汝當來學道者，不作此見大悠悠。

師說偈已，告曰：「汝等好住，吾滅度後，莫作世情悲泣雨淚，受人吊問，身著孝服，非吾弟子，亦非正法。但識自本心，見自本性，無動無靜，無生無滅，無去無來，無是無非，無住無往。恐汝等心迷，不會吾意，今再囑汝，令汝見性。吾滅度後，依此修行，如吾在日。若違吾教，縱吾在世，亦無有益。」

復說偈曰：「兀兀不修善，騰騰不造惡。寂寂斷見聞，蕩蕩心無著。」

辭別囑付，是六祖對弟子們最後的教誨。

大師先天二年癸醜歲，八月初三日，於國恩寺齋罷，謂諸徒眾曰：汝等各依位坐，吾與汝別。

先天二年（七一三年），即開元元年，唐玄宗即位時改元先天，次年改元開元。先天二年八月初三，時癸丑年，六祖在國恩寺用齋結束，就對門人弟子說：你們都各自坐好，我現在要和你們告別了。

法海白言：和尚留何教法，令後代迷人得見佛性？

師言：汝等諦聽！後代迷人若識眾生，即是佛性。若不識眾生，萬劫覓佛難逢。

吾今教汝識自心眾生，見自心佛性。

欲求見佛，但識眾生。

只為眾生迷佛，非是佛迷眾生。

自性若悟，眾生是佛；自性若迷，佛是眾生。

法海問六祖說：和尚要留下什麼教法，讓後代這些迷惑的眾生見到佛性？以下這段，是臨終前的最後叮嚀，也是六祖一生教化的尾聲。

在以下這段開示中，出現最多的兩個詞，就是「眾生」和「佛」，引導我們正確認識眾生和佛的關係，更鼓勵我們直下承擔，志求佛道。六祖說：你們都認真聽著，覺性在眾生中，不離眾生。後代的迷人，如果能夠認識眾生的本質，也就是認識佛性。如果不能從眾生中認識覺性，心外求佛，即使經歷百千萬劫，也是不能成佛的。

六祖說：我現在就告訴你們，怎麼認識自心的眾生，認識自心的佛。〈懺悔品〉說：「自心眾生誓願度。」這個眾生就是由無明而出生，由執著而養育，是潛伏在我們內心的賊子，唯有認清其真相，才能不為所惑。但這個心中不僅有眾生，更有佛性。成佛也是要從自心去成，而不是另外的什麼地方。

如果你想見到佛，去哪裡見？怎麼見？首先需要認識眾生，因為一切眾生皆具佛性。就像蓮花出於淤泥，如果沒有淤泥，也就沒有蓮花。同樣的道理，如果沒有眾生，也就沒有佛；沒有煩惱，也就沒有菩提。所以佛要從眾生中去認識，菩提要從煩惱中去認識，涅槃要從生死中去認識，它們的本質都是空性，是平等無別的。

只是因為眾生被無明所迷，所以才見不到佛性。並不是說佛迷了，才會成為眾生。因為佛代表圓滿的覺悟，絕不會由迷再退轉為眾生。

如果體認到菩提自性，眾生當下就是佛，因為他已證佛所證。如果迷失菩提自性，雖然是潛在的佛，卻依然顯現為眾生。

自性平等，眾生是佛；自性邪險，佛是眾生。

汝等心若險曲，即佛在眾生中；一念平直，即是眾生成佛。

我心自有佛，自佛是真佛。自若無佛心，何處求真佛？

汝等自心是佛，更莫狐疑。

外無一物而能建立，皆是本心生萬種法。

故經云：心生種種法生，心滅種種法滅。

如果認識到自性的平等無別，眾生就等同於佛，因為兩者在空性層面是沒有差別的。如果迷失自性，產生邪知邪見，雖然我們本來可以成佛，實際卻還是眾生。自性邪險不是說自性會變得邪險，是因為迷失自性而產生邪知邪見。

如果你們的心陷入虛妄分別和顛倒妄想，佛性就會迷失，顯現為眾生性。而當我們生起一念平等無別的心，沒有任何二元對待，眾生就會成就佛陀那樣的品質。

每個人內心都有佛性，這個自己本來具足的，才是真正的佛。如果內在沒有佛性的話，到哪裡才能找到真佛？

所以你們要知道：自心就是佛！對於這個觀點千萬不要疑惑，這是禪宗修行的根本所在。如果將信將疑，就落入了思惟分別，是無法見道的。有學人問禪師：什麼是佛？禪師答：你就是。這不是玩笑，不是欺誑，關鍵在於，你有沒有直下承擔的氣魄？有沒有言下大悟的根機？

離開覺性，外在世界其實沒有一法可得。我們認識的世界都是心的顯現，都是從心出生萬法，都是菩提自性的作用。體悟到心的本質，也就體悟到世界的本質，沒有內也沒有外。

所以經中告訴我們：心生起的時候，種種法就隨之生起；心壞滅的時候，種種法也隨之壞滅。宇宙萬有都是心的顯現，凡夫聖賢也是心的不同作用，如果心外求法，是永遠也求不到的。

吾今留一偈，與汝等別，名自性真佛偈。後代之人識此偈意，自見本心，自成佛道。

偈曰：真如自性是真佛，邪見三毒是魔王，邪迷之時魔在舍，正見之時佛在堂。

性中邪見三毒生，即是魔王來住舍，正見自除三毒心，魔變成佛真無假。

法身報身及化身，三身本來是一身，若向性中能自見，即是成佛菩提因。

本從化身生淨性，淨性常在化身中，性使化身行正

我現在留一首偈和你們作別，名為「自性真佛偈」。後代學人若能領會其中真義，自然能見到心的本來面目，由此成就佛道。

偈頌內容是：每個人內在的菩提自性就是真正的佛，而我們的邪知邪見及由此產生的貪嗔癡三毒則是魔王。在這個心靈世界中，佛和魔是並存的。當心進入邪見，進入迷惑狀態，進入貪嗔癡三毒時，魔就成了心靈家園的主宰。而當心進入正見，進入覺悟狀態時，佛就取而代之，成為心靈世界的主人。

當我們迷失覺性，生起邪見和三毒，就代表魔王在內心安家落戶，成為主宰。可見魔未必是外在的，我們當下的心都有魔性，隨時可能被魔性主宰。

當我們認識到魔性帶來的危害，生起正見和觀照力的時候，就會解除邪知邪見和貪嗔癡三毒，使佛性得以顯現。此時，魔又變身成為真佛了。因為魔性的本質就是佛性，只要去除無明，貪嗔癡的原始能量就會回歸佛性。所以這並不是魔假扮的，而是確定無疑的真佛。

法、報、化三身本來就是一身，從本質上說，都是由菩提自性顯現的，所謂「清淨法身，汝之性也；圓滿報身，汝之智也；千百億化身，汝之行也」。如果能證得覺性，親見自己的本來面目，就是成佛之因。因為成佛不是成就外在的什麼，而是對菩提自性的圓滿體認。

我們可以從化身中認識生命內在的清淨本性，從當下的起心動念、行住坐臥、舉手投足中去認識，這個清淨本性沒有離開日用處，沒有離開我們的任何行為，只是

道，當來圓滿真無窮。

淫性本是淨性因，除淫即是淨性身，性中各自離五欲，見性剎那即是真。

今生若遇頓教門，忽悟自性見世尊，若欲修行覓作佛，不知何處擬求真。

若能心中自見真，有真即是成佛因，不見自性外覓佛，起心總是大癡人。

頓教法門今已留，救度世人須自修，報汝當來學道者，不作此見大悠悠。

師說偈已，告曰：汝等好住，吾滅度後，莫作世情悲泣雨淚，受人吊問，身著孝服，非吾弟子，亦非正法。

這種作用通常被無明扭曲了。如果認識到現象背後的內在覺性，就能使我們的行為走向正道，走向覺悟，使未來生命走向圓滿，沒有窮盡。

淫性就是淫怒癡，也是淨性生起之因，因為它們本質上都是淨性。但只有去除淫怒癡之後，才能證得淨性。我們說淫性本是淨性因，不是說必須通過淫怒癡來認識佛性，而是說任何一種心行背後都蘊含著覺性。安住覺性，遠離五欲，就能在見性的剎那證得最高真實。

今生有緣聽聞頓教法門，是最快速的見性之道，一旦悟入菩提自性，就是證佛所證，等於親見世尊。如果想通過外在途徑成佛，不知到哪裡才能找到真佛？因為佛性是我們本自具足的，向外找，永遠不可能找到。

如果我們在自己心中見到覺性，那就是成佛之因。如果見不到菩提自性，卻向外尋找所謂的佛，有這個想法的，實在是愚癡透頂的人。

我現在已經留下頓教法門，如果想要救度世人，必須自己努力修行。你們這些後來的學道者，如果不明白頓教見地，不懂得依此修行，而是晃晃悠悠地，生死輪迴將沒有了期。

六祖說了偈頌之後，告誡大眾說：你們要好自為之。在我滅度後，不要像世俗人一樣，在那裡哭哭啼啼，受人憑弔，或者身穿孝服，有這些做法的都不是我的弟子，也不符合正法。

但識自本心，見自本性，無動無靜，無生無滅，無去無來，無是無非，無住無往。

恐汝等心迷，不會吾意，今再囑汝，令汝見性。

吾滅度後，依此修行，如吾在日。若違吾教，縱吾在世，亦無有益。

復說偈曰：兀兀不修善，騰騰不造惡。寂寂斷見聞，蕩蕩心無著。

關鍵在於你們要認識自己的本心，見到自己的本性。安住於覺性，是沒有動也沒有靜，沒有生也沒有滅，沒有去也沒有來，沒有是也沒有非，沒有住也沒有往的。它超越一切形式，又能千變萬化。其本質雖然無動無靜，無生無滅，無去無來，無是無非，無住無往，但表現出來的作用，則是能動能靜，能生能滅，能去能來，能是能非，能住能往。這就是之前所說的，覺性有常和無常兩面，常是它的體，無常是它的用。

六祖在講無動無靜乃至無住無往時，是從體來說。從用而言，則是有動有靜乃至有住有往。但這種動靜生滅的當下，就是不動不靜，不生不滅。所以說，動靜生滅和不動不靜、不生不滅是一體的。就像《心經》所說：「是諸法空相，不生不滅，不垢不淨，不增不減。」事實上，生滅的當下就是不生不滅，垢淨的當下就是不垢不淨，這是在緣起意義上認識的。

雖然這些話以前反覆講過，我擔心你們內心迷惑，不能領會我的本意，所以再次囑咐，希望你們見到自己的本心。在這最後時刻，六祖一而再、再而三地講了那麼多，真是苦口婆心，大慈大悲。

在我滅度後，你們要依此教法修行，就像我在世時一樣。如果違背我說的教法，即使我繼續活在世間，即使你們整天都在我的身邊，也是得不到什麼真實利益的。

兀兀，不動。騰騰，自在、沒有造作。寂寂，安安靜靜。最後，六祖又說了一首偈：安住於覺悟本體，不必刻意修善，也自然不造諸惡。同時，不執著見聞覺知，內心坦坦蕩蕩，了無牽掛。當一個人寂寂的時候，見聞覺知會變得特別靈敏，所以，斷見聞不是沒有見聞覺知，而是不執著於此。這是六祖的臨別贈言，也是禪門的用功之道。

師說偈已，端坐至三更，忽謂門人曰：「吾行矣。」奄然遷化。於時異香滿室，白虹屬地，林木變白，禽獸哀鳴。

十一月，廣韶新三郡官僚洎門人僧俗，爭迎真身，莫決所之。乃焚香禱曰：「香煙指處，師所歸焉。」時，香煙直貫曹溪。十一月十三日，遷神龕並所傳衣缽而回。次年七月出龕，弟子方辯以香泥上之。門人憶念取首之記，仍以鐵葉漆布固護師頸入塔。忽於塔內白光出現，直上沖天，三日始散。

韶州奏聞，奉敕立碑，紀師道行。

師春秋七十有六，年二十四傳衣，三十九祝髮，說法利生三十七載。得嗣法者四十三人，悟道超凡者莫知其數。達摩所傳信衣、中宗賜磨衲寶缽，及方辯塑師真相並道具等，主塔侍者尸之，永鎮寶林道場。流傳《壇經》，以顯宗旨，興隆三寶，普利群生者。

最後一部分，主要講述六祖圓寂後的各種瑞相及後事處理。

師說偈已，端坐至三更，忽謂門人曰：吾行矣。奄然遷化。

六祖說了這首偈頌後，一直端坐到三更，忽然對門人說：我走了。然後就自在地離去了。在禪宗史上，禪者們坐脫立亡、生死自在的例子比比皆是，真是令人景仰。

於時異香滿室，白虹屬地，林木變白，禽獸哀鳴。

當時，出現了很多瑞相。屋內充滿馥鬱的香氣，空中則有白虹一直連接到地面，而周圍的林木都變成白色，飛鳥走獸一齊發出哀鳴。

十一月，廣韶新三郡官僚洎門人僧俗，爭迎真身，莫決所之。乃焚香禱曰：香煙指處，師所歸焉。

時，香煙直貫曹溪。十一月十三日，遷神龕並所傳衣缽而回。次年七月出龕，弟子方辯以香泥上之。

門人憶念取首之記，仍以鐵葉漆布固護師頸入塔。

忽於塔內白光出現，直上沖天，三日始散。

韶州奏聞，奉敕立碑，紀師道行。

師春秋七十有六，年二十四傳衣，三十九祝髮，說法利生三十七載。得嗣法者四十三人，悟道超凡者莫知其數。

十一月，廣州、韶州、新州三地的官僚和門人弟子、僧俗二眾，都爭相迎請六祖的真身，一時無法作出決定。最後還是焚香祈禱，看香煙飄向哪裡，就是六祖自己選擇的歸處。

當時，香煙一直朝著曹溪方向飄去。到十一月十三日這天，就把神龕和衣缽遷回曹溪。至第二年七月出龕，弟子方辯將香泥包裹在六祖的真身上。

弟子們想起六祖曾經說過有人會來取他首級的讖語，就先以鐵皮和漆布包裹在六祖脖子上作為保護，然後裝入塔內。

在入龕時，忽然在塔內出現白光，直沖雲霄，直到三天才散去。

韶州地方官員就上報朝廷，得到朝廷敕令，立碑以紀念六祖的道行。

六祖世壽七十六歲，二十四歲得到禪宗五祖的衣缽傳承，三十九歲在印宗法師門下剃度出家，弘法利生三十七年。在此期間，得到他的心法傳承者共有四十三人，而在他座下聽聞教法並得到利益者就不計其數了。

達摩所傳信衣、中宗賜磨衲寶鉢，及方辯塑師真相並道具等，主塔侍者尸之，永鎮寶林道場。流傳《壇經》，以顯宗旨，興隆三寶，普利群生者。

尸之，即主之，負責保管。達摩所傳的作為表信的袈裟，中宗所賜的磨衲袈裟和水晶寶鉢，以及方辯所塑的六祖造像和法器等，由主塔的侍者負責保管，永遠作為寶林道場的鎮寺之寶。此外還有《壇經》流傳於世，開顯頓教法門的宗旨和精髓，以此興隆三寶、利益眾生。

結束語

《六祖壇經》是禪宗的重要典籍，正因為有了六祖和《壇經》，才有了影響整個漢傳佛教的禪宗時代。可以說，它是漢傳佛教本土化的巔峰之作。所以，《壇經》不僅在佛教界有著舉足輕重的地位，也是中國傳統文化的瑰寶之一。時至今日，凡對國學稍有涉獵者，大多知道六祖惠能，知道《六祖壇經》，知道「風動、幡動、心動」的典故，甚至還會說幾句「煩惱即菩提」或「佛法在世間，不離世間覺」之類的法語。而六祖的得法偈「菩提本無樹，明鏡亦非台，本來無一物，何處惹塵埃」更被譜寫為佛樂，廣為傳誦。

禪宗之所以能「直指人心，見性成佛」，關鍵在於，它將一切修行立足於對覺性的體認。《壇經》中，不僅開顯了宗門特有的見地和行持，對於三寶、皈依、懺悔、淨土、三身佛、戒定慧、四弘誓願等佛法基本概念，也都是從頓教的角度進行詮釋，並直接指向覺性。比如三寶為自性三寶，所謂「佛者覺也，法者正也，僧者淨也」；淨土為自心淨土，所謂「隨其心淨，即佛土淨」；乃至三身佛，都是自性三身佛，所謂「法身本具，念念自性自見，即是報身佛。從報身思量，即是化身佛」。這些見地不僅有別於教下的解說，也有別於同為禪門的漸教一脈。

瞭解這些見地，可以說明我們提高眼界，認識到佛法的核心，以及修行最直接的契入點。這也是我們學習《壇經》的重點所在。但落實到具體修行中，還需要衡量一下：這個「向上一著」，自己是不是搆得著？

五祖當年傳法時，在東禪寺這個千人叢林中，除惠能一人，上座神秀尚且「未入門內」。可見，真正的頓教根機實在少之又少。用現在的話說，頓教法門就是一種面向小眾的精英教育。關於這一點，六祖在〈般若品〉中就特別叮囑過：「若不同見同行，在別法中不得傳付，損彼前人，究竟無益。恐愚人不解，謗此法門，百劫千生，斷佛種性。」

遺憾的是，六祖所擔心的兩種情況，果然被不幸而言中。禪宗在經歷「一花開五葉」的興盛後，至宋就一路式微，甚至帶來漢傳佛教的整體衰落。為什麼？原因之一，就是禪宗這一精英教育過於普及，幾乎發展成佛教主流。事實上，具備上乘根機的老師和學人都不可能太多。如果缺乏相應基礎，這種修行很容易流於口頭禪。有人覺得自己已經找到最直接的法門，經教都看不上了，戒定慧都看不上了，但本身不是那個材料，結果自欺欺人，把一些說法當做自己的境界。這樣以訛傳訛，一代不如一代，佛教怎麼能健康發展？也正因為如此，使得不少人因此鄙薄禪宗，誹謗頓教。

我們今天學習《壇經》，既要認識到這種見地的可貴，也要找到適合自己的入手處。當年，五祖雖然把衣缽傳給惠能，但對神秀之偈也給予肯定，告訴門人：「依此偈修，有大利益。」其實對多數人來說，這種「時時勤拂拭，勿使惹塵埃」的方法，更容易相應，也更容易做得起來。同時，這也是轉變根機的過程。

禪門有句話，叫做「高高山頂立，深深海底行」。也就是說，見地要指向高處，而在行持上，則要帶著這種見地在日常生活中去實踐。對任何一個法門的修行來說，見地、基礎和次第都是不可或缺的。所謂見地，就是對生命和世界真相的認識，也可稱為「佛法之眼」。尤其是對於禪宗的學習，如果見地跟不上，必然會流於籠統顢頇。此外，還要重視皈依、發心、戒律的基礎，以及修學的次第，不要好高騖遠，總想著一招搞定，最終卻一無所成。

近年來，我一直在提倡《道次第》的修學，就是為開顯覺性架個梯子，使學人的根機變利，塵垢變薄。

因為根機並不是絕對的，也是緣起法。所謂上根利智，不是天生如此，而是來自多生累劫的修行。只要方法正確，持之以恆，鈍根也能轉為利根。如果把覺悟本體比做太陽，塵垢就像阻擋陽光的雲層。每個人的太陽是一樣的，但遮蔽陽光的雲層卻厚薄不一。如果雲層太厚，要撥開它，絕不是一日之功。所以，先要讓雲層變薄變透，最終才能在善知識的引導下撥雲見日，光照大千。

我想，只要能夠重視見地、基礎和次第，那麼，我們修習《壇經》就能做到穩中求勝，從而避免那種高不成低不就的狀況。

國家圖書館出版品預行編目資料

啓動內在智慧的鑰匙：濟群法師 << 六祖壇經 >> 講記 /
濟群法師著 . -- 初版 . -- 臺北市：商周出版：家庭傳媒
城邦分公司發行 , 2013.12
面； 公分

ISBN 978-986-272-515-3 (平裝)

1. 六祖壇經 2. 注釋

226.62 102026190

啟動內在智慧的鑰匙：濟群法師《六祖壇經》講記

作　　者／濟群法師
企劃選書／徐藍萍
責任編輯／徐藍萍

版　　權／黃淑敏、翁靜如
行銷業務／林秀津、何學文
副總編輯／徐藍萍
總 經 理／彭之琬
發 行 人／何飛鵬
法律顧問／台英國際商務法律事務所 羅明通律師
出　　版／商周出版
台北市104民生東路二段141號9樓
電話：(02) 25007008　傳眞：(02)25007759
E-mail：bwp.service@cite.com.tw
Blog：http://bwp25007008.pixnet.net/blog
發　　行／英屬蓋曼群島商家庭傳媒股份有限公司 城邦分公司
台北市中山區民生東路二段141號2樓
書虫客服服務專線：02-25007718；25007719
服務時間：週一至週五上午 09:30-12:00；下午 13:30-17:00
24 小時傳眞專線：02-25001990；25001991
劃撥帳號：19863813；戶名：書虫股份有限公司
讀者服務信箱：service@readingclub.com.tw
城邦讀書花園：www.cite.com.tw
香港發行所／城邦（香港）出版集團有限公司
香港灣仔駱克道193號東超商業中心1樓；E-mail：hkcite@biznetvigator.com
電話：(852) 25086231　傳眞：(852) 25789337
馬新發行所／城邦（馬新）出版集團 Cite (M) Sdn. Bhd.
41, Jalan Radin Anum, Bandar Baru Sri Petaling, 57000 Kuala Lumpur, Malaysia.
Tel: (603) 90578822 Fax: (603) 90576622 Email: cite@cite.com.my

封面設計／李東記
排　　版／極翔企業有限公司
印　　刷／卡樂製版印刷事業有限公司
總 經 銷／高見文化行銷股份有限公司　新北市樹林區佳園路二段70-1號
電話：(02)2668-9005　傳眞：(02)2668-9790　客服專線：0800-055-365

■2013年12月31日初版
■2021年08月31日初版5刷

Printed in Taiwan

定價330元

城邦讀書花園
www.cite.com.tw

 ISBN 978-986-272-515-3